# 广告文案

（第2版）

温丽华　高升　主编
黄茜　陈晖　副主编

清华大学出版社
北京

## 内 容 简 介

本书根据广告行业发展的新特点,结合广告文案创作流程,具体介绍:广告文案分类,构成特性,诉求方式,策划创意,设计制作,语言修辞,媒体、电视、网络广告文案,企业形象及公益广告文案等知识,同时注重通过强化训练和大量案例,提高学生的应用能力。

本书在第 1 版基础上更新了近年的经典广告案例和优秀广告文案。本书既适用于高等院校广告设计或艺术设计专业的教学,也可以作为文化创意企业和广告艺术设计公司从业者的职业教育与岗位培训教材,对于广大广告从业人员、广告文案自学者也是一本必备的指导手册。

本书封面贴有清华大学出版社防伪标签,无标签者不得销售。
版权所有,侵权必究。举报:010-62782989,beiqinquan@tup.tsinghua.edu.cn。

**图书在版编目(CIP)数据**

广告文案/温丽华,高升主编. —2 版. —北京:清华大学出版社,2022.6(2025.1重印)
ISBN 978-7-302-57779-9

Ⅰ.①广… Ⅱ.①温… ②高… Ⅲ.①广告文案—高等学校—教材 Ⅳ.①F713.812

中国版本图书馆 CIP 数据核字(2021)第 055491 号

责任编辑:张　弛
封面设计:何凤霞
责任校对:赵琳爽
责任印制:刘　菲

出版发行:清华大学出版社
　　　　网　　址:https://www.tup.com.cn,https://www.wqxuetang.com
　　　　地　　址:北京清华大学学研大厦 A 座　　　　邮　　编:100084
　　　　社 总 机:010-83470000　　　　邮　　购:010-62786544
　　　　投稿与读者服务:010-62776969,c-service@tup.tsinghua.edu.cn
　　　　质量反馈:010-62772015,zhiliang@tup.tsinghua.edu.cn
　　　　课件下载:https://www.tup.com.cn,010-83470410
印 装 者:三河市龙大印装有限公司
经　　销:全国新华书店
开　　本:185mm×260mm　　　　印　张:14.75　　　　字　数:368 千字
版　　次:2015 年 4 月第 1 版　2022 年 6 月第 2 版　　　印　次:2025 年 1 月第 3 次印刷
定　　价:59.00 元

产品编号:090412-01

**主　　　任**：牟惟仲

**副 主 任**：林　征　　张昌连　　张建国　　李振宇　　张震甫
　　　　　　张云龙　　张红松　　鲁彦娟　　田小梅　　齐兴龙

**委　　　员**：吴晓慧　　孟祥玲　　梁玉清　　李建淼　　王　爽
　　　　　　温丽华　　翟绿绮　　张玉新　　曲　欣　　周　晖
　　　　　　于佳佳　　马继兴　　白　波　　赵盼超　　田　园
　　　　　　赵维平　　张春玲　　贺　娜　　鞠海凤　　徐　芳
　　　　　　齐兴龙　　张　燕　　孙　薇　　逄京海　　王　瑞
　　　　　　梅　申　　陈荣华　　王梦莎　　朱　磊　　赵　红

**总 主 编**：李大军

**副总主编**：温丽华　　李建淼　　王　爽　　曲　欣　　孟祥玲

**专 家 组**：张红松　　吴晓慧　　张云龙　　鲁彦娟　　赵维平

# 序言

　　随着我国改革开放进程的加快和市场经济的快速发展,广告和艺术设计产业也在迅速发展。广告和艺术设计作为文化创意产业的核心和关键支撑,在国际商务交往、丰富社会生活、塑造品牌、展示形象、引导消费、传播文明、拉动内需、解决就业、推动民族品牌创建、促进经济发展、构建和谐社会、弘扬中华传统文化等方面发挥着越来越大的作用,已经成为我国服务经济发展的"绿色朝阳"产业,在我国经济发展中占有极其重要的位置。

　　1979年中国广告业从零开始,经历了起步、快速发展、高速增长等阶段,目前我国广告和艺术设计业已跻身世界前列。商品销售离不开广告,企业形象也需要广告宣传,市场经济发展与广告业密不可分;广告不仅是国民经济发展的"晴雨表"、社会精神文明建设的"风向标",也是构建社会主义和谐社会的"助推器"。由于历史原因,我国广告和艺术设计产业起步晚,但是发展飞快,目前广告和艺术设计行业中受过正规专业教育的从业人员严重缺乏,因此中国广告和艺术设计作品难以在世界上拔得头筹。广告和艺术设计专业人才缺乏已经成为制约中国广告事业发展的主要瓶颈。

　　近年来,随着"一带一路、互联互通"经济建设的快速推进,随着世界经济的高度融合和中国经济国际化的发展趋势,我国广告设计产业面临着全球广告市场的激烈竞争。随着世界经济发达国家广告设计观念、产品营销、运营方式、管理手段及新媒体广告的出现等巨大变化,我国广告和艺术设计从业者急需更新观念、提高专业技术应用能力与服务水平、提升业务质量与道德素质,广告艺术设计行业和企业也在呼唤"有知识、懂管理、会操作、能执行"的专业实用型人才;加强广告设计行业经营管理模式的创新,加速广告和艺术设计专业技能型人才培养已成为当前亟待解决的问题。

　　为此,党和国家高度重视文化创意产业的发展,党的十七届六中全会明确提出:"文化强国"的长远战略、发展壮大包括广告业在内的传统文化产业,迎来文化创意产业大发展的最佳时期;政府加大投入、鼓励新兴业态、发展创意文化、打造精品文化品牌、消除壁垒、完善市场准入制度，积极扶持文化产业进军国际市场。党的十九大提出"坚定文化自信推动社会主义文化繁荣兴盛"号召，鼓励扩大内需、发展实体经济，对做好广告艺术设计工作提出新的更高的要求。

针对我国高等教育广告和艺术设计专业知识老化、教材陈旧、重理论轻实践、缺乏实际操作技能训练等问题，为适应社会就业急需，为满足日益增长的文化创意市场需求，我们组织多年从事广告艺术设计教学与创作实践活动的国内知名专家教授及广告设计企业从业人员共同编撰了本系列教材，旨在迅速提高大学生和广告设计从业者的专业技能素质，更好地服务于我国已经形成规模化发展的文化创意事业。

本系列教材作为高等院校广告和艺术设计专业教材，坚持以科学发展观为统领，力求严谨、注重与时俱进；在吸收国内外广告和艺术设计界权威专家学者最新科研成果的基础上，融入了广告设计运营与管理的最新实践教学理念；依照广告设计的基本过程和规律，根据广告业发展的新形势和新特点，全面贯彻国家新近颁布实施的广告法律法规和行业管理规定；按照广告和艺术设计企业对用人的需求模式，结合解决学生就业，加强职业教育的实际要求；注重校企结合、贴近行业企业业务实际，强化理论与实践的紧密结合；注重管理方法、运作能力、实践技能与岗位应用的培养训练，并注重教学内容和教材结构的创新。

本系列教材包括《广告学概论》《广告设计》《广告策划》《广告文案》《艺术概论》《字体设计》《版式设计》《包装设计》《企业形象设计》《招贴设计》《会展设计》《书籍装帧设计》等专业用书。本系列教材的出版，对帮助学生尽快熟悉广告设计操作规程与业务管理，对帮助学生毕业后能够顺利走上就业岗位具有积极意义。

教材编委会

2021年4月

# 第2版前言

广告设计行业作为国家文化创意产业的核心支柱产业,在国际商务交往、推进影视传媒会展发展、促进产业转型、丰富社会生活、拉动内需、解决就业、推动经济发展、构建和谐社会、弘扬古老中华文化等方面发挥着越来越大的作用,已经成为我国文化创意经济发展的重要产业和全球经济发展中最具活力的绿色朝阳产业。

目前广告行业正处在一个急剧变化的时代,广告文案在信息技术、大数据、云计算、推动媒介和投放策略的冲击下,在互动新媒体、社交电商、新零售的快速演变中,让广告、营销乃至消费模式,甚至消费理念,都发生了巨大变化,内容、渠道、受众的数字化和大数据化,使得广告在变,广告文案的创作也必须改变。

本书第1版自2015年出版以来,因写作质量高、突出应用能力培养,而深受全国各高等院校广大师生的欢迎,目前已经多次重印。此次再版,结合党的十九大报告为文化创意产业发展指明的方向,编者审慎地对原教材进行了反复论证、精心设计,包括:结构调整、压缩篇幅、更新案例、补充新知识、增加技能训练等相应修改,以使其更贴近现代文化产业发展实际、更好地为国家文化产业繁荣和教学实践服务。

本书作为高等教育广告艺术设计专业的特色教材,坚持以科学发展观为统领,严格按照教育部关于"加强职业教育、突出实践能力培养"的教学改革精神,针对广告文案课程教学的特殊要求和就业应用能力的培养目标,既注重启迪开发学生设计思维的创造性,又注重训练和培养学生创新创意与表现的动手能力;本书的出版,对帮助学生尽快熟悉广告文案操作规程、毕业后能够顺利走上社会就业具有特殊义。

广告文案是高等艺术院校非常重要的专业核心基础课,也是广告创作人员的重要理论支撑,更是广告文案大学生就业所必须掌握的关键技能。全书共十二章,以学习者应用能力培养为主线,本书根据广告行业发展的新特点,结合广告文案创作操作规程,具体介绍:广告文案分类、构成特性、诉求方式、策划创意、设计制作、语言修辞、媒体、电视、网络广告文案、企业形象及公益广告文案等知识，并注重通过强化训练提高应用技能技巧与应用能力。

由于本书突出广告文案最新的实践教学理念，力求严谨，注重与时俱进，具有内容丰富、结构合理、流程清晰、案例经典、通俗易懂、突出实用性，因此本书既适用于高等院校本科及高职高专院校广告艺术设计专业的教学，也可以作为文化创意企业和广告艺术设计公司从业者的在职教育与岗位培训教材，对于广大广告从业人员、广告文案自学者也是一本必备的自我训练指导手册。

本书由李大军筹划并具体组织，温丽华和高升主编，温丽华统改稿，黄茜和陈晖为副主编，由具有丰富教学实践经验的王威教授审订。编者写作分工：年惟仲编写序言，高升编写第一章、第二章，温丽华编写第三章、第四章、第八章，黄茜编写第五章、第九章，吴晓慧编写第六章、第七章，刘真编写第十章、第十一章，陈晖编写第十二章；李晓新负责文字修改、版式整理并制作教学课件。

本书再版过程中，我们参阅、借鉴了大量国内外广告文案的最新书刊、相关网站资料，精选收录了具有典型意义的案例，并得到广告文案业界有关专家教授的具体指导，在此一并表示感谢。为配合教学，特提供配套电子课件，读者可以从清华大学出版社网站（www.tup.com.cn）免费下载使用。因广告文案创作和设计制作产业发展快且编者水平有限，书中难免存在疏漏和不足，恳请专家、同行和广大读者批评、指正。

编　者<br>2022 年 3 月

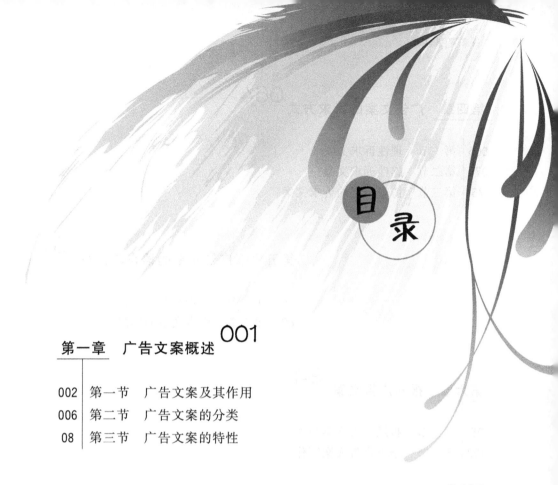

## 第一章　广告文案概述　001

- 002　第一节　广告文案及其作用
- 006　第二节　广告文案的分类
- 08　第三节　广告文案的特性

## 第二章　广告文案与广告运作环节　017

- 019　第一节　广告文案与广告策划
- 021　第二节　广告文案与广告主题
- 027　第三节　广告文案与广告创意
- 030　第四节　广告文案与广告设计制作

## 第三章　广告文案的构成与写作　036

- 039　第一节　广告文案的构成
- 043　第二节　广告标题的写作
- 048　第三节　广告正文的写作
- 053　第四节　广告口号的写作
- 058　第五节　广告随文的写作
- 058　第六节　撰写更好的广告文案

## 第四章　广告文案的诉求方式　064

- 065　第一节　理性诉求文案
- 070　第二节　感性诉求文案
- 75　第三节　情理结合的诉求文案

## 第五章　广告文案的语言与修辞　81

- 84　第一节　广告文案的语言
- 89　第二节　广告文案的修辞

## 第六章　报刊广告文案　94

- 95　第一节　报纸广告文案写作
- 103　第二节　杂志广告文案写作

## 第七章　音频广告文案　112

- 113　第一节　音频广告文案概述
- 118　第二节　音频广告文案的创作要求
- 122　第三节　音频广告脚本撰写

## 第八章　视频广告文案写作　128

- 129　第一节　视频广告文案概述
- 137　第二节　视频广告文案的创作原则
- 142　第三节　视频广告脚本撰写

## 第九章　互联网广告文案　154

- 155　第一节　互联网广告的概念
- 162　第二节　互联网广告文案的写作

## 第十章　其他媒体广告文案　171

- 172　第一节　户外媒体的广告文案
- 177　第二节　直邮媒体的广告文案
- 181　第三节　其他类型广告文案

## 第十一章　长文案和系列文案　184

- 185　第一节　长文案
- 192　第二节　系列广告文案

## 第十二章　不同信息主体的广告文案　198

- 199　第一节　产品广告文案
- 208　第二节　服务广告文案
- 212　第三节　企业广告文案
- 213　第四节　公益广告文案

## 参考文献　221

# 第一章

# 广告文案概述

**学习要点与目标**

1. 了解广告文案的含义及分类;
2. 掌握广告文案的特性。

**引导案例**

### 央视纪录片《如果国宝会说话》海报文案

标题文案:如果国宝会说话(图 1-1)

海报文案:

遂古之出,谁传道之

我欲乘风归去

天生丽质难自弃

明镜亦非台

水不在深,有龙则灵

卧醉花里,笑看人间

**案例解析**

本海报为著名海报设计师黄海为中央电视台纪录片《如果国宝会说话》设计的一组宣传海报。依托主题,将文物拟人化,对镜自语,前世今生,文案以经典名句入画,虽似信手拈来,却与情景极为切合,传统文化语言与文物气场融合,一件文物,一句自白,国宝魅力,跃然纸上,相得益彰,使读者对该片充满期待。

图 1-1 央视纪录片《如果国宝会说话》海报

(图片来源:央视官方微博)

## 第一节 广告文案及其作用

在传播方面,文字的价值在于以符号进行准确统一的信息传达;对于广告来说,广告文案就是以文字为载体进行广告信息的表达和传播,文字所承载的广告信息是明确且有效的。美国权威调查机构的测试表明,一篇广告 50%～70% 的效果来自广告文案。

世界著名广告大师奥格威也曾经说过:"广告是文字性的行业,在奥美公司,通常写作越好,提升越快。"所以,广告文案是广告作品的重要组成部分,在广告传播中有着极为重要的作用和价值,无论是线上还是线下媒体,无论是大众还是小众媒体,无论是传统媒体还是新媒体,都离不开语言文字这一工具。

### 一、广告文案的含义

广告文案又称广告文稿,对于广告文案的内涵和外延,众说纷纭,归纳起来可分为狭义和广义两种。

广义的广告文案是指广告运作过程中所产生的文稿都属于文案的范畴,例如广告策划书、电视广告脚本、广告预算书,甚至广告调查报告,都属于广告文案。顾执在《广告文案技法》一书中说:"广义地说,凡是在广告活动中为广告而撰写的文字资料都可以称为广告文案。"

高志宏、徐智明在《广告文案写作》一书中将广告文案定义为:"已经完成的广告作品的全部的语言文字部分。"这一定义明确了狭义上的广告文案内容,但将其形式局限在已经完成的作品,局限于静态的结果。根据当前的行业普遍认知,狭义上的广告文案指的是以最终在广告作品中呈现为目的而进行创作的语言文字。以此作为广告文案定义,事实上包含以下含义。

(1) 广告文案是以最终呈现在广告作品中为目的,而不是广告创作中的所有文字。

(2) 广告文案是广告作品中的语言文字部分而不包括图片等其他表现元素。

(3) 广告文案是广告作品中的整体语言文字部分而不是其中的单一部分。

(4) 广告文案包括广告作品中的语言和文字两个部分,其中语言是指广告作品中以语言形式表达的文字内容,而文字是指广告作品中单纯以文字形式表达的文字内容。

广义的广告文案概念涵盖了广告创作的全部过程,过于宽泛,本书更多从狭义的角度来讲解广告文案的写作过程和写作技巧。

## 二、广告文案的价值

广告文案是广告最重要的核心内容,文字是人类用来记录语言的符号系统,由于语言文字信息传达的稳定性和准确性,一般来说是广告信息传达的核心载体。

### 1. 广告文案承载广告作品的核心信息

广告作品的基本目标是传达信息,而广告文案因其作为信息传达手段特有的稳定和准确性,最适合作为所传达的广告作品的核心信息。

**【案例 1-1】**

#### 华为 P40 名画系列《呐喊》视频广告文案

视频文案:

如此之远

远不止如此

100 倍双目变焦　风景不止眼前

HUAWEI P40 系列|5G

**案例解析**

华为 P40 名画系列的视频广告《呐喊》篇(图 1-2),文案看似简单,实则耐人寻味:"如此之远"一下子就锚定了这个视频围绕的"远"之主题,又富有情绪,后面紧接着"远不止如此",用了中文里顶针的修辞手法,与上一句绵延连续,且再次强调"远"的概念,但比第一次的惊叹强度更大。

视频定版的"100 倍双目变焦　风景不止眼前",前一句是客观的功能描述,后一句用更具象化的方式,解释了功能给人的主观体验。观众既能读明白,又能感受到。

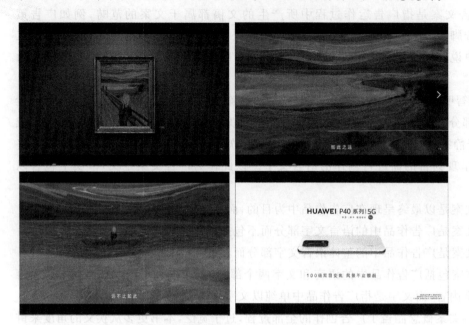

华为 P40 名画系列广告

图 1-2　华为 P40 名画系列视频广告

(图片来源:腾讯视频 https://v.qq.com/x/page/k0973lwfgd8.html)

### 2. 广告文案强化广告的主题

如果说任何一个广告作品中的各个要素是服从广告主题的统一传达,那么广告文案就是巧妙地强化广告主题最主要的部分。

【案例 1-2】

抗击新冠肺炎疫情公益广告文案

广告标题:同心力＞传染力

广告内文:

环环互转　抗疫同心

渺渺相抵　新冠离散

我们相信　有一座城　叫众志成城

有一颗心　叫万众一心

**案例解析**

2020 年新冠病毒肆虐全球,全民通过各种角度进行防疫抗疫,《同心力·传染力》抗击疫情公益广告作品(图 1-3)通过环环相扣的齿轮,与新冠病毒视觉元素的相似性进行对比,寓意抗击疫情,团结一心,同心协力,文案提炼出同心力与传染力对比概念,图形与文案互为呼应。

### 3. 广告文案传达商品的独特信息

在同类商品广告中,广告文案传达着该产品独特的信息,即广告主独特的销售主张(USP)。

图1-3 《同心力·传染力》抗击疫情公益广告

作者：温丽华(哈尔滨师范大学美术学院)

#### 4. 广告文案营造广告的调性

广告文案作为广告作品最重要的要素，与广告的整体调性需要保持一致，能够起到营造广告及品牌调性的作用。

### 三、广告文案的作用

#### 1. 表现广告创意核心

广告文案所表达的是广告创意的核心内容，即广告主题。一则创意十分巧妙的新西兰麦当劳广告，其文案写道"饿了吗?"这个短语出现在一块巨大的红色面板中央，面板的右下角是一个"m"形图案。一个短语诱发了消费者的食欲，"m"这个标志突然变成一个被人咬了一口的汉堡，呈现出"m"形，这个广告的核心得到了巧妙完美的表现。其中广告文案"饿了吗?"起到了一语中的作用。

#### 2. 推动购买行为

广告文案的重要作用就是销售，正如大卫·奥格威说过"We sell, or else"（除了销售，其他并无意义）。

#### 3. 引发受众兴趣

广告文案传达的是广告意图，能够引发消费者的兴趣。消费者的注意和兴趣是广告信息沟通的起点。

【案例1-3】

甲壳虫广告文案

标题：想想小的好处

正文：我们的小车并不标新立异

许多从学院出来的家伙并不屑于屈身于它

加油站的小伙子也不会问它的油箱在哪里

没有人注意它，甚至没人看它一眼

其实,驾驶过它的人并不这样认为
因为它耗油低,不需防冻剂
能够用一套轮胎跑完40000英里的路
这就是你一旦用上我们的产品就对它爱不释手的原因

当你挤进一个狭小的停车场时
当你更换你那笔少量的保险金时
当你支付那一小笔修理账单时
或者当你用你的旧大众换得一辆新大众时
请想想小的好处

**案例解析**

Think small(图1-4)作为伯恩巴克创作的甲壳虫最知名的广告文案,将甲壳虫小的特点变成了独特客户价值,引发了购买小车的兴趣,改变了美国人买车只考虑大车的认知,成功地让甲壳虫成为全美的潮流。

图1-4 甲壳虫广告图

### 4. 塑造企业形象和品牌形象

优秀的广告和广告文案都起着塑造企业形象和品牌形象的目的。如果创意失当、文案不明,就有损企业形象。

## 第二节 广告文案的分类

对广告文案进行分类,可以让我们更加清晰地认识广告文案。对于同样一则文案,如果选取不同角度,也会把它归入不同的分类。这里按照不同媒介形式对广告文案进行分类。

## 一、印刷广告文案

印刷广告包括报纸广告、杂志广告和其他印刷广告（如招贴、宣传样本、直邮广告等）。印刷媒体共同的特征是使用视觉传达，图文并茂，可以用来表现比较复杂、深入的内容，便于长期保存和反复阅读。随着印刷技术的不断提高，杂志等印刷品已经可以达到较为逼真的印刷效果，对于广告信息的传达大有裨益。

印刷媒体广告文案的写作应当符合这种媒体的特点，在语言文字上精雕细琢，要注意文字与画面的匹配，用画面和标题吸引读者的注意力，正文部分要尽可能表达清晰，解答读者的疑惑。

## 二、音频广告文案

音频媒体是借助声音为载体传播信息的媒体。音频媒体的特征是使用听觉传达，受众通过对声音的感知来接收广告信息，音频媒体传播的信息就有声无形，不够具象。相对于其他传统媒介，音频媒体的传播容易，费用低，收听门槛低，无论文化程度如何都可收听。主要包括传统的广播媒体和互联网音频广告。

随着新媒体的发展，传统媒体受到巨大冲击，但音频媒体特别是传统广播媒体由于其收听的伴随性，是一种在工作、交通、生活等场景中仍能广泛使用的媒介形式。

音频广告文案的创作应当充分考虑听觉的特征，注意简单、清晰、连贯，尽量避免可能产生误听的字和词，由于广播信息稍纵即逝，所以对重要的广告信息要适当重复，加深印象。此外，还要注意广告内容与音响效果的和谐。

## 三、视频广告文案

视频媒体是一种综合视听觉的媒体形式。其特征是同时作用于人们的听觉和视觉，是一种音画结合的电子媒体。它不仅拥有印刷媒体所可以负载的文字（以字幕形式出现），而且拥有广播媒体所拥有的人声、音乐和音响，同时还拥有富有动感的连续的画面，感染力强。视频媒体综合了各种媒体所具有的优势。

与视频媒体的特点相联系，视频广告文案的写作有其独特之处：文案的文字不应当局限于字幕和声音，而应当充分利用生动的画面，把活动画面作为叙述语言的一种形式；要有一定的文字描述有关的场景以及人物的对白和独白；还要有相应的文字对人物动作、外界音响效果做出提示；为了吸引观众，电视广告文案还应有一定的情节。

## 四、互联网广告文案

互联网广告日益成为广告传播的重点媒体。互联网特别是移动互联网及大数据在营销和传播应用中种类繁杂，新的广告表现和投放模式不断出现，业内目前并没有较为统一的分类标准。

互联网广告在文案创作上基本遵循平面广告、音视频广告文案创作的基本要求。由于其互动性，广告文案的内容上要包括不同受众响应的文案，而不是单一的固定文案；由于其个性化，其文案可能会按照不同目标群体标签分别创作特定的文案；由于其原生性，文案表达的内容和调性要与发布的原生信息保持相似，例如在今日头条中，其信息流广告应该和上下信息相似，保证阅读体验；由于其精准性，广告文案的目标受众定义更加精确，广告文案的创作应该更倾向于类似一对一的沟通方式。

## 五、其他媒体广告文案

除上述主流媒体的广告文案外，还有其他一些广告媒体，比如短信息广告文案、户外广告文案、商品推文文案以及近年来出现的新媒体广告文案。不同媒介的广告文案由于受到媒介条件的制约，在写作上有着不同的要求。

### 1. 短信广告文案

由于移动通信技术的发展，手机等移动通信终端全面普及，短信息成为一种触达面最广的媒介，近些年受到微信等即使通信软件的替代，短信广告一般都应用于服务信息告知等其特定的应用场景。

短信广告文案由于媒体字数受限，信息干扰性高，要求文案必须强化信息的第一时间的吸引力，诱因明确有力，同时由于信息有限，要明确广告的响应目标，是拨打电话还是到店参与活动，或者是百度搜索信息，因此广告内容多为告知类，创作较为简单，本书不做单独讲解。

### 2. 户外广告文案

户外广告主要包括招贴广告、路牌广告、橱窗广告、车体广告、霓虹灯广告等，共同特征是受众在移动状态下接受广告信息，信息接触时间短，受众人数多少取决于放置户外广告地段的人流量或车流量。户外广告的特性决定了它必须在短时间内吸引人们的注意力，让匆匆行走的人在众多广告中注意到广告的存在，并驻足观赏。户外广告的画面应当有冲击力，语言文字应当尽量简短、精悍，突出标题与广告语，让人一眼就看到最主要的信息。

### 3. 商品推文文案

商品推文是线上销售模式商品推广的重要手段，由于线上销售模式消费者对产品无法进行现实感知，因此单纯依靠商品详情页的介绍无法在销售前期产生深度了解，通过软性的产品背景、使用体验、证明等信息的描写，提供商品深入了解，并产生购买或认识改变。

商品推文文案一般来说篇幅较长，要求文案内容层次清晰，符合描述、认知、承诺、证明、推动购买的逻辑递进，一般可以配合图片或视频提高信息的认知深度，标题要突出吸引力，有利于触发点击或转发。

## 第三节　广告文案的特性

### 一、实用性

#### 1. 广告文案要传达商品的卖点

广告文案要传达商品的卖点是广告文案创作的最大特点。伯恩巴克对广告文案曾有这样的论述："你一定要有创造力，但它一定要加以训练。你写出的每一件事情，印在广告上的每一件东西，每一个字，每一个图表符号，每一个阴影，都应该有助于你所要传达的信息的功效。用尽可能低的费用把一则信息灌注到最大多数人的心中，这就是广告的艺术。一切违反这一特征的广告，哪怕制作得再精美、再生动，也不是好的广告。"

这段话告诉我们，广告文案无论以何种方式来呈现，其内容必须传达出广告的核心诉求点，有关广告商品的利益和功能必须在文案中与人们有所沟通,这也是广告文案的实用性之所在。

### 2. 广告文案要符合广告策略要求

广告文案是在广告策略和广告创意指导之下的产物,必须符合既定的广告策略和创意方向,同时以喜闻乐见的形式与受众沟通,这里就存在一个实用性与艺术性的关系问题。广告在商业社会中应运而生,自始至终都掩盖不了功利目的,售卖产品是广告的最终目标,也是广告文案的最终目标。

优秀的广告文案必须与广告目标深入相关,这是广告文案创作的根本性要求。广告中的所有要素必须服务于广告目标,同时广告文案的创作必须与品牌、产品、目标受众相关,与传播媒介相关,与广告目标相关,包括而且要同时与这三者相关,尤其要与广告目标相关,具体而言,包括是否符合品牌主张、品牌调性,是否符合目标受众的沟通习惯,能否让目标受众产生联系感,引发共鸣。

**【案例 1-4】**

**宜家东北话文案**

最接地气的本土化营销案例

宜家的文案海报一直因北欧风格而备受关注,然而,瑞典宜家家居到了哈尔滨文案也开始使用东北话(图 1-5)。

图 1-5　宜家家居卖场广告文案

**案例解析**

作为方言中的网红,宜家的东北话方言文案迅速在社交媒体上发酵;文案呈现方式也很巧妙,东北话设问,普通话解答,像是哈尔滨当地消费者和宜家的一次互动,字里行间都是生活气息。

**【案例 1-5】**

**百度外卖视频广告文案**

视频文案:

"如果活到七十岁,你可能与两百多万人擦肩而过,迎接过两万五千多次清晨和黄昏。当然,也吃过七万六千多顿饭。(百度外卖广告见图 1-6)有的饭,是一辈子最不想散的筵席。赌你会哭的人,先哭了。有的饭,分不清是早餐还是晚餐。我用它喂饱疲惫的身体,用疲惫的身体喂饱生长的梦想。有的饭,吞下许多"被喝"的酒。我们推杯换盏,却没有推心置腹。胃里的酒,淌不进心里。有的饭,是我们关于未来的一万种设想。唯独没想到,故事的结局,各自收场。有的饭,习惯了一个人吃。除了咀嚼,不需要向任何人开口。有的饭,赶了上千公里的路,才让脚步迎上他们的目光。有的饭,一天三次,有的饭,一年一次,有的饭,一生一次。有的饭做不出,有的饭忘不掉。有的饭吃得匆忙,也有人怕你饭凉。人生不过76000多顿饭,酸甜苦辣都是滋味,每顿饭都值得被用心对待。

百度外卖视频广告

图1-6 百度外卖视频广告

(图片来源:腾讯视频)

**案例解析**

从广告目标相关的角度来看,百度外卖的这则文案值得商榷。文案中有"我们推杯换盏,却没有推心置腹;胃里的酒,淌不进心里"与吃饭有关的好词句,但与外卖无关;也有人性的洞察,"有的饭,是我们关于未来的一万种设想",但不是消费者洞察,与需求无关;有观点,"每顿饭都值得被用心对待",但这么重要的一顿饭,是否应点份外卖解决呢?与广告目标有所偏差。但在自媒体时代,能够引起公众的关注和转发,对提高品牌知名度还是会有一定作用的。

【观点金句】 "对",是最大的好。

### 3. 广告文案是实用性与艺术性的统一

关于广告文案的艺术性和实用性的关系,我们可以通过一个故事来了解:假设在一个房间内有一个大窗户,从窗户看出去是一片美丽的乡间景色,在窗户对面的墙上装有三面镜子。

第一面镜子表面凸凹不平,边角有很多磨损,看起来很脏;第二面镜子清洁精巧并装饰有雕刻花纹的镜框;第三面镜子既没有镜框也没有装饰,是一面清晰的、完美无瑕的镜子。一位观察者(可以比作客户)被请进了房间。向导指着第一面镜子问:"你看到了什么?"观察者说:"我看到一面不好的镜子。"向导指向第二面镜子:"你看到了什么?"观察者说:"我看到一面美丽的镜子。"向导指向第三面镜子:"你看到了什么?"观察者说:"我从开着的窗户里看到了一片美丽的景色。"显然,第三面镜子是最有效果的。

广告的实用功能是极其功利的,这是第一位的;它的审美意义是从属的,是第二位的,艺术形式只有与实用性相结合才能发挥作用。要处理好实用性与艺术性的关系,就必须正确把握处理好撰文员个人的思想观点和对商品信息传递的关系。

曾有一位广告文案人员对文案写作总结说:"如果你想成为收入优厚的文案——取悦客户;如果你想成为很会得奖的文案——取悦自己;如果你想成为伟大的文案——取悦读者",可见衡量一个文案的标准是文案是否达到了与消费者沟通的目的,是传达了广告的实用性,而不仅仅是使人停留在对广告形式的关注。

## 二、真实性

一则优秀的广告文案创作,其首要条件是具有实用价值,能够给消费者传达一些新的信息,促使他们采取购买行动。与此相关,文案的撰写还要讲究真实性。

在广告与受众沟通的过程中,受众只是通过广告文案中的语言文字以及广告作品中所传达出的其他信息来了解广告内容,这种了解只能是间接的了解,也就是说受众对于产品的大部分感受来自于广告。因此,广告文案代表着广告商品的形象,人们通过它的介绍和推荐来认识企业、产品和服务,通过它的推介,人们会对企业产生肯定或赞许的情绪,对产品的功能有所了解,对是否接受某种服务形成选择意向。

广告文案所传递信息的真实与否,将在很大程度上决定着受众是否能得到真实、准确的信息,能否产生符合真实状态的对应情绪,能否产生正确的消费意向。广告文案人员诚实地表现真实的广告信息,是对受众负责任的服务。所谓真实性,主要是指以下这些内容。

(1)事实。广告的表现和所传播的内容必须有大量关于某商品或服务的真实的、有案可查的详情实录,陈述的每一点都必须是客观事实。广告所传达的基本事实必须真实,这种真实的判断原则在于来源真实。

【案例1-6】

**一则宝马汽车的广告文案**

标题:快亦非"快"

正文:

快,不仅仅意味着极速、直线速度或0~100公里/小时加速。这是一个全新的"快"。它将所有你以为的快全面颠覆。

快,不仅有关马力,而是怎样强而有力;不是能跑多快,而是怎样才能跑得更快。快不是不成熟。而是优雅、自信和狂热。它让你感受汗毛直立的震慑,让你几乎忘记了眨眼,让你的嘴持续大张,让你的内心不断狂喊"……哦!"

快,亦有道。衡量它的不是秒。而是感觉。没有天窗,代之以碳纤维顶篷;最大转数不再在考虑范围之内;镁合金轮圈后的 14 英寸转子满负荷运转;身体随着 V10 发动机的咆哮而颤抖;为了减轻重量,制造了铝质发动机体,并配备 7 速顺序变速箱;让快,冲出蓝图,变成现实。为什么?因为这就是真正的我们。

我们是 M。我们是 BMW。

**案例解析**

在这则广告文案中,突出了宝马汽车"快"的特征,虽然在文案中传递了有关"快"的各种感觉,但是文案依然没有脱离事实,"碳纤维顶篷""铝镁合金轮圈后的 14 英寸转子""V10 发动机",这些都是可以支撑广告诉求的事实。广告就建立在这种真实的内容的基础上,然后,在此基础上发展出一个能使消费者接受的表现形式,使消费者沉浸在一种宁静、诗意、天然的感觉中。因此,在广告文案中不能夸大事实、篡改事实、扭曲事实。

(2) 信用。每个广告中都包含一个承诺,受众对广告商品的期待就来自广告承诺,承诺兑现与否关系到商品的形象,关系到消费者是否继续信赖这一品牌。大卫奥格威说:"我们喜欢诚实坦率,在争论中诚实,对用户诚实,对供应商诚实,对公司诚实。最重要的是对用户诚实。"诚实守信是每一个商业社会中的人要遵守的准则,也是广告文案人员应时刻坚守的原则。

**一则治疗糖尿病的医药广告中的解说词**

昨天血糖 14 个点,今天 11 个点,明天 8 个点,后天 6 个点,1 个月,2 个月,6 个月后还是 6 个点;昨天尿糖 4 个加号,今天 2 个加号,明天 1 个加号,后天降为减号,1 个月,2 个月,6 个月后还是减号,8 个月告别终身服药!

**案例解析**

这则广告文案虽然使用了很多数据,但稍有医学常识的人就能判断这并非事实,是一种夸大和虚假的宣传。广告中所包含的承诺虽然神奇,但不会被消费者所信任,因为它脱离实际,不符合科学,只不过是用耸人听闻的说法来欺骗消费者。这则广告最终被媒体曝光,成了虚假医药广告的典型。

(3) 完整。广告文案的内容应该完整。在许多夸大性的广告文案中,不真实还表现为广告内容的不完整。只表现商品好的方面,隐藏商品的不足之处。我们在介绍产品特点的时候要做到全面客观,发挥优势但也不规避产品的劣势。在产品细分化的今天,每个人都有不同的需求,想要让所有人都购买一种产品是不现实的,在广告文案中只针对目标受众,用完整的叙述、合理的分析说服消费者,才能达到预定的目标。广告文案既需要介绍产品的优点,也可以根据具体情况向消费者提出必要的劝告。对某些特殊的商品(如药物、化妆品等)的使用,应指出可能发生的副作用。只有消费者觉得广告内容是真实的,有了安全感之后,才会做出购买的决定。

**自爆缺点的广告文案**

美国席普打火机广告文案:每天使用,20 年后唯一该更换的部件是它的铰链。

日本手表广告文案:这种手表走得不太准确,24 小时会慢 24 秒,诸君购买时要深思。

日本美津浓牌运动服:这件运动衣在日本是用最优等的染料,用最优秀的技术染成的,但我们仍觉遗憾的是茶色的染色还没有达到完全不褪色的程度。

德国金龟子汽车:该车外形一直维持不变,所以外形上很丑陋,但其性能一直在改进。

在时速60英里时,这辆劳斯莱斯车里最大的噪声来自它的电子钟。

## 三、醒目性

广告文案应该具备吸引受众注意并给人留下深刻印象的特点。品牌影响力的建立并不单纯依赖广告文案,而是广告作品中各要素综合发挥作用的结果,但在以文案为主的广告传播中,广告文案依然承担构建影响力的作用。

事实证明,广告是否抓住受众完全取决于前几秒钟,如果不能在人们打开电视、翻开报纸、路过路牌的前几秒钟吸引他们的注意力,无论你的广告多么精彩,都没有继续传播的机会。调查显示,人眼扫视一下文案、图案最初引起人们注意的百分比为22%、78%,能唤起为记忆的,文案占65%,图案占35%。广告文案的醒目主要体现在:广告的主要信息要显著、突出,能使人迅速抓住重点,了解主要内容;广告内容要有奇异性。让广告信息变得醒目,可以从以下两个方面来加强。

(1) 突出主要信息。每则广告都有宣传的重点,即核心诉求,这些重点信息应该放在最醒目的位置,千方百计地加以突出,不断强调。

**【案例1-9】**

一则奥尔巴克购物中心的广告

正文:

奥尔巴克?奥尔巴克是什么?

哎呀!谁都知道嘛!不过,为了这位女士的权利着想,让我再解释一次。这位女士!奥尔巴克是有名的购物中心,售卖世界的高品质饰品。薄利多销是奥尔巴克廉价销售的根据。奥尔巴克所有物品都新颖亮丽,种类繁多,只要是你需要的饰品,我们都有。夫人,奥尔巴克应该能令你满意,也希望你一定要向朋友宣传奥尔巴克到底是什么。

**案例解析**

这是伯恩巴克为奥尔巴克百货公司所作的报纸广告文案,它在谐趣横生的幽默旋律中反复强调了薄利多销的主要信息。

还有的广告,宣传中往往把主要信息淹没在大量的无用信息中。比如某厂生产的某某牌……做的是商品广告,却将厂名放在更为重要的商标和商品名称前面。电视广告的结尾是一个回应全文、重复重点的关键位置,但很多广告末尾只有厂名、厂址、厂长或经理姓名、电话、电挂、邮政编码等内容,而未强调主要信息。

另外,我们的广告在介绍商品或企业时,往往套用其他场合惯用的"该商品""此产品""本厂"等表述方法,而不直呼其原名。而许多经典广告所喋喋不休的正是其商标或企业名称。

(2) 创造奇特信息。除了突出广告的主要信息以外,广告文案中还应强调奇特性。要突破大量平庸的、抹杀商品个性的广告文案现象,必须力求"出奇制胜",做到"语不惊人誓不休"。

奇异的基础是个性。商品要有个性,广告文案的表现也需要有个性。

在广告文案中合理地借助悬念,借助适度的夸张、幽默、恐怖等手法,也能使广告文案的表现非同一般。

## 四、简明性

### 1. 广告文案的语言要通俗精炼

广告文案与消费者之间是一种被动的接受关系,大多数消费者注目于广告都是无意识的、不自觉的、带有强制性的,广告文案应该简洁明了,绝不能像一般论述文那样尽情尽兴地旁征博引,洋洋洒洒。要使广告文案写得简明,首先要求文案的语言必须通俗精炼,保持日常会话的特点。

### 2. 广告文案的诉求点要单一

每则广告文案的诉求点必须单一,即广告文案诉之于读者的内容不能纷繁复杂。有些广告主认为,既然出了广告费,就应该充分利用权力,广告内容多多益善,这是不正确的。很多报刊的版面总是排着密密麻麻、满满当当的文字,字体往往是最小号的。还有些广播广告的语速快得惊人,在简短的时间里充斥过多内容。诉求点过多,有明无简,让人看上几遍也记不住。

### 江小白"早知道"系列文案

广告标题:早知道(图1-7)

广告内文:早知道很多人走散就不会再见,就该说出那句吞回肚里的话,给出本该给予的拥抱。早知道老同学很难再聚,寝室熄灯后的故事多说一点,新朋旧友的邀约更多一点。早知道后来才看清爱的深度,就应把握住彼此最好的年纪,面前的酒杯不必封存各自的心情。早知道心中所向始终念念不忘,当初就不必勉强迎合大众眼光,哪怕失败也至少做过自己。早知道中年危机来得悄无声息,就不总囿于上班下班的规律,四处流浪至少没错过风景。早知道机会总是稍纵即逝,就不应让求知欲过期,更不必独饮深夜浇愁的酒。早知道岁月从不留情,就应该在奔忙的日子留出间隙,多陪伴父母。早知道一切都将归于云淡风轻,就不会困在原地,心事会被酿成酒话。人生没有早知道,只有当下酒,眼前人。

案例解析

江小白"早知道"系列广告与江小白的品牌定义和调性保持高度一致,人生中最悲伤的词,大概就是"早知道"吧?后悔是每一个人痛点,与酒文化中"一醉解千愁"妙味暗通,江小白深谙受众的痛点,推出这组文案,直戳人心引发强烈共鸣。特别是读至"早知道一切都将归于云淡风轻,就不会困在原地,心事会被酿成酒话",不免有放肆一醉的冲动,"人生没有早知道,只有当下酒,眼前人"。

【实践】 试着将江小白的文案修改一下,是不是能够有更好的关联性。例如"早知道很多人走散就不会再见,就该说出那句吞回肚里的话,给出本该给予的拥抱"改成"早知道很多人会走散就无法再见,就该干了这杯酒,说出那句话",可能与品类消费的关联更强。

图 1-7　江小白"早知道"系列广告

(图片来源：江小白公众号)

1. 广告文案的含义是什么？
2. 广告文案的作用有哪些？
3. 按照不同的媒体，可以把广告文案分为哪些种类？
4. 广告文案应该具备哪些特性？

# 第二章

# 广告文案与广告运作环节

**学习要点与目标**

1. 了解广告文案写作的各个环节，掌握广告文案与广告运作各环节的关系；

2. 理解广告文案与广告设计制作的关系，掌握围绕广告主题进行广告文案创作。

**引导案例**

### 全联经济美学文案

全联是中国台湾地区老牌超市，定位低价平民，但年轻消费群体缺乏认可，品牌形象老化，存在到全联购物不够有面子的倾向，根据推动年轻人来全联购物的广告目标，2015年，提炼出了"全联经济美学"的概念，并通过14个生活场景的人物独白系列广告，以系列广告文案为主要创意手段传播"省的是钱，但我活的却是一种独立的生活态度"（图2-1）。部分广告标题已经成为人们耳熟能详的金句。

品牌活动广告口号：全联经济美学

系列广告文案标题：

"长得漂亮是本钱，把钱花得漂亮是本事。"

"知道一生一定要去的20个地方之后，我决定先去全联。"

"来全联不会让你变时尚，但省下的钱能让你把自己变时尚。"

"几块钱很重要，因为这是林北辛苦赚来的钱。"

"养成好习惯很重要，我习惯去糖去冰去全联。"

"花很多钱我不会，但我真的很会花钱。"

**图 2-1　全联经济美学系列广告部分**

（图片来源：https://www.sohu.com/a/227322956_618348）

"省钱是正确的道路,我不在全联,就是在去往全联的路上。"
"会不会省钱不必看脑袋,看的是这袋。"
"距离不是问题,省钱才是重点。"
"来全联之后,我的猪长得特别快。"（存钱罐是猪的形象）
"真正的美是像我妈一样有颗精打细算的头脑。"
"我可以花 8 元钱买到的,为什么要掏 10 元钱出来。"
"美是让人愉悦的东西,如全联的价格。"
"离全联越近,奢侈浪费就离我们越远。"

**案例解析**

　　2015 年全联经济美学品牌理念的建立,将品牌定位中"省钱"这一概念通过系列广告推动年轻消费群体的认知,上升到一种生活方式,一种生活态度,利用目标群体的自白提高广告的相关性,文案的调性以自我而有主张,切合目标群体的价值审美,为后续深度传播奠定基础。以年轻为主的白酒品牌"江小白"文案创意或多或少地沿袭这一创作手法,后续也会引用这一广告案例。

# 第一节 广告文案与广告策划

William F. Arens 在《当代广告学》中给出的广告定义：广告是由已确定的出资人通过各种媒介进行的有关产品（商品、服务和观点）的，通常是有偿的、有组织的、综合的、劝服性的、非人员的信息传播活动。因此，广告的创作具有明确的目的性，必须依托广告策划和策略，广告策划在整个广告活动中具有指导性、决定性、提前性，在广告活动中居于核心地位。

## 一、广告策划

广告策划是根据广告主的营销计划和广告目标，在市场调查的基础上，制定出一个与市场情况、产品状态、消费群体相适应的经济有效的广告计划方案，并加以评估、实施和检验，从而为广告主的整体经营提供良好服务的活动。广告策划可分为两种：一种是单独性的，即为一个或几个单一性的广告活动进行策划，也称单项广告活动策划。另一种是系统性的，即为企业在某一时期的总体广告活动策划，也称总体广告策划。

一个较完整的广告策划主要包括 5 个方面的内容：市场调查的结果、广告的定位、创意制作、广告媒介安排、效果测定安排。通过广告策划工作，使广告准确、独特、及时、有效地传播，以刺激需要、诱导消费、促进销售、开拓市场。广告策划所要解决的任务包括广告对象、广告目标、广告计划、广告策略等，也就是要解决广告"对谁说、说什么、如何说、说的效果如何"等一系列重大问题，使广告能"准确、独特、及时、有效、经济"地传播信息，提高广告活动的效果。

作为科学活动的广告策划，其运作有着自己的客观规律性。进行广告策划，必须遵循以下原则。

### 1. 统一性原则

广告活动的各方面要服从统一的营销目标和广告目标，服从统一的产品形象和企业形象。广告策划的流程是统一的，广告策划的前后步骤要统一，从市场调查开始，到广告环境分析、广告主题分析、广告目标分析、广告创意、广告制作、广告媒体选择、广告发布，再到广告效果测定等各个阶段，都要有统一的指导思想来统领整个策划过程。

### 2. 调适性原则

要求广告策划活动要处于不断的调整之中，以保证广告策划活动既在整体上保持统一，又在统一性原则的约束下具有一定的弹性。这样，策划活动才能与复杂多变的市场环境和现实情况保持同步或最佳适应状态。

### 3. 有效性原则

广告策划的结果必须使广告活动产生良好的商业效益和社会效果。广告策划要完善地把广告活动的微观效益与宏观效益、眼前效益与长远效益、社会效益与经济效益统一起来。广告策划既要以消费者为统筹广告活动的中心，又要考虑到企业的实力和承受能力。

### 4. 操作性原则

要求广告策划具有严格的科学性。广告策划的科学性主要体现在广告策划的可操作性上。广告策划的流程、广告策划的内容有着严格的规定性，每一步骤、每一环节都是可操作的。经过策划，要具体执行广告计划之前，就能按科学的程序对广告效果进行适当的预测和确定。

### 5. 针对性原则

只要市场情况不同、竞争情况不同、消费者情况不同、产品情况不同、广告目标不同，那么广告策划的侧重点和广告战略战术也应该有所不同。广告策划的最终目的是提高广告效果。广告策划不讲究针对性，很难提高广告效果。用一个模式代替所有的广告策划活动必然是无效的广告策划。

以上五个方面是任何广告策划活动都必须遵守的原则，这五原则不是孤立的，而是相互联系的。相辅相成，缺一不可。这些原则不是人为的规定，而是广告活动的本质规律所要求的。

## 二、广告策划的程序

广告策划程序是指广告策划工作应遵循的方法和步骤，是为使广告策划顺利进行和保证广告策划的成功而对广告策划工作自身提出的方法和原则要求。

广告公司接到广告策划任务之后，一般按下列步骤进行工作。

### 1. 组建广告策划小组

组建以广告主或其产品命名的策划小组，负责整体策划工作。广告策划小组一般由以下人员组成。

（1）业务主管。一般由客户部经理或总经理、副总经理、创作总监、策划部经理等人担任。业务主管的水平是衡量一个广告公司策划能力的标志之一。

（2）策划人员。策划人员一般由策划部的正、副主管和业务骨干担任，主要负责创意和编制广告计划。

（3）文案人员。文案人员专门负责广告创意并撰写各种广告文案。

（4）美术设计人员。美术设计人员负责进行各种视觉形象设计。

（5）市场调查人员。市场调查人员负责市场调查，具有研究、分析和写作市场报告的能力。

（6）媒体联络人员。媒体联络人员熟悉每一种媒体的优势、缺陷和价格，与媒体有良好的关系，并能按照广告战略部署获得所需的媒体空间和时间。

（7）公关人员。公关人员提出公关建议，并进行各种必要的公关活动。

### 2. 向有关部门下达任务

经过广告策划小组的初步协商，根据企业要求，向市场部、媒体部、策划部、设计制作部等部门下达初步任务。

### 3. 商讨广告活动的战略战术

讨论和商定本次广告活动的各种具有长远指导意义的决策（战略）和实现这一决策所应采取的手段和方法（战术）。具体而言，需要讨论以下广告策略：产品广告策略、广告市场策略、广告时机策略、广告媒体策略、广告表现策略、广告促销策略。

### 4. 撰写广告策划书

将策划小组的意图归纳整理成书面文件，便于贯彻执行，策划书中要包括广告战略战术的全部内容，给下一步的广告创意和制作提供指导性文件。

### 5. 向广告主递交广告策划书并由其审核

递交广告策划书也是一种提案，策划书要与广告主反复磋商，根据广告主的反馈意见，再加以修订。

### 6. 将策划意图交各职能部门实施

最终实施广告策划意图的部门是：创作部、设计部和媒体部。创作部负责按照已定的广告策略方向发展广告创意，写作广告文案；设计部将广告创意转化为可视性强的广告作品；媒体部按照广告策划书的要求获取媒体的时间和空间，进行媒体选择，制定媒体排期。

## 三、广告文案与广告策划的关系

一般来说,广告策划的内容可以有两种:一种是狭义的广告策划内容,即指制定广告目标,决定广告地区、广告时间、广告对象等几项内容;另一种是广义的广告策划内容,它不但包括以上所讲的狭义的广告策划内容,而且还加上诸如市场调查,广告主题拟定,广告作品的设计、表现、制作,媒体发布的组合,媒体排期,广告预算,广告效果的测定及其方法等,可以说包括了广告全过程活动的全部范围。无论狭义的广告策划还是广义的广告策划,都对广告文案的写作有指导意义。

可以说,广告策划是广告文案撰写跨出第一步前的方向,也是可以预示广告文案成功的基点。从图2-2中可以看出,广告文案处于广告策划之后的执行阶段,是对广告策划的具体化。广告策划中对产品的定位、广告目标、广告诉求策略、广告对象等的确定,必然成为广告文案撰写要考虑的前提,甚至是创意的来源、主题拟定的基础、USP(卖点)的灵感。

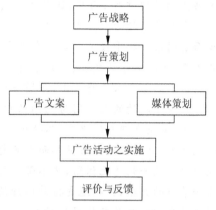

图 2-2　广告文案在广告策划中的地位

# 第二节　广告文案与广告主题

## 一、什么是广告主题

主题是广告的核心内容,是广告宣传的重点和所要明确表达的中心思想。它贯穿于广告活动之中,使组成广告的各要素有机地组合成一则完整的广告作品。广告主题的选择也并非随意安排,它也是科学策划的结果,但一经选定,便贯穿于整个广告活动中,指导整个广告运动过程。从这个意义而言,现代广告策划具有明确的目的性。

一则好的广告作品,必须鲜明、突出地表现广告的主题,使人们接触广告之后,很容易理解广告告知他们一些什么,要求他们做些什么。在企业形象广告中,主题集中于宣传企业的理念;在品牌形象广告中,主题集中于宣传品牌特性;在产品广告中,主题集中于宣传产品或服务的特性及对消费者的利益承诺;在促销广告中,主题是更具体的优惠、赠品等信息。

【案例 2-1】

**台湾天下文化出版社 25 周年庆广告文案**

广告标题:我害怕阅读的人

广告内文:

不知何时开始,我害怕阅读的人。就像我们不知道冬天从哪天开始,只会感觉夜的黑越来越漫长。

我害怕阅读的人。一跟他们谈话,我就像一个透明的人,苍白的脑袋无法隐藏。我所拥有的内涵是什么？不就是人人能脱口而出，游荡在空气中最通俗的认知吗？像心脏在身体的左边。春天之后是夏天。阅读的人在知识里遨游，能从食谱论及管理学，八卦周刊讲到社会趋势，甚至空中跃下的猫，都能让他们对建筑防震理论侃侃而谈。相较之下，我只是一台在MP3世代的录音机；过气、无法调整。我最引以为傲的论述，恐怕只是他多年前书架上某本书里的某段文字，而且，还是不被荧光笔画线注记的那一段。

我害怕阅读的人。当他们阅读时，脸就藏匿在书后面。书一放下，就以贵族王者的形象在我面前闪耀。举手投足都是自在风采。让我明了，阅读不只是知识，更是魔力。他们是懂美学的牛顿、懂人类学的梵谷、懂孙子兵法的甘地。血液里充满答案，越来越少的问题能让他们恐惧。仿佛站在巨人的肩膀上，习惯俯视一切。那自信从容是这世上最好看的一张脸。

我害怕阅读的人。因为他们很幸运；当众人拥抱孤独，或被寂寞拥抱时，他们的生命却毫不封闭，不缺乏朋友的忠实、不缺少安慰者的温柔，甚至连互相较劲的对手都不至匮乏。他们一翻开书，有时会因心有灵犀而大声赞叹，有时又会因立场不同而陷入激辩，有时会获得劝导或慰藉。这一切毫无保留，又不带条件，是带亲情的爱情，是热恋中的友谊。一本一本的书，就像一节节的脊椎，稳稳地支持着阅读的人。你看，书一打开，就成为一个拥抱的姿势。这一切不正是我们毕生苦苦找寻的吗？

我害怕阅读的人，他们总是不知足。有人说，女人学会阅读，世界上才冒出妇女问题，也因为她们开始有了问题，女人更加读书。就连爱因斯坦，这个世界上智者中的最聪明者，临终前都曾说：" 我看我自己，就像一个在海边玩耍的孩子，找到一块光滑的小石头，就觉得开心。后来我才知道自己面对的还有一片真理的大海，那没有尽头。" 读书人总是低头看书，忙着浇灌自己的饥渴，他们让自己是敞开的桶子，随时准备装入更多。而我呢？手中抓住小石头，只为了无聊地打水漂而已。有个笑话这样说：人每天早上起床，只要强迫自己吞一只蟾蜍，不管发生什么，都不再害怕。我想，我快知道蟾蜍的味道。

我害怕阅读的人。我祈祷他们永远不知道我的不安，免得他们会更轻易地击垮我，甚至连打败我的意愿都没有。我如此害怕阅读的人，因为他们的榜样是伟人，就算做不到，退一步也还是一个我远不及的成功者。我害怕阅读的人，他们知道"无知"在小孩身上才可爱，而我已经是一个成年人。我害怕阅读的人，因为大家都喜欢有智慧的人。我害怕阅读的人，他们能避免我要经历的失败。我害怕阅读的人，他们懂得生命太短，人总是聪明得太迟。我害怕阅读的人，他们的一小时就是我的一生。

我害怕阅读的人，尤其是还在阅读的人。

**案例解析**

《我害怕阅读的人》是中国台湾奥美广告公司为天下文化出版社25周年庆创作的主题广告，广告活动启动前的认知现状——阅读就是阅读，是一件有益的事情，其广告设定预期效果——阅读的价值是让我成为一个超越自己的人，广告目标就是基于对阅读的价值浅层次的认识现状，通过对阅读价值的深度呈现，使得受众想成为一个爱阅读的人。奥美通过自诉的方式，以特定的场景，呈现出阅读和不阅读的差别。广告标题出人意料，利用为什么害怕阅读的人的好奇心，通过极富文采、场景感强的长文案传达出"兄弟，读点书吧，别被淘汰啦"的理念。

## 二、广告主题的类型

在广告文案中可能有天马行空的想象、绚烂多彩的文字，但无论外表如何，一则优秀的文案一定有一个确定的主题，也就是通过文字和图像要告诉给消费者的主要信息。一旦主题确定,任何创意和文案写作都围绕这一主题。选择一个能打动消费者的、适合产品的主题至关重要。总结在广告文案中所常用的主题大致可以归入以下几类。

### 1. 与心理有关的主题

根据消费者心理需求可以确定以下几种广告文案主题,如:强力介绍某项产品超越其他品种的新用途;和同类产品比较,显示自己的产品比其他同类产品的功能、质量等方面优越;证实若购买该产品可解决或避免某种不悦之事;诱使消费者加深对产品商标的记忆,借以提高品牌在消费者心中的知名度;强调产品能美化消费者形象,提高身份地位;用优美的语言并借助影响力大的媒体宣传产品,能给消费者带来精神的享受;再三重复广告口号,以加深消费者对企业和产品的印象。

### 2. 与企业形象有关

根据企业的战略规划和市场发展目标,确定以宣传企业形象为主题的广告文案,如:树立企业在某个领域内领导潮流的形象;强调企业产品为提高消费者生活水平所作的不可湮没的贡献;突出企业强有力的市场销售地位;宣扬企业一丝不苟、埋头苦干、勇于进取、不甘落后的精神;强化企业良好的形象,并为产品打入国际市场铺路;创造温馨亲切、让人流连的企业家庭氛围。

### 3. 与购买行动有关的主题

在研究消费者购买行为规律的基础上,广告文案要确定促成消费者产生购买行为的主题,如:以流行时尚引诱消费者效仿;使消费者增加购买商品的次数,而不做过路生意;促使消费者购买刚打入市场的新产品;刺激消费者增加对广告商品的使用量,使消费者相信该产品的质量过硬;突出自家产品独特之处,刺激消费者产生冲动购买;诱使消费者试用自己的商品,从而使竞争对手退出市场。

### 4. 与市场营销有关

结合企业的营销策略,确定有利于产品营销目标达成的广告文案主题,如:以有奖销售的方式吸引消费者购买;刺激消费者对某种品牌的基本需求;用粘贴防伪标志的形式加强消费者的辨认度,用正当手段维权;大肆渲染马上入市的新产品,为刺激消费者购买做好心理准备;采用薄利多销的方式争取消费者;强调经营服务给消费者带来的便利;为消费者提供售后服务,免除消费者的后顾之忧;诱惑潜在的目标消费者加入消费行列,扩大产品的销售市场。

【案例2-2】

**回家吃饭APP"家与家很远,人与人很近"主题广告文案**

广告主题:家与家很远,人与人很近(图2-3)

广告文案:

除了给爸妈打电话,中午订餐,是你唯一说四川话的机会。"家与家很远,人与人很近"。山东到福建距离两千公里。在这,不过一碗粥的距离。"家与家很远,人与人很近"。每到饭点,两站地的国贸。就变成了三千人的小饭桌。"家与家很远,人与人很近"。王阿姨的厨房不到五平米。却装下了儿时的八百里秦川。"家与家很远,人与人很近"。

案例解析

比照Uber、Airbnb的共享经济模式,回家吃饭APP是以家庭厨房共享为商业模式,家庭

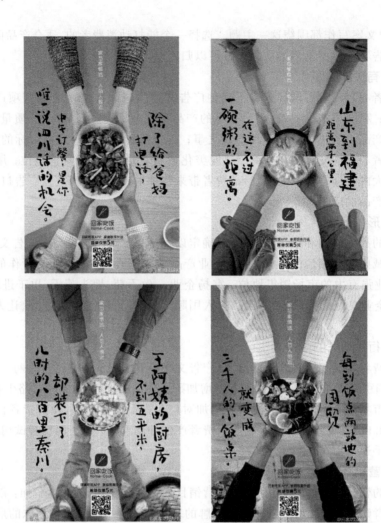

图 2-3　回家吃饭 APP 主题广告
（图片来源：官方微博）

厨房多为退休或者专职家庭主妇，可以为 2~3 公里范围内的消费者提供餐食，消费通过 APP 以订餐取餐，"家常菜"成为其主打卖点。系列广告以北京北漂一族为目标受众，在北京地铁投放广告，通过触发对家乡的情感联系，激发受众想吃"家乡菜"的冲动，将"家常菜"客观特点转变为"家乡菜"主观期盼，变成对家的思念的慰藉。

## 三、广告文案与广告主题

广告文案一定要反映广告主题，围绕着广告主题进行创作，因为主题是文案的精神内核，是蕴藏于文案中的能量来源。一篇广告文案如果没有主题，就好像一个人没有了灵魂，失去了生命力，离开现实，离开主题，天马行空的创作态度，制作出来的广告将会黯淡失神，索然无味。由于广告主题在广告文案中起着主导的作用，因此我们在动笔之前就要根据广告策略的要求先确定好主题，做到"意在笔先，心中有数。"一般来说，一篇广告文案只能有一个主题，即使根据现实的需要设置了多个主题，也要分清主次先后，一定突出基本主题，其他辅助主题紧紧围绕基本主题展开。

## 四、广告文案主题表现的手法

在根据材料提炼出一个精确的主题之后,文案写作时还应该运用适当的方式和方法把主题表现出来。为了表现广告主题,广告文案可以选择多种角度来进行诉求。对于不同的产品来说,可能选择的角度会有所不同,这取决于产品的个性、目标消费者的特点,也和市场环境、社会文化等大环境有关。以下几个角度可以为我们提供一些参考。

### 1. 快乐

生活得快乐是每个人追求的一种趋势,也是现代人类的重要心理现象;快乐是人类生活发展高层次的必然需求。轿车、旅游等广告文案多以此作为广告题材。

### 2. 经济

经济实用、价廉物美是大多数人的购物标准。高消费只是一部分人的生活,而对于普通百姓、工薪阶层来说,购买商品的档次总在中低档上。产品在价格上占据明显优势常常可以刺激消费者的购买欲望,家电、食品、经济型汽车等常以此作为广告题材。但我们不能从单一角度告诉消费者这项商品对您如何有利,而将其他事实弃而不谈,这样会使消费者陷入思考的混乱,而做出错误的判断。因为欲望并不是单纯的东西,当消费者决定购买时,他的考虑必定是多方面的,所以我们在以经济做题材来打广告时,也要注重其他方面的辅助。

### 3. 质量

在广告文案中对商品质量、售后服务等方面向消费者做出承诺和保证可增强消费者的信任感,树立品牌形象。家电、建材、名牌服装等常以此作为广告主题。

**【案例 2-3】**

### 浙江好来西服饰有限公司的一则致歉广告文案

我们曾向您承诺:"凡购买 Holison 高级衬衣,如因正常穿洗,在领口、袖口洗破前出现起泡现象,可在全国任何城市好来西精品店无偿退换。好来西服饰有限公司同时赠送一件 Holison 服饰精品致歉。"

为了解决衬衣领口、袖口易起泡、易变形的难题,我们竭尽全力,对十几个国家近百个厂家生产的面料、辅料进行反复组合试验,并采用高温处理等特种工艺,终于使衬衣的领口、袖口在正常穿洗的情况下不起泡、不变形,由神话变成了现实。一切努力只是想让穿上好来西衬衣的您真正享受到那一份圆满的自信与舒适。然而,我们离完美之境依然相距一步之遥。在去年售出的 980000 件衫衣中,有 104 件衬衣的领口或袖口出现了起泡现象。这于我们虽属 0.102% 的疏忽,对您却是百分之百的损失。尽管我们已履行诺言,但对您的愧疚却难以消减。为此,我们再次向呵护好来西成长的您表示深深的歉意。不论何时何地,从您穿上好来西衬衣的那一刻起,我们便与您一同分享忧乐。

**案例解析**

该致歉广告不仅没有损伤企业的形象,而且因为他们的诚实,而赢得消费者的普遍好评,使好来西服装的销售量明显增加。

### 4. 爱情

爱情是人类永恒的主题,是人类精神深层次的生命冲动,爱情创造了美,创造了人们对生活的敏感和热爱,它渗透了人们的情趣、理想和生命感受。家庭用具、日常用品以及珠宝首饰的广告文稿宜选择这一题材,它能产生亲切动人、感人心扉的力量。

【案例 2-4】

**杜蕾斯 90 周年品牌广告**

**广告文案:**

总是低估了对手的强大。但是,他们也低估了我们的强大。

今天,我们的对手是谁?不管是谁,再向前一步。

**案例解析**

2019 年,杜蕾斯在中国市场调整了传播策略,营销策略力图打造一个行业领袖型形象,向外界来讲述自己过去 90 年间所经历过的和所看到的历史,在它 90 年的历史历程里,挖掘出向爱而生的激情与勇气作为立意点,提炼为"再向前一步"这句文案(图 2-4)。

杜蕾斯 90 周年广告

图 2-4　杜蕾斯 90 周年广告

**5. 荣誉**

荣誉是一种赞誉性的评价。人们平时在事业上获得成就,对社会作出贡献,总希望得到社会的尊重和赞赏,得到价值上的承认和心理上的满足。这种心理上的满足感是一种荣誉感。荣誉感是人类道德、文化、名誉上的精神需要。高档商品、时尚流行款式的广告文案适合以此作为题材。

### 6. 时尚

时尚的东西总是新潮的,总能领导消费。在消费品市场中,消费者的购买潮流对于人们的心理冲击力很大。人们或多或少地表现出一种追求商品的趋势和新颖的需求。消费者在购买商品时十分看重商品的款式和社会流行样式,而对商品本身的实用价值和价格高低并不过分花心思考虑。时尚总是让人们欲罢不能,产生冲动性购买。因此,在文稿中就要突出时尚这一主题。

【案例 2-5】

红牛广告文案

广告词:轻松能量　来自红牛

标题:还在用这种方法提神?

正文:都新世纪了,还在用这一杯苦咖啡来提神?你知道吗?还有更好的方式来帮助你唤起精神:全新上市的强化型红牛功能饮料富含氨基酸,维生素等多种营养成分,更添加了8倍牛磺酸,能有效激活脑细胞,缓解视觉疲劳,不仅可以提神醒脑,更能加倍呵护你的身体,令你随时用有敏锐的判断力提高工作效率。

醒题:迅速抗疲劳　激活脑细胞

**案例解析**

广告创意中,红牛的宣传策略主要集中在引导消费者选择的层面上,注重产品功能属性的介绍。由于当时市场上的功能饮料只有红牛这一个品牌,所以红牛在宣传品牌的同时要用最简单的广告语来告知消费者功能饮料的特点——在困了累了的时候提神醒脑,补充体力。

就这样一句简单、明确的广告语让消费者清晰地记住了红牛的功能,也认可了红牛这个品牌。这则广告的正文部分以理性诉求的方式突出了产品的功能,以具有逻辑性和思辨性的语言将广告信息完整地传达给受众。

## 第三节　广告文案与广告创意

### 一、关于广告创意

日本著名的广告学者植条则夫指出:"在今天的广告界,创意正成为最重要的课题。广告公司的竞争,使创意愈加成为左右学界生存和发展的重要因素。这样的创造性,在企业的研究、调查、生产、流通、广告、销售、推销等领域已经成为不可或缺的因素。特别在广告公司中,创意的作用越来越受到重视。"

广告创意是对产品或服务所能提供的利益或解决目标消费者问题的办法进行整理和分析,从而确定广告所要传达的主张的过程。广告创意在广告活动中起着非常重要的作用,它往往需要依据社会文化心理和不同的消费心理,并借助于艺术的手法去叙事;没有创意的广告往往是平淡无奇的,缺乏生命力,不能达到吸引消费者的目的。

在现代激烈竞争的社会中,要达到比较好的广告传播效果,必须注重广告创意的效果,否则只能带来资金、人力的浪费。广告创意是广告策略与广告表现艺术必不可少的桥梁。因此,在达成广告作品的过程中,广告创意是十分重要的程序。

**【案例 2-6】**

成功的广告创意

资生堂口红系列广告

广告标题:像绸子一般滑,身体像白花开放

广告正文:寒夜,一天的时间结束/用这滑腻的润肤霜/能使身体洁白如雪/感触极佳/心情舒畅/资生堂护肤系列

广告标题:染上的,是春天

广告正文:等待伊人来/心绪何陶然/等待春天来/喜悦上眉尖/心情多闲适/舒畅每一天/那时候/唇上染出了光辉灿烂/染出了高雅的微笑/明朗的色彩/映出心灵的莹润

**案例解析**

资生堂护肤系列和口红系列广告跳出传统美妆广告表达,以视觉化、情绪化的创意转换,感知具体而富有感染力。

## 二、广告文案与广告创意

广告文案是广告创意的载体,在英文中,"创意"一词是"idea"或"greative"。其中"idea"的意思是指"主意、念头、想法"。"greative"原意为"有创造力的、有创造性的"。广告创意能保证广告文案成为有效的文案,成为一个使受众欣赏并能激起其阅读兴趣的文学作品,成为一个有助于广告信息传播的广告文案,即所谓"让消费者跟着我们每天从不同的角度来感受不同的万众瞩目的事或物,去猜测、去议论、去期待,从而加强品牌在他们脑海中的印象"。

广告创意往往是新鲜的、醒目的、令人兴奋的,将广告创意落实到文案上,就涉及很多具体工作,如怎样写标题、怎样写正文、怎样写标语、怎样写随文等。广告创意的力量很容易被文案各部分的具体表现所分散、弱化。为此,文案人员必须全面完整地把握创意概念,深入理解广告创意所包含的各要素,将创意落实为具体的广告文案。但业内关于文案创作标准极其繁多,各有其局限性,其中关于广告创意评价的 ROI 标准具有很好的概括性,ROI 分别对应着三个英文单词——relevance、originality、impact,即相关性、原创性、影响力。ROI 原则延伸至广告文案创作同样有其适用性。

**1. 广告文案的独特性与广告创意的创造性相配合**

广告文案寻找到独特的信息内容进行表现,寻找到能让产品在同类中跳出来吸引人的新信息,这就是信息的独创。信息的独创不仅表现在能表现另一产品无法替代的消费利益点、产品生产背景以及产品的附加价值,也表现在能诉求别人没有诉求过的产品特点。信息的独创更表现在能发现同一产品和服务中不同的特点和借助心理作用形成或创造出的不同价值。

**2. 广告文案的简洁性与广告创意的单纯性相配合**

一个广告不可能负载多个诉求重点,创意要围绕一个诉求点来开展,文案也要围绕同一诉求点来写作。如果需要做深入说明,文案中可以展开解释或者提供丰富的资料增加可信性。增多诉求点则只会让广告的表述变得模糊不清。

广告创意的目的就是传达有效信息,无论使用哪种方式,广告想要说什么,必须非常突出、非常清楚。为了明确传达信息，广告文案的用词也应该尽量准确，句式应该尽量简单，不要将关键词语淹没在过多地"因为……所以……""虽然……但是……"之中，要追求写作简洁明确，而不是文采斐然的标题和正文。

【案例 2-7】

乐高积木广告

广告标题：想象……

**案例解析**

乐高这组平面广告（图 2-5）视觉设计与文案清晰地证明了单纯就是力量，而且以相关性的评价标准来看，利用儿童简笔画的相关性元素拉近受众的距离，一个简笔的鸟笼、鱼缸和鼠洞，小小一块乐高积木就有了生命，这是鸟！这是鱼！这是老鼠！你想象一下……"爱玩，爱想象"正是乐高传递理念的，也正是父母希望孩子通过乐高获得的能力。Imagine，创意简单有力，文案堪称点睛之笔。

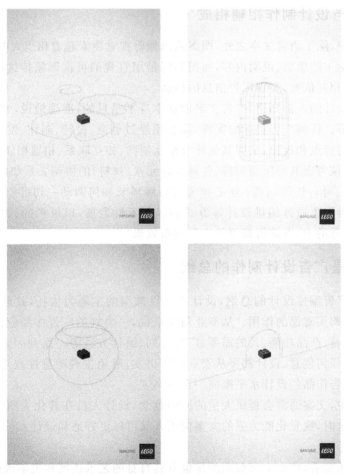

图 2-5 乐高文案

（图片来源：知乎 https://www.zhihu.com/question/37454980/answer/923248306）

### 3. 广告文案的情趣性与广告创意的人性化相配合

无论诉求对象是什么样的年龄,什么样的身份,消费心理如何,只要他或她是心智正常的人,都会有共同的心理,如:希望爱与被爱;向往美好生活;希望被关心、被尊重、被理解;喜欢听到和看到美好事物,不喜欢看到丑恶和残缺;喜欢趣味,厌恶枯燥乏味;喜欢亲切;趋于欢乐,远离烦恼;喜欢平等地沟通,不喜欢说教、灌输;对正确和错误有自己的判断标准,不喜欢被别人左右;女性具有深厚的母爱和母性,关心自己的家人……

这些最基本的人性并不抽象,而是体现在一点一滴的日常生活中。对于广告,消费者自然也会不自觉地以这些基本的好恶来判断。情趣性强的广告文案,更容易凸显出广告创意的人性化。广告文案的情趣性就是要求在广告文案创作过程中注意诉求对象的情感性和趣味性要求,努力发挥语言艺术魅力,以达到吸引消费者扩大消费市场的目的。

## 第四节　广告文案与广告设计制作

### 一、广告文案与设计制作相辅相成

在广告表现中,除了语言文字之外,图案或图像等视觉要素起着相当大的作用。广告文字是用语言文字传达主题思想、说明内容,而图形则是用直观的可视形象传达广告信息,它与广告文字相互配合,相互依赖,实现广告信息的传递。

从事过广告设计的人都知道,广告文案创意本身不是目的,准确地说,它只是整个广告创作活动的一个环节。任何广告目标的实现,都必须经过创意、设计、制作、发布等环节,各环节既有其自身运作的特点和规律,又同其他环节相互制约、相互联系、相辅相成。因此,从广告文案创意开始,就应该考虑其与版面编排、各种设计元素(材料)的协调关系和广告发布方法之间的兼容性、合理性、可行性等问题;还必须考虑后续环节如何调动一切可能的因素,将广告文案创意的内在精神因素通过编排设计等方式加以艺术性发展,以可视的、物质的方式表现出来,充分发挥其创意潜力,以获得理想的广告发布效果。

### 二、广告文案是广告设计制作的总纲

广告文案是广告编排设计的总纲,设计必须以文案的主题为依托,并起帮助阐述广告主题、说服受众产生购买意愿的作用。从专业角度来说,一个好的广告作品应该是对企业理念、市场动向、经济效益、产品功能、人的需要、广告策划、设计方法等一系列因素的综合性创意和最佳整合。因此,任何创意、设计都要从宏观整体出发,避免主观随意性或片面追求设计的单一价值,才能将广告作品的设计水平推向一定的高度。

在广告创作中,文案通常会提供大量的原创意念,设计人员在转化为图形的时候,会有自己的二次创作。这时,视觉化能力强的文案撰稿人就可以更好地和设计人员进行沟通,使得二者互补而不是排斥。

从设计专业角度看,广告文案版面编排也有其自身的艺术法则和美学规律,它制约着文案编排设计定位的高度、准确性以及最终视觉效果。了解掌握这些法则和规律,对我们版面艺术设计工作将会有指导性的意义。

## 三、广告设计制作应遵循的原则

### 1. 思想性与单一性

思想性是指广告版面设计必须充分表现广告文案的主题思想和创意。版面设计本身不是目的,只是传播广告文案创意和客户信息的手段。一方面,广告文案的主题思想主导着版面设计构思的方向;另一方面,版面编排也离不开具体的文案内容。

版面编排设计的最终目的是通过对各类广告元素的完美整合,充分体现广告文案独特的主题思想和创意特色。

单一性是要求广告版面设计必须单纯、简洁。广告版面的大小都是固定的,设计只能在极其有限的篇幅内进行,还必须使观众在一瞥之间能留下尽可能深刻的视觉印象,这就要求版面表现形式单纯、醒目,文案信息尽量简洁。要达到这个目的,就必须注意:采用一切设计元素都要经过慎重选择,都应该能为表现广告的文案出力。

【案例2-8】

**宝路华表广告**

广告标题:时间不会消失,不过换个方式开始

如图2-6所示,这两则宝路华表广告较好地体现了思想性与单一性的原则。

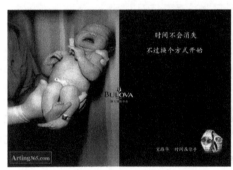

图2-6 宝路华表广告

**案例解析**

广告画面和文字都比较简洁,但搭配得比较好,画面以出生的婴儿和生命消逝的墓地作为表现新的开始,很好地配合了广告文案"时间不会消失,不过换个方式开始"这个概念。

### 2. 艺术性与装饰性

广告文案编排设计的艺术性是指版面的艺术构成形式具有美的感召力,能引发观众的审美欲望,给予他们一定的美学启迪和美学享受。增强广告版面的艺术性,不但能使广告有如艺术作品般令人赏心悦目,还能使广告以其独特性吸引观众视线,引起注意和阅读兴趣,达到以形传神的效果。当然,为了使版面编排更好地为广告文案服务并达到广告创意的理想诉求目的,必须寻求合乎情理的、准确的版面视觉语言,并使其具有独特的艺术性和审美情趣。这是设计者在对广告文案的精辟分析和理解基础上,以自己独特的艺术感觉、深厚的文化涵养、精湛的设计技巧对整体广告形象的再创作。

装饰性是指采用各种装饰性的设计手法处理版面,达到提升广告版面、传播广告文案信息能力的目的。版面编排是由文字、图形、图像、色彩等基本设计元素通过点、线、面的方式组合与排列构成的。采用不同的艺术装饰手法来创造各种版面视觉效果,既可以美化、梳理版面中各广告元素的条理和主次,营造不同的气氛和意趣,还可以提高其承载和传达广告文案信息的能力。

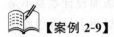
【案例 2-9】

中兴百货的平面广告设计

中兴百货的平面广告设计如图 2-7 所示。

图 2-7　中兴百货平面广告《森林篇/樱花篇》

广告标题:森林篇/樱花篇
广告正文:

衣服,衣服是这个时代最后的美好环境。她觉得这个城市比想象中还要粗暴,她觉得摔飞机的概率远远大于买到一双令人后悔的高跟鞋,她觉得人生的脆弱不及于一枚 A 型流行感冒病毒,她觉得爱人比不上一张床来得忠实……不安的人们居住在各自的衣服里寻求仅存的保护与慰藉,毕竟在世纪末恶劣的废墟里,衣服会是这个时代最后的美好环境。

案例解析

中兴百货的平面广告是艺术性与装饰性的很好结合。广告的版面设计充满美感与意境,樱花树下的衣服让人浮想联翩。广告在构图、色彩、构思以及文案的创作等方面都比较独特,有着很高的审美价值。

### 3. 趣味性与独创性

趣味性主要是指广告版面设计具有独特的审美情趣和幽默感,它既可以是个性张扬的广告版面所带来的形式美趣味,也可以是具有强烈幽默感的、活泼生动的图形、图像造型艺术趣味。事实上,如果广告文案创意本身并没有多少独特之处和足以吸引人的内容,那么,制作趣味性就可能成为广告版面设计取胜的主要手段。同时,一份富有创意的广告文案如果在广告文案内容、表现形式或艺术造型等方面加入趣味性,也可以在很大程度上增加广告的魅力和特色,使广告文案信息传播效果更上一层楼。在广告设计实践中,趣味性可采用寓意、幽默和抒情等表现手法来获得。

独特性是指文案创意的原创性(originality),更贴近其真实意义的应该是独特性,独特性是结果,原创性是原因,广告文案是广告信息最直接的表达载体,如何在消费者接收的海量信息中凸显出来,具有独特性是不二法门。

### 4. 整体性与协调性

整体性是指版面设计要尽量做到广告文案与广告艺术设计形式的完美统一。广告艺术设计形式既依赖广告文案的内容而存在,又帮助广告文案达到预期的诉求目的,广告文案是构成艺术设计的一切内在元素的总和,是艺术设计存在和发挥的基础。设计形式是构成内容诸要素的内部结构或内容的外部表现方式,特别是它的组织结构和设计手法。一个优秀的设计必定是形式和内容的完美统一,为此,在设计整合过程中要提倡整体性思维,要作通盘考虑,而不是走一步算一步。最终选择的艺术设计形式必须切合广告文案主题,必须能表达特定的内容。

版面设计的协调性是指广告文案和设计所使用的各种元素,无论其内容、形式架构、艺术手法之间具有某种共同点、一致性还是某种视觉上的、内在的联系,都给人一种非常自然、和谐的感觉。

协调性需要通过寻找和营造获得,可以寻找和强化版面各种编排要素在造型、结构、条理、秩序等方面的内在联系或者人为加入某种共同的形式特征,也可以从版面风格、色彩选择、元素安排等方面入手。通过广告版面的文图之间的整体组合与协调性的安排,使原本互不相干的各设计元素之间协调起来,令版面产生统一的秩序美、条理美。通过营造秩序感给人以和谐统一的整体印象,也是构建版面协调性的有效途径。

【案例 2-10】

### 中兴百货广告的平面设计

中兴百货广告如图 2-8 所示。

图 2-8 中兴百货广告

广告文案:

春——没有人可以奢侈到浪费青春的地步

秋——收获的季节拥有永远比不拥有更快乐

冬——盘点一年的心情,如果你还有遗憾,现在给你一次机会满足

### 案例解析

广告设计上,三则广告从色彩的运用、画面的搭配以及构图上都比较和谐,春天则用绿色来表现春机盎然,秋天则用金色来表现硕果累累,冬天则用青色来表现冰冷的感觉。体现了广告文案与艺术设计的完美结合。

### 左岸咖啡馆的平面广告文案

#### 嗜甜的越狱人

意大利口音的两个男人点了两杯咖啡后,便把视线对准咖啡馆的大门,看着每一位进出的客人,自从那位专盗 EGON SHCIELE 的意大利盗贼第四次越狱成功后,人们特别留意出现在身边的意大利人,而我也不例外。

一刻过去了,那两人已经饮了不少黑咖啡,视线仍停在大门,而众人也始终盯着他们。又过了一刻,才进门的男人夺走了所有人的目光,倒不是他浓浓的意大利口音,而是他点了一桌子的甜品。"你被捕了。"喝黑咖啡的男人和同伴忽然卡在那个男人身后。"但,不急,请慢慢享用。"等他把满桌的甜品吃完并代他结账后,两个人才押着他走出咖啡馆的大门。经过一阵静默,大家议论纷纷:"为什么专偷 EDGO 的画?""画贼为什么爱吃甜品?""为什么画贼都是在同一家咖啡馆被逮进牢里?"

### 案例解析

图 2-9 是左岸咖啡馆的平面广告,以"越狱人"作为主角,以故事叙述的形式表现了越狱人

图 2-9 左岸咖啡馆广告"越狱人"

对咖啡的嗜好,体现了咖啡的特色。这种叙述的方式充满着趣味性和幽默感,让人感觉文案虽然冗长但不乏味,而且逮捕者的表现也充满着人情味,整则广告充满着一种别样的温情。

**讨论题**

1. 这则广告文案给了你什么样的启发?它为什么能吸引你的注意力?
2. 尽可能多地收集左岸咖啡馆的平面及影视广告,谈谈它们的风格特色及推陈出新的地方。
3. 收集资料,谈谈左岸咖啡馆广告的缘起及创作故事。

1. 广告文案与广告策划的关系是什么?
2. 广告文案与广告主题的关系是什么?
3. 广告文案版面编排中有哪些艺术法则和美学规律?
4. 广告策划的程序及其意义是什么?
5. 广告创意的策略有哪些?
6. 广告主题在广告中占据什么样的地位?
7. 找一个平面广告和影视广告,分析广告文案与版面编排及其画面表现有着什么样的关联性。

# 第三章

# 广告文案的构成与写作

**学习要点与目标**

1. 了解广告文案的基本结构，理解广告文案的写作特点；
2. 了解广告标题、广告正文、广告口号的含义；
3. 理解广告标题和广告正文写作的基本原则；
4. 掌握广告标题、广告正文、广告口号写作的基本技能。

**引导案例**

万科棠樾——游子归　系列文案

【01 游子篇】

图 3-1　万科棠樾别墅地产广告

（图片来源：数英 https://www.digitaling.com/articles/21644.html? winzoom=1&tdsourcetag=s_pcqq_aiomsg）

【02 新衣篇】

【03 思念篇】

【04 归来篇】

图 3-1(续)

品牌口号：万科,让建筑赞美生命(图 3-1,位于广告右下)

广告口号：在东方,生活当以境界甄别(位于广告左下)

广告随文：有请入境：+755 88813333　项目地址：塘厦.大坪.观澜高尔夫(东莞)球会旁(位于广告下方)

广告标题和正文：(位于广告主画面右边)

【01 游子篇】

标题文案：

我的心先于我的人回来,它的心先于它的形来回

广告内文：

因为去美国读书,走的时候大哥给金毛取名[小布什]。几年一晃而过。那边的小布什下

台了,我家的小布什却大得不敢认了。原以为,它会冲我汪汪,没想到它不吭声。我才站稳,它就围着我绕。蹭得我满身都是激动的雨水。可那眼神,亲切的还和以前一模一样。小布什——你不是在流泪吧?

**【02 新衣篇】**

标题文案:

多少人看到了父母的童真,几个人看明了爸妈的情真

广告内文:

妈妈一直都爱美,一年里有好多日子都会制新装。可能,穿什么衣服做什么,就是她的一种仪式。我这出去几年回来,肯定也成了她的又一个节日。当然,MSN 里妈妈告诉我,一大家子刚刚搬进了棠樾国宅。大哥二哥和我们,各得其所的户型,回家岂止是双喜啊。妈妈,我懂你的心思,房子不同了——心还是一样的对吗?

**【03 思念篇】**

标题文案:

你在的时候你就是一切,你不在的时候一切是你

广告内文:

她在我们家了。大家都认了她。虽然她爸妈离异,一份文员的工作做得好勤力。知道我今天到,她特意在家。不同的姿势,同一种心情。我们自己的房子就在上面,她昨天跟我说,[住什么样的房子是视野的高低,在什么样的房子里牵挂谁是我的高低]。呵——你要不要那么纯情啊小琼?

**【04 归来篇】**

标题文案:

妈妈在意的永远是儿子的变化,儿子在乎的永远是爸爸的距离

广告内文:

爸爸你一定是又落在后面吧。我知道。你的心情一点不比妈妈淡,我也知道。小时候我就不大记得了,长大后你是没再拥抱过我。我一直都好敬畏你、怕你。记忆中差不多都是你的教训和责骂。你那么有追求,你已经很对得起你那个时代,我都理解和知道。你不说什么,可无论多远,我都感知到你的存在。只是——爸爸,你老了哦。

**案例解析**

报纸平面广告一般具备最典型的广告文案结构,万科棠樾别墅地产的广告基本完整体现了广告文案常见的各个构成部分——品牌口号、广告口号(广告语)、广告标题、广告正文(广告内文)、广告随文(附文)。

该系列广告(图 3-1)荣获华文报纸广告奖最佳文案和全场大奖作品,虽然没有"踩惯了红地毯,会梦见石板路""一生领导潮流,难得随波逐流"的消费者洞察,但其中与目标受众生活典型场景的高度关联,以及娓娓道来的动人心绪,依然保持了万科地产广告的一贯水准。据说,那条叫小布什的狗由于是后期制作,而且两幅画面用了同一图像,被评委笑称"那只狗真会演戏",系列广告制作精美,具有电影质感,由此也算美玉微瑕。

## 第一节　广告文案的构成

最初广告文案就是一段文字，没有明确的结构，广告文案在自身发展中，其基本结构得到了逐步的完善。但是，不同的广告媒体，其文案的结构是不同的。文案撰稿人需在这四个基本结构的基础上进行调整，适应其应用场景和创作要求。

### 一、标准广告文案结构

标准的广告文案由标题、正文、广告口号、随文（附文）四大部分组成，这四个要素与图案一起构成广告作品。

#### （一）广告标题

**1. 广告标题的含义**

标题是广告主体的体现，在广告文案中占据主导地位。也是一则广告的导入部分，标题的优劣决定了能否吸引受众的目光，引起他们兴趣，标的通常位于广告作品最醒目的位置。可以说，广告标题是否成功直接影响广告信息的传播，新颖独特、富有创意的广告，对广告文案也有事半功倍的效果。

**2. 广告标题的作用**

（1）吸引注意

报刊广告虽然是读者付费购买的媒体，但很少有人会主动寻找广告。如果读者在浏览的瞬间没有被你的广告吸引，那你所有的心血就有可能付之东流。

如阿迪达斯篮球鞋的一则广告，标题是："捉老鼠和投篮。"一看到这样的标题，人们会觉得很奇怪，这不是风马牛不相及嘛！但在好奇心的驱使下，就会接下来将正文看完。正文中详细解释了阿迪达斯两面底皮面超级篮球鞋模仿了猫的脚掌的构造原理，制造了具有独特工艺的运动鞋。

（2）引导阅读广告内文

仅靠标题无法详细介绍有关商品或服务的信息，也无法达到广告的说服效果。因此，好的标题应能把读者的注意力引向正文。

如 Timberland 运动鞋的一则广告，标题是："我们偷了他们的土地、他们的牲畜、他们的女人，然后又会去偷了他们的鞋"。大字标题下面是一张印第安人的照片和一双鞋。读者感到下面将要讲述一个有趣的故事，因而继续看下去。

（3）筛选目标消费者

有效的广告标题应该能让产品或服务的目标消费者觉得，这个广告就是为我而写的。在 20 世纪 40 年代时，著名的广告人 R. 雷斯接到 M&M 巧克力豆产品，发现这种巧克力是当时第一种用糖衣裹着的巧克力，于是"只溶在口，不溶在手"的广告语脱口而出。这句只用了 10 分钟就创意出的广告口号就是从产品中提炼出的，这八个字使产品独特卖点一下跳了出来，非常具体有用。既和同类产品产生了差异，又事关消费者的利益——不粘手，言外之意是其他巧克力拿在手里是"黏糊糊"的。

（4）传达核心信息

由于人们生活节奏的加快，有相当一部分人不会仔细看完报纸，通常都是泛泛地浏览标题。针对这种情况,广告标题内不妨同时包含商品好处的承诺及品牌名称。如"早期发现,高露洁就能挽救蛀牙!",仅看标题,就会知道它是针对那些讲究经济适用的消费者的。如果你是这类消费者,就会关注广告中的其他信息。

### (二) 广告正文

广告正文是对广告主题的详细阐述,标题的作用是吸引受众的目光,正文的作用就是说服受众,它既要说明受众关心和想了解的问题,又要引起受众的兴趣,增加受众的信任度,进而引导受众采取进一步的行动。

广告正文承载着广告文案的主要内容的传播任务,通过细说详情、论证标题、论证广告语、描述广告内容向受众解释广告、提供咨询、激发受众兴趣。广告文案正文能够传达广告主体信息,使受众能读完全文为目的,不拘泥于构成层次、段落的写作,以有实际内容为准,该长则长,该短则短。如果说广告标题可以用一种非逻辑的方式吸引消费者,正文则必须回到逻辑上来。

**【案例 3-1】**

阿迪达斯篮球鞋的广告文案的正文

猫在捉老鼠的时候,奔跑、急行、回转、跃扑,直到捉到老鼠的整个过程,竟是如此灵活敏捷,这与它的内垫脚掌有密切关系。

同样的,一位杰出的篮球运动员,能够美妙地演出冲刺、切入、急停、转身、跳投到进球的连续动作,这除了个人的体力和训练外,一双理想的篮球鞋是功不可没的。

新推出的阿迪达斯两色底皮面超级篮球鞋,即刻就获得喜爱篮球的人士的赞美。

因为它有独创交叉缝式鞋底沟纹,冲刺、急停时不会滑倒。

因为它有七层不同材料沏成的鞋底,弹性好,能缓解与地面的撞击。

因为它有特殊的圆形吸盘,可密切配合急停,转身跳投。

因为它有弯曲自如的鞋头和穿孔透气的鞋面,能避免脚趾摩擦挤压,保持护鞋内脚部温度,穿久不会疲劳。

一般来说,广告正文主要包括以下几项内容。
(1) 介绍产品(或服务)的特色、工艺、荣誉等,以取得消费者的信赖。
(2) 介绍产品(或服务)的特色和效益,以调动消费者的兴趣和欲望。
(3) 介绍该商品的使用方法或售后服务项目,以消除消费者的后顾之忧。
(4) 提出建议,希望消费者能优先考虑购买。

### (三) 广告语

**1. 广告语的含义**

广告语也叫广告口号,是广告阶段性的战略中经常反复使用的精炼式口号语句。

**2. 广告语与广告标题的区别**

广告语与广告标题有相似之处,都比较简单,在广告编排中较突出,容易引起读者的注意。但它们之间又有一些区别。

(1) 广告语常常是宏观的,可以用于一个企业的系列产品,一般不轻易变更。而标题则是具体的,随产品不同而变化,甚至同一产品不同版本的广告也有不同的广告标题。

(2)标题有时可以较长,但广告语一般都比较简短,大多在10字以内。

(3)标题和正文相辅相成,是广告文案的重要组成部分。而广告语相对比较自由,还可以脱离具体的广告文案单独使用。

### (四)广告随文

广告随文也叫附文,是广告文案的附属部分。在大多数广告中,随文常常紧排在正文之后,有的则分开编排。它虽然不是文案的主体,但也是其有机组成部分。

随文一般是提供广告或经销商、零售商以及促销活动的信息,以方便消费者的咨询。随文主要包括品牌名称、商标、店址、电话、传真、网址、活动方式和上期等。随文有助于将读者的兴趣和欲望变成具体行动。随文在广告文案写作中比较简单,但如果这些内容写得不周全、不艺术,也会影响到广告效果。因此,随文虽然是广告文案的附属部分,也同样要认真对待、条理清晰。而富有创意的随文照样可以再一次出现闪光点。

有位大学生在自己的求职广告的最后写道:"只要3毛钱,随时可以找到我。电话××××××××××××。"这位大学生与众不同的广告随文,吸引了用人单位的注意,约他面谈后安排到广告公司试用。

## 二、特殊广告文案结构

特殊广告文案结构主要表现为标准文案结构中的一种或几种要素的省略。

### (一)没有标题

这种结构的广告,正文一般都比较简短,没有太多复杂的信息。

### (二)没有正文

没有正文的广告基本通过广告标题和视觉元素完成信息的传达,一般都是企业或品牌形象广告,强调的是附加价值。除了标题以外,图片占有显著位置,一般在杂志广告中比较常见。

**【案例3-2】**

**辉柏嘉 Faber-Castell 铅笔平面广告**

辉柏嘉 Faber-Castell 铅笔平面广告如图3-2所示。

标题:纯正自然色彩

**案例解析**

行内称作"铅笔贵族"的德国著名品牌 Faber-Castell 是现今世界著名的书写及绘画工具权威,将最原始的书写工具——铅笔摇身变成尊贵工具,成为绘画专业人士必备的工具。现已创造出水溶性彩色铅笔。这套海报巧妙地将彩铅笔尖形状与多彩的自然元素火山、翠林相联系,表达其颜色的自然纯正,还原世界本来的颜色,仅仅使用广告标题,无须多言。

### (三)没有广告语

许多广告创作者认为,如果图像已经做到了它该做的事,就不需要广告语了,如果广告没能达到预期效果,那么加上广告语也没用。

图 3-2 辉柏嘉 Faber-Castell 铅笔平面广告

(图片来源：知乎 https://www.zhihu.com/question/31579627/answer/646999465)

【案例 3-3】

### smart 汽车平面广告

smart 汽车平面广告如图 3-3 所示。

图 3-3　smart 汽车平面广告

(图片来源：知乎 https://www.zhihu.com/question/31579627/answer/646999465)

**案例解析**

　　smart 品牌汽车系列平面广告，除了品牌标志外，没有任何广告文案，通过将伦敦、柏林、巴黎三大城市地标建筑构建为"针"的图案，形象地说明了什么是"见缝插针"，巧妙传达 smart 汽车的优势——车身小巧，虽身处繁华都市，也自由穿梭其中，即便没有只言片语，依然心领神会。

## 第二节　广告标题的写作

广告标题就是广告文案的核心内容,它标明了广告作品的主要内容。在广告的表现形式中,标题是第一位的。广告标题,在不同的媒体广告中有着不同的表现形式,一般来说,印刷广告中的标题都用文字直接表达,往往占据首要位置,突出而明确地显示出来;广播广告中的标题则用言语来表达,并且与电视广告用言语文字一样,往往放在广告的末尾,以片尾定版形式呈现。

### 一、广告标题的类型

在广告的实际创作中,广告文案的撰写者似乎并不太考虑写出一个什么类型的标题,他们往往根据广告主的要求以及商品的特点去构思广告标题。但事实上,几乎所有的广告标题都有其类型。广告标题的类型可以从不同角度进行划分,概括起来,可以按结构和诉求方式来划分。

**(一)按结构划分**

**1. 单一式标题**

单一式标题就是只有一句话或一个词的单一标题。这是最普遍使用的标题形式。如万科地产广告标题:"最好的答案,不在熟悉的路上""踩惯了红地毯,会梦见石板路"。有的标题非常简短,只有一个词。例如甲壳虫经典广告标题:"Small"。

**2. 复合式标题**

复合式标题一般是由几个标题组成的标题群,也常常是在一个大标题下分成几个小标题。典型的复合式标题是由引题、正题和副题等三个标题组成。引题交代背景,烘托气氛,正题概括广告的中心信息,副题对正题进行补充说明。

**(二)按诉求方式划分**

**1. 直白式标题**

直白式标题开宗明义便点明了商品宣传,不玩文字游戏、隐喻或双关语。例如,"真丝上衣打7折"就是这种直白式的标题。这种直白式的广告标题直截了当,没有虚饰,却十分简单实用,有针对性和信息性,可以产生直接的广告效果,所以被大量使用于各类媒体,尤其是报纸和杂志。但这类标题的缺点也是它的直白,如果没有诱人的利益点,很难引起读者的好奇心。

**2. 引导式标题**

引导式标题不直接给出信息,而是先勾起好奇心,然后才透过广告内文解答读者的疑惑。例如,工业混合设备的广告标题:"千万分之一的比例,我们没问题。"这个标题像是在说这家公司有信心打赌,他们的机器铁定能处理你要混合的材料。但如果你往下读内文,就会发现它真正的意思是:他们的机器能混合两种浓度相差千万倍的液体。这样的标题有双重寓意,你得读完内文才能明白真正的信息。

**3. 新闻式标题**

新闻式标题是以商品或服务告知信息为主题,消息可能是新商品的问世、现有商品的改良(例如新推出的厨房纸巾)或某个旧商品的新应用。以下是这类标题的例子。

雪佛兰汽车——第二代袖珍型新款问世

挪威邮轮——总算有了跟广告说得一样棒的加勒比海之旅

#### 4."如何"式标题

"如何"式标题是在广告标题中利用"如何＋问题"的模式,"如何"开头的标题等于承诺了提供具体的信息、有用的建议,以及问题的解决之道。很多文案撰稿人认为如果标题中有"如何",这个标题再差也差不到哪里去——这个说法可能是对的。

比方说"如何将简单派对变成皇家舞会""如何写得更好、更快""如何在 30 天内戒烟……无效退费"。

#### 5. 提问式标题

提问式标题是抓住人们的思维习惯和寻求答案的心理,以提问的形式写成的标题。这类标题容易引起读者的好奇心,调动他们的参与感。例如:

Timberland 野外休闲鞋的广告标题:"鞋上有 342 个洞,为什么还能防水?"

2000 年 2 月 27 日,TCL 王牌在《南方周末》刊登了一个广告,2/3 版面全白的背景上写道:"关掉画面,彩电还能做什么?"相信每位读者看过这条广告标题后都会被其新奇的提问所吸引,一定要继续读下去,弄个究竟。这种方式是只问不答,让消费者自己回答,或者到广告正文中去寻找。

#### 6. 请求式标题

请求式标题是一种表示请求(要求)或希望(期待)消费者购买什么(做什么)或不购买什么(做什么)的广告标题。这种标题有时会用感叹号来加重语气。

【案例 3-4】

龙井茶广告文案

龙井茶广告如图 3-4 所示。

广告标题:请品一品龙井茶

图 3-4 龙井茶广告

**案例解析**

标题用请求的口吻来表达,希望人们来品茶,"品"字的三个口与三个茶杯相呼应,只一个"品"字便将茶的功能、品位都提炼和概括出来了。

【案例 3-5】

果珍的广告文案

标题为：冬天要喝热果珍

**案例解析**

这是直接向受众发出"建议",通过真诚科学的建议表达广告主对受众的真情实意。

### 7. 归纳式标题

如果广告内文逐项列出陈述的要点,广告标题就可以以此进行归纳,增强陈述要点的说服力。例如,"你应该加入南京航空航天大学的 7 大理由""未来一周,一定要来倾城衣坊的 100 个理由",当然"6 种方法""7 个步骤",以及"教你如何……"也符合这类标题的原则。

### 8. 证言式标题

运用见证式广告,就如同你的顾客在帮你卖产品。举例来说,美国杂志促销商的广告会让历届抽奖得主告诉大家,他们是如何一夜致富的。见证式广告之所以有效,是因为他们提供了某项商品的确能满足客户需求的证明。

在平面广告中,见证式广告的文案要写得像出自某位顾客的口述,而且广告通常会放上这位顾客的照片,并借由标题与内文的重点文字来暗示读者,这可是其他顾客的亲身见证。

### 9. 抒情式标题

抒情式标题是抒发强烈情感的广告标题。当然任何一个广告标题的样式都会表达某种情感,但并非是诉求的直接对象,也并非是情感的直接抒发。抒情式标题突出的是一个"情"字,表现的也是一个"情"字。

例如,江西卫视 2001 年 2 月播出的"太太口服液"广告,标题为"太太口服液/十足女人味"。在这条广告之前,"太太口服液"做的是同样情感诉求的标题广告："做女人真好！"这里抒发了一个女人享用了"太太口服液"后的一种自我满足、一种愉悦幸福的情感。这一情感诉求曾打动了许多女人,使"太太口服液"短期内就取得了巨大的经济效益。

### 10. 描写式标题

描写式标题是一种以叙事的方式写成的广告标题。这种方式着重交代一些过程,以"娓娓道来"的风格和较多的信息写成。广告教皇大卫·奥格威告诉我们："以事实所做的广告比过度虚张声势的广告更能助长销售,你告诉消费者的越多,你就销售得越多。"

广告标题的类别大致如此,划分并不十分严格。在实际应用中可以结合起来使用。

## 二、广告标题的写作

### （一）衡量有效广告标题的标准

衡量广告标题是否有效有两个标准：一是把广告卖出去。就是要让受众读过标题后,能够有兴趣继续读下去,要能引起读者的好奇心。二是把产品卖出去。就是在"广告标题"的影响下,消费者认为没有必要再将正文读下去的时候,直接产生销售效果。

达到这两个标准,要求文案人员一定要完成对广告目标和目标受众的确认。了解广告主的要求、产品的特点、市场的定位、媒体的特点、语言问题等。还要彻底思索,集思广益。好的广告标题都是"彻底思索"出来的。要在真正认识了广告商品和劳务的基础上绞尽脑汁写出几十甚至上百个标题,并经过多人的反复研讨筛选,从中确定一个。文案人员不能自作主张,自以为是。

### (二) 如何检查广告标题

#### 1. 标题是否承诺了一项利益点

许多有力的标题都传达了利益点——透过许多文字来描述。如果你的系列广告活动是建立在一个强有力的利益承诺点上,为何不把它放入你的标题里面呢?

#### 2. 标题是否包含了具有新闻价值的消息

消费者总是在寻找一些新闻的事物——新产品、旧产品的改良、使用旧产品的新方法。如果你具有新闻价值的消息,千万不要忽略它,把新闻放进你的标题里。

**【案例 3-6】**

蒙牛牛奶户外广告文案

蒙牛牛奶广告如图 3-5 所示。

图 3-5 蒙牛牛奶广告

标题:蒙牛牛奶　强壮中国人

副标题:中国航天员专用奶

广告借助了神舟五号发射的历史事件,绿色背景下,身着银色宇航服的消费者脸上露出灿烂的微笑。右臂曲举似宣誓状,臂弯竖着一袋蒙牛牛奶,收手处,两行天蓝色大字赫然斜行:"蒙牛牛奶强壮中国人"!蓝底反白的"标签文"借机诉说:"中国航天员专用牛奶"。神舟五号"一落地,广告在为中国航天事业喝彩的同时,也使蒙牛支持中国航天业的形象已经在普通人脑海中成形,大大提高了产品的知名度与美誉度。

#### 3. 标题是否谈到价格

在现今复杂的市场中,并不是经常有机会可以让你在广告里谈到价格的。但是当你有这样的机会时,为什么不把价格放进你的标题里?当你的标题包含了价格时,你便回答了消费者心中所提出的第一个问题——"多少钱?"

#### 4. 标题是否提到产品所能解决的问题

这种问题+解决的形式自有文案以来便存在着,至今仍然非常有效。许多最成功的直接文案,标题都是以直截了当的手法来表现,以引发读者对解决方法的好奇心而继续下去。

### 5. 标题是否提出与对象相关的惊人事实

人们对令他们惊讶以及与自身相关的事实大感兴趣,而最有力的事实就是那些能够支持利益点承诺的事实。

【案例 3-7】

**一品精制色拉油广告标题**

标题:十粒大豆一滴油

**案例解析**

色拉油是将毛油经过精炼加工而成的精制食品油,用简明的 7 个字将色拉油的最本质特征形象表现,用代表性的数字表现的广告标题。因为它使用科学而可靠的实证性数据,能获得受众的注意和信赖,给人以深刻的印象。

### 6. 标题是否对目标受众示意

"嗨,孩子们!"是这类标题的典范。即使在专业杂志的读者群当中,也不见得每个读者都是广告产品的目标对象。以标签化对目标受众示意,是抓住消费者注意力的必胜秘诀。另一个抓住目标对象注意力的方法则是把标题地域化——包含城市名。地域化标题等于告诉当地的读者,广告中的信息与他们息息相关。

### 7. 标题是否包含品牌名

把品牌名放标题里时,是使消费者确认品牌最容易且最确实的方法。认为包含品牌名的标题会减少阅读率,毫无证据可言。相反地,标题包含品牌名的广告比起那些没有品牌的广告较易被人们记住。大卫·奥格威说他从来没有写过标题不含品牌的广告。许多奥美最成功的文案都印证了他的说法。

【案例 3-8】

**美菱冰箱广告文案**

标题:美菱冰箱锁住水分(图 3-6)

正文:美菱保鲜,独创"生态保鲜概念",具有冰温保鲜、湿冷保鲜、抗菌保鲜、透湿保鲜、除臭保鲜、速冻保鲜六大专利技术。不仅能有效消除有害病菌,保护食物营养成分,去除异味,更

图 3-6 美菱冰箱广告

为食物提供仿生态保存环境,将食物保鲜时间延长50%,实现食物的长久新鲜,让你享受21世纪新鲜营养、健康文明的生活。

**案例解析**

美菱冰箱食品保鲜的主要因素是延长食品保鲜时间,锁住水分的提法,不仅非常贴切、非常生动,而且形象鲜明具体,确实有别具一格的创意。新鲜离不开巧妙的构想,离不开对市场的把握,离不开对前人广告作品的深入研究,通过阅读或浏览前人的广告,可以启发灵感,创作出新的东西。

### 8. 标题是否包含证言

证言式文案可以获得非常高的阅读率。以证言作标题是值得一试的做法。最有效的证言是广告是由产品的一般使用者——人们能认同的使用者——现身说法所做的广告。用名人推荐会转移人们对产品的注意力,同时也缺乏可信度——除非你选择名人不仅基于他的名气,还考虑他相关的专业技能。

### 9. 标题是否使用了精彩词句

奥美也如此认为,运用这个简单的技巧,效果就会超乎想象。

【案例3-9】

统一润滑油广告文案

伊拉克战争爆发的第二天,中央电视台一套和新闻频道黄金时间播出一条"统一润滑油"经典广告。

主标题:多一些润滑,少一些摩擦,统一润滑油

统一润滑油的广告巧妙地借用战争话题,以"多一些润滑,少一些摩擦"的创意非常贴切地迎合了中国观众对和平的期待,给人们留下了深刻的印象。

标题的语言风趣一些可以吸引更多的读者。但仅仅是风趣还不能算上策之作,还应将风趣的语言与相应的内涵结合起来,使标题所表达的思想深化和加强,就是比较高明之作了。

## 第三节 广告正文的写作

广告正文是一则广告文案的主要信息,又叫body copy。标题是将读者引入某种情境,说明发生了的冲突,正文就是针对这一冲突提出解决方案。它以翔实的内容具体展开标题,揭示主题,传达广告主体信息。一篇文案完整的广告,标题和广告口号虽然醒目突出,但是广告的主要内容还是要靠正文来表达。所以广告正文在广告文案中大都占有较大的篇幅,以突出其主体和中心的位置。

### 一、广告正文的结构

与所有的文章一样,广告正文基本上可以分成开头、中间和结尾三个部分。这是一个有机的整体。

### （一）开头部分

开头部分一般是承接标题而来,在标题和广告文案的主要内容之间作一个过渡,因此,与标题之间的衔接就非常重要。开头部分写得如何,是决定读者能否继续看下去的关键。开头部分要支持和解释标题,一般是采取开门见山的方式,以便无意中阅读广告的读者只在几秒钟之内就能得到完整的信息。但是,这不等于说要重复标题中说过的话,而是要迅速地切入正题。

如德国奔驰卡车的一则广告,标题是"一个饥饿的18磅婴儿哭起来比一辆行驶着的18吨卡车还响。"在标题中提到了婴儿的哭声、卡车这两个关键词,正文的开头部分就要进行解释和说明:在您的耳朵里,这听起来令人诧异,但却是事实:一个哭闹的婴儿声音能盖过一辆载重大货车。其前提是,它是梅塞德斯—奔驰公司生产的一辆 LEV 货车。

### （二）中间部分

正文的中间部分是广告文案的核心阶段,信息含量最大,也是发挥广告文案说服力的关键因素。一般包括商品服务的特色和支持理由两部分。如上文提到的德国奔驰卡车的广告文案的中间部分这样写道:LEV 是"Low Emission Vehicle"（低排放货车）的缩写,表示我们降低了(功率以外)所有消耗:首先是油耗及其废气排放,其次是噪声。至于我们怎样才如愿以偿,这里当然不打算三缄其口,即便现在得使用一些技术术语。首先我们从源头减少了噪声的产生:在发动机内,一种新式燃烧过程控制着气体膨胀的声音。其次是装有涡轮发动机制动器,它不仅提高了发动机制动的效能,还明显减少了声音强度。此外,我们把发动机和传动装置"包裹"起来,用我们工程师的话说,叫"噪声隔离"。所有这些措施导致一个结果:现在最大的噪声来自轮胎与地面的磨擦。

有些广告根据情况在中间部分介绍企业的规模、历史、荣誉、技术水平等。

中间部分的写作一定要条理清楚,要写具体可信的事,以支持自己的承诺。

### （三）结尾部分

结尾部分一般带有总结性和建议性,以促使消费者购买。如前例奔驰卡车的广告结尾这样写道:"在梅塞德斯—奔驰公司,我们不会坐等立法机关采取行动收紧排放标准,而宁愿做出表率先行一步。这一点可以用听觉感受到。"

结尾不仅要承接中间部分,还要呼应标题。如雀巢一则企业形象广告,标题是"我们认为我们的成功应该归功于许多小事情",结尾是:"每一项成功事例都印着雀巢只做最好的事情的承诺。并且每一项都证明,有时多想些事情是获得成功的最好办法。"

结尾部分一般都采取一些诱导式手法以促使消费者购买。如带有鼓励性的话。同时可以说明产品价格、优惠办法、订购方法、维修及服务的承诺等。

## 二、广告正文的类型

对广告正文的类型可以有许多种分类方法,按广告表现内容划分,有经济型、文化型、业绩型、科研型、功能型等;按广告的表现形式划分,有叙述型、描写型、论说型、诗歌型、故事型、卡通型、新闻型等。这两种划分方法对广告文案的写作都有一定的帮助。这里我们按照广告诉求方式划分广告正文,可以分成以下几种类型。

### （一）形态型正文

形态型正文是对受众知觉的诉求,即用直接或间接的事物形态来诉求。

【案例 3-10】

## ULTRA SENSE 牌丝袜广告

该广告诉求重点是薄而柔韧、不变形。广告画面的视觉焦点为一只手在拉起丝袜，力度很大，而且从拉起部分的形状看丝袜质地确实薄如蝉翼，耐拉耐穿，这足以说明此品牌丝袜质地优良。画面很有视觉冲击力。

优美的腿部特写占据了画面的极大空间，给人以直觉的感受。而手拉丝袜和着袜女士感觉到了拉袜力度后忙用手阻止的动作很快将受众的视线吸引过去。ULTRA SENSE 牌丝袜广告如图 3-7 所示。

广告标题：ULTRA SENSE 牌丝袜

广告正文：ULTRA SENSE 牌丝袜像商店其他紧身丝袜一样薄，而且更好。这是因为它被拉开后不会变形，这似乎看上去难以置信，而难以置信对它才是最适宜的！ULTRA SENSE，一流的织法。

广告口号：时代感才是最美好的感觉，这绝不是无稽之谈。

**案例解析**

广告文案配合画面言简意赅地说明薄而耐拉这一与众不同的特点；广告口号将诉求点薄而不变形归纳为时代感，这就更加对消费者产生了巨大的诱惑力。

图 3-7　ULTRA SENSE 牌丝袜广告

### （二）感化型正文

感化型正文是对受众情感的诉求，即着重调动人们的情感，诱发人们的购买行为。在具体手法上，多采用温情暖语间接地交代主题，令人在不知不觉中信服并产生好感。

【案例 3-11】

## 红星二锅头广告文案

红星二锅头广告如图 3-8 所示。

图 3-8　红星二锅头广告

广告标题：待在北京的不开心也许只是一阵子，离开北京的不甘心却是一辈子。

广告口号：没有酒说不好故事

广告内文：200多万人继续漂着，因为梦想还没实现，每年15万人离开，也因为梦想还没实现。去留没有对错，只有甘不甘心。

**案例解析**

这是红星二锅头"没有酒，说不出故事"主题的一组文案。红星二锅头作为北京酒文化的代表，以扎心的故事配合黑白的街景，将北漂们身处异乡的那种压抑、孤独、失意的情绪释放出来，将所有一言难尽一饮而尽，这也映衬了"一酒解千愁"的产品特性。

### （三）论说型正文

论说型正文是对受众的理性诉求，即用说理的方式激发受众的理性思考，从而做出购买决定。特点是冷静客观，有理有据地说明受众将获得的益处。

还有一些论说型的正文，用提供名人或权威人士对产品的"证言"来帮助消费者做出"判断"，得出"结论"。

【案例 3-12】

#### 金龙鱼广告文案

标题：冠军家庭的选择

正文：不是你今天感觉不好，就可以随便输掉；

不是人生太匆忙，就可以随意选择；

选择了她，我获得了人生的全满贯。

婚姻有时真像烹饪中的油，看似平淡，却能让一切沸腾起来。一生中只追求完美，我选择金龙鱼1∶1∶1。

**案例解析**

有资格的名人和权威人士的"身份""行动""言论"都是作为"论述"中的"论据"出现的。现在年轻人都很少做饭，新婚家庭的年轻人结婚之前都不会操心柴米油盐，通过羽毛球冠军林丹、谢杏芳的家庭感悟，引导年轻人开始喜欢下厨，并且珍惜幸福的家庭生活。

论说型的正文一般用于新产品上市，或者用于开拓陌生的市场。如果消费者对某一产品已有认识，再"论说"就多余了。

### （四）观念型正文

观念型正文是对受众的意识诉求，针对当前传播问题下，发现消费者背后能够给品牌传播带来的某种理念，例如，这段文案——It's what do in the dark, that puts you in the light. 来自安德玛运动品牌的广告，通过游泳名将菲尔普斯的不为人知的刻苦训练，对照赢得荣誉的闪亮一刻，传达品牌的精神，其背后的洞察也就是"要想人前显贵，必定人后受罪"的意思，下面宝洁的案例将母爱的洞察往前推进一步，建立一个有说服力的消费者洞察。

【案例 3-13】

#### 宝洁"感谢妈妈"*Strong* 2016 里约奥运宣传片

广告文案：

It takes someone strong to make someone strong.

每一个强大孩子的背后都有一个强大的母亲，谢谢妈妈。

**案例解析**

宝洁"感谢妈妈"*Strong* 是 2016 年里约奥运宣传片,消费者洞察的落脚点是母爱,但广告创意并没停留在"母爱"这个层次,而是更深层次的妈妈的坚强,让观众深深触动,原来在人尽皆知的母爱这个洞察下可以更进一步,它完完全全站在了一个新的角度,告诉人们你的母亲有多伟大,官方的中文版本翻译为"每一个强大孩子

宝洁"感谢妈妈"*Strong*
2016 里约奥运宣传片

的背后,都有一个强大的母亲"有点弱化这个洞察,如果翻译为"哪有那么强大的母亲,只因想让孩子更强大"更贴切些。在中国传统文化里也有这个说法——女子本弱,为母则刚,洞察就是不断地去挖掘,然后把这些足够好的洞察表达出来,就是所说的真正的创意。

正文类型的划分还有很多种,而每一种都不能穷尽,也不可能那么严格。以上几种类型,在现实应用中可能还会相互交叉和相互渗透。

### 三、广告正文的写作原则

伯恩巴克曾这样提醒文案写作人员:"直到人们信任你,事实才能成为事实,如果他们不明白你说的是什么,他们也不可能相信你;如果他们不听你说,他们也不可能明白你说了什么;如果你说的不让人感兴趣,他们肯定不会听你说;你也不会让人感兴趣,除非你说的富有想象力、有创造性和带有新鲜感。"

广告正文的写作是一种受到颇多限制的写作,写作方式可以多种多样,但应基本符合以下几个基本原则。

**1. 要有说服力**

无论广告正文采用什么样的修辞手法,都必须有一定的说服力。一般来说,条理清晰、有理有据的行文方式都是很有说服力的。

**2. 要有创造性**

创造性就是要新颖独特,与众不同。但这种独特性是要立足市场的独特性。广告文案的写作不是艺术家"奇妙""幻想",也不是儿童的"天真""遐想"。它必须是在市场、商品和服务的基础上的"突发奇想"。

【案例 3-14】

#### 北京三人行设计策划有限公司的一则招聘广告

该广告体现了文案的创造性。

广告标题:"成绩斐然,没文哪成?"

广告正文:

"非然非斐然,三人行深知其中奥妙。为此,三人行诚邀文笔出众、才智过人的文案大师加盟,共创成绩斐然的灿烂前程。三人行将于兼职业务员以高额回报!同行非冤家,请多交流。"

**案例解析**

一般的招聘广告大都是:单位简介、空缺职位、招聘条件等三段式。但北京三人行设计策划公司的招聘广告却避免了一般化、公式化的陈词滥调,在文字上来了点"奇想",又来了点"游戏",令人耳目一新。

### 3. 要主题明确

主题明确就是要切中要害，不含糊其辞。一般认为，标题越"简明"越好，正文越"丰富"越好。但这里说的丰富不应是大拼盘和大杂烩，丰富也必须主题鲜明、重点突出。

例如，雷诺汽车的一则广告标题是："雷诺转的圈比其他的轿车都小"。正文是："轿车的转弯周长是以前保险杠上的一个点为基准测量的。例如一辆'雷诺'王妃车可以在一个直径32英尺的圈里转弯。（'雷诺'4VS 只需要 30 英尺。真是小甲壳虫。）它可以做非常小角度的调头，在狭窄的私人车道上进退自如，可以穿过拥挤的车流，可以在其他车子的转圈圆周里转圈。我们不知道哪种车比它更容易操纵。后轮的驱动力将重量由前轮分散到后轮。停车时，只用一根手指就能转动方向盘。只用非常自然的力量就能轻松驾驶。"

广告正文的写作最忌讳泛泛而谈、缺乏客观实证的吹嘘之词，以及一些套话、老话、空话、大话等。这些是完全要不得的。此广告正文采用了客观而亲切的态度、具体可靠的事实材料，主题明确而且可信性强。

### 4. 要有风格

任何广告都要进行市场定位、目标受众定位。由于受众的年龄、身份、社会和文化背景不同，语言使用习惯各异，这就需要根据不同受众特点确定正文写作的语言风格。就是说，要用恰当的、地道的语言来接近受众。

### 5. 要简单易懂

学术论文可以写得艰涩深奥，文学创作也可以写得玄妙无比，但是广告正文却一定要写得简单易懂。因为它需要让各种学历层次的人都能看得明、读得懂。尽管有些广告的市场定位是高文化或高科技层次，受众人员也定位在高学历或高职位的人群，但又有谁会花时间去琢磨一篇广告的深奥内涵呢？

口语化的文字、聊天似的口吻往往会把复杂深奥的事物说得浅显明白。如世界魔术大师大卫·科柏菲尔做的牛奶广告就采用了口语讲述的方式："我的手弄一下，脱脂牛奶就会变成无脂牛奶。这可不是错觉啊，脱脂牛奶从来都是不含脂肪的……哦，对了，这提醒了我，现在我该表演我的拿手戏——让它消失。"

这则由名人推销脱脂牛奶的广告采取的是第一人称的手法，完全口语化了。为了使普通人更容易接受，文案的撰写者还在惜墨如金的行文中夹带了"啊""哦"这样的口语，可谓用心良苦。

## 第四节 广告口号的写作

### 一、广告口号的概念及作用

#### （一）广告口号的定义

广告口号又叫广告语，slogan、tagline。是用来协助广告为某一品牌货组织树立形象、明确定位、强调个性的标志性短语。广告口号的作用在于传递销售主张、主诉求信息；传递企业形象、理论；影响消费观念、文化或流行趋势。广告主通过广告口号反复持久地提醒、影响和引导受众，形成受众对社会时尚的确认、品牌形象的积累和相对的消费定势，从而促使受众成为消费者，产生购买行为。

多年来,许多杰出的广告口号成了经久不衰的名句。如"滴滴香浓,意犹未尽"(麦克斯韦尔咖啡)、"味道好极了"(雀巢咖啡)、"只融在口,不融在手"(M&M巧克力)等。有些广告口号不仅反映了当时的社会文化,甚至成为人们生活的座右铭。如瑞士雷达表的广告口号是"不在乎天长地久,只在乎曾经拥有",就成为许多年轻人的爱情表白。

### (二)广告口号的特点

#### 1. 简短、扼要、易于视听表达和记忆

广告受众往往难以记住广告的主体内容,但会由于记住了个性鲜明的广告口号而记住了一个品牌、企业的文化理念和生活主张。如我们可能记不住诺基亚企业生产的所有产品,更记不住诺基亚企业生产的产品的各种型号、功能和特色等,但我们可能会记住它的那句著名的广告口号:"科技以人为本!"它不仅告诉我们诺基亚企业是以生产科技产品为主的企业,而且使我们接受了一种主张,那就是任何科技的发展都离不开人,都是为了人。

#### 2. 在一定时期内反复使用

广告口号与广告标题和广告正文相比,具有在一定时期内被反复使用,并担当某一商品品牌象征性口号的特点。如"味道好极了!"——雀巢咖啡、"挡不住的感觉!"——可口可乐、"维维豆奶,欢乐开怀!"——维维豆奶等。

#### 3. 不能独立发挥效用

广告口号大都不是在单一媒体上独立发挥效用的,而是与广告作品中的图形、色彩、整体文案的内容和广告的所有组成部分共同产生作用,众多广告媒体承载、在不同的广告环境下作用于广告受众的,具有较强的依赖性。如"农夫山泉有点甜",如果不是放在一段山清水秀的广告片中,如果不是配以优美动人的民族乐曲,如果不是用一个女性甜美的声音娓娓道来,其效果一定相去甚远。

### (三)广告口号的作用

广告口号的作用在于,通过反复使用,可以提高受众的记忆度,协助广告为某一个品牌或组织树立形象、创造识别标志或明确定位。

#### 1. 企业品牌形象和个性的组成部分

广告口号是对广告主或品牌的一句意味深长的描述,它可以成为企业品牌形象和个性的组成部分。如"最高级的驾驶机器"(宝马汽车)就在建立和维护品牌形象和个性中发挥了很大的作用。一些经久不衰的广告口号,就像经常和人们打招呼,可以使人们保持对广告主或品牌的熟悉感,提升品牌的价值。

#### 2. 充当品牌标识

广告口号的连续使用,可以表明与品牌利益点相关的重要信息。如耐克的"Just do it"(只管去做)口号就为耐克的众多广告战役以及其他促销活动提供了一个基本的主题。在这种情况下,广告口号就可以充当品牌的简略标识,在企业实施整合营销传播的过程中发挥有利的作用。

#### 3. 加深对广告主体信息的印象

广告口号的目的是在广告最后再向消费者说一句有说服力的话,有助于紧扣广告主题,使受众加深对广告主体信息的印象。如:人头马XO的广告口号"人头马一开,好事自然来"。格力空调的广告口号"好空调,格力造"。王老吉的广告口号"怕上火,喝王老吉"。红牛功能饮料的广告口号"困了累了,喝红牛"。

长期、反复使用这些广告口号的广告产品能在受众心中留下较深的印象。

**4. 广告口号可以传达广告主不变的经营理念**

广告口号可以传达广告主不变的经营理念。如海尔电器的总广告口号是:"真诚到永远"和"你的难题,我们的课题"。飞利浦电器的广告口号是:"让我们做得更好"。这些广告口号将企业的经营理念定在一定的高度,向受众表明接受受众的检验和督促,将使企业的影响越来越大,经济效益也越来越好。

## 二、广告口号的类型

### (一)功能类别

**1. 企业形象的广告口号**

通过形象的描述来表达企业形象、品牌形象、产品形象、服务形象,是理念的表达。如:"你本来就很美。"(自然堂)"你值得拥有。"(欧莱雅)

**2. 商品的广告口号**

商品的广告口号主要是宣传所推销的商品,其重点是宣传商品的功效、性能以及商品给人所带来的利益。如:"金利来,男人的世界!"(金利来)"穿上双星鞋,潇洒走世界!"(青岛双星)"水中贵族 百岁山"(Ganten 百岁山)。

**3. 促销活动的广告口号**

促销活动的广告口号主要是针对广告主的销售运动而设的,因此其重点是利用人们的心理促销。如:"星期六是吃手卷寿司的日子。"(日本寿司店)"这里明天的啤酒不要钱!"(美国星期五餐厅)"一个鸡蛋可换两袋。"(海鸥洗头膏)

### (二)诉求类别

**1. 彰显优势的广告口号**

彰显优势的广告口号主要是宣传企业或产品的优势,并将这些优势提炼升华成一个令人心悦诚服的道理。如:"康师傅方便面,好吃看得见!"(康师傅方便面)"农夫山泉有点甜。"(农夫山泉)"活着的蔬菜,活着的味道。"(日本味之素)

**2. 承诺利益的广告口号**

承诺利益的广告口号主要是向受众承诺使用商品和选择服务所能得到的利益,包括受众得到利益的程度和广告主承诺的程度。如:"更干、更爽、更安心。"(护舒宝卫生巾)"牙好,胃口就好,吃嘛嘛香,身体倍儿棒!"(蓝天六必治牙膏)"喝汇源果汁,走健康之路。"(汇源果汁)

**3. 调动情感的广告口号**

借助受众心目中的人性因素、情感因素,用情感向受众呼唤、宣泄、倾诉,以此求得广告受众和目标消费者的情感消费,产生对广告信息的共鸣。如:"孔府家酒,叫人想家。"(孔府家酒)"当太阳升起的时候,我们的爱天长地久!"(太阳神口服液)"爱是正大无私的奉献!"(正大集团)

### (三)结构类别

**1. 单句型广告口号**

单句型广告口号全句是一个独立的句式,没有任何前后附带着的语句,显得干脆精炼、铿锵有力。如:"浓缩人生精华。"(东方时空生活空间)

**2. 双句型广告口号**

双句型广告口号全句是由两个互相关联的句式组成,在语意上前后呼应搭配,在语感上具有节奏和韵律之美。如:"输入千言万语,打出一片深情。"(四通打字机)"晶晶亮,透心凉。"

(雪碧汽水)"喝孔府宴酒,做天下文章。"(孔府宴酒)

### 3. 前(后)缀句型广告口号

前(后)缀句型广告口号全句是由两个相关句子组成,其中一个是简短的缀句,一个是独立的单句,缀句部分通常是企业名称或商品、服务项目名称。如:"立邦漆,永远放光彩。"(立邦漆)"美的空调,美的享受。"(美的空调)"永久,骑士的风采。"(永久自行车)

### (四)风格类别

#### 1. 比拟化的广告口号

比拟化的广告口号就是把物当作人来写(拟人),或把甲物当作乙物来写。拟人就是把人的感情、动作、状态和语言赋予被描写的对象,增强广告的感染力。拟物是指把此物当作彼物来写,借以深化感情,造成别致的异趣,使广告口号显得活泼生动。如:"永远不会向你请假的动力助手。"(佳能电脑)"猫狗会把感受告诉你"(宠物食品)。

#### 2. 口语化的广告口号

口语化的广告口号运用日常生活中常见的语言和叙述方式,体现了一种大众风格,给人以自然、亲切的感受。如:"请喝可口可乐"(可口可乐),"今天你喝了吗?"(乐百氏奶),"一磕就开心"(傻子瓜子)。

#### 3. 诗歌化的广告口号

诗歌化的广告口号运用诗化的意象、纯美的语言,加上注意节奏和韵律,使受众产生一种回味无穷的感受。如:"宁可食无肉,不可居无竹"(深圳竹园宾馆),"新事业从头做起,旧现象一手推半"(理发店)。

#### 4. 成语化的广告口号

成语化的广告口号运用中国文化中的汉语成语作为创作的材料,加以发挥和合理改动,产生出一种新的美感,让受众既能依据成语加深记忆,又能根据新意获得信息。如:"踏上轻骑,马到成功"(轻骑摩托车),"臭名远扬,香飘万里"(臭豆腐)。

#### 5. 谐音化的广告口号

谐音化的广告口号是对人们世代没用的某些语言习惯的改变。它是将人们熟知的诗文名句、格言俗语加以某些改动,利用音同和音近的词语,构成语义的变异,仿造出一个与产品有关的新词语或新句子来。由于仿拟的广告语言突破了常规思维方法,常常出人意料,给人以新鲜感、幽默感。如:"中国电信,千里'音'缘一线牵。"(国际长途电话)"趁早下'斑',不要'痘'留"(营养化妆品)。

## 三、广告口号的创作要求

### 1. 富有内涵

有效的广告口号,应该能够引起人们的情感参与和回味。"热气腾腾,蒸蒸日上"(三角牌电饭锅)。此广告口号一方面形象地概括了煮饭的情景,另一方面也有一种积极向上的双关含义。"男人是沉默的札幌啤酒。"札幌啤酒由于口味较清淡,曾被认为是女性喝的啤酒。后来,该啤酒以充满男子气概的三船敏郎担任广告代言人,将日本传统男性坚毅的心声掌握得恰到好处。

### 2. 突出特点

必须结合广告主题,突出商品、服务或企业理念的独特之处。"把营养和美味卷起来。"(康师傅蛋酥卷)此广告口号利用一个"卷"字,产生了一种动感"丝丝入扣。"(皮尔·卡丹)此广告口号既展示了服装的制作精细,也暗示了生产和服务环节的紧密衔接。

**3. 新颖独特**

广告口号最忌模仿,雷同的广告口号不仅损害企业形象,还等于给别的品牌做广告。

"喝孔府宴酒,做天下文章。"(孔府宴酒)此广告口号利用"李白斗酒诗百篇"等古代文人饮酒而激发灵感的传说,同时"天下"二字又暗含"修身齐家治国平天下"的人生追求。

**4. 通俗易懂**

广告口号是宣传性的话语,针对的是一般大众,不能太深奥费解,要口语化。为此可借用成语、俗语、歇后语。"车到山前必有路,有路必有丰田车"。中国有句谚语"车到山前必有路,船到桥头自会直"。这一广告口号保留了前半句,又改造了后半句。前半句是人所周知的,而且非常切题,后半句采用顶针手法,并引出"丰田"汽车的牌子。表现出丰田汽车无处不在的实力,给人的印象相当深刻。

**5. 简洁凝练**

广告口号一般在10字以内,并且要朗朗上口,才容易记忆。如:"滴滴香浓,意犹未尽!""味道好极了!"这些人们熟知的广告口号都很简短。如果需要涵盖复杂的内容,那么每句要短,并形成节奏,如:"学英语,用词霸,走遍天下都不怕"(小霸王学习机)。此广告口号用了20世纪我国改革开放之初的"学好数理化走遍天下都不怕"流行语,进行改造,收到了较好的效果。

**6. 号召性强**

广告口号要有煽动性,感染力,以刺激人们的消费欲望。如:"人头马一开,好事自然来!"其内容充满了吉祥,言辞包含着喜庆,受众看了愿意接受,在平时的人际交往中也愿意传播。"喝贝克啤酒,听自己的!"强调自己的独特个性。

**7. 适应需求**

广告口号虽然是长期使用,但它毕竟是为市场营销服务的。要随着市场环境变化、消费者心理和营销策略等因素的变化,广告口号也要适时进行更新。

例如,博士伦眼镜刚进入中国市场的时候,主要针对那些眼睛近视,但又觉得戴眼镜影响眼睛美观的那些人,当时的广告口号是:"博士伦美化您的眼睛,美化您的生活。"后来,当其他一些厂家的隐形眼镜出现磨眼睛、伤害眼睛角膜等情况后,针对人们的顾虑,博士伦的广告口号改为:"博士伦,舒服极了!"这是在强调品牌的质量。

**【案例3-15】**

### 可口可乐广告口号的变化

可口可乐作为一种饮料问世后,一百多年来,广告口号更是变了多次。

1886年　美味可口,提神爽气

1922年　口渴不分季节

1925年　质量好才有今天

1927年　宾至如归

1936年　要提神就得喝可口可乐

1944年　全球著名商标

1957年　　美味的标志
1959年　　真会使你神清气爽
1963年　　喝杯可乐,万事如意
20世纪60年代末　　这才是真东西
70年代　　心旷神怡,万事如意,请喝可口可乐
80年代初　　微笑的可口可乐
80年代中期　　就是可口可乐
90年代初　　如此感觉无与伦比

## 第五节　广告随文的写作

### 一、广告随文的概念

广告随文是广告文案的有机组成部分,主要是交代公司或商品的名称,销售的地址、网址、电话、传真、电子邮件、邮政编码、银行账号、销售日期、销售价格、联系人等有关事项。还包括商标、品牌标志等事项以备查备用。常见的平面广告随文大都放在正文之后,还有的用很小的字体以显示其"次要"地位。

### 二、广告随文的作用

广告随文虽然相对于广告文案的其他部分内容来说处于附属地位,但其重要性并不亚于其他部分。广告随文的重要性完全在于它的实用价值和使用价值。因为受众决定购买或者准备采取进一步行动,最终都必须弄清楚公司的准确名称、商品品牌,以及商品销售的具体地点。如果没有随文的这些内容,受众就无法前往或联系厂家购买或进一步咨询。从这个意义上说,没有随文的广告作用几乎等于零。

如果说广告标题在于"吸引",广告正文在于"说服",那么广告随文就在于"交易"。一旦涉及具体的交易,就必须有明确的"方式"和"办法",而广告随文就是交易的一方事先把自己的"交易方式"和"交易办法"用广告的文字告诉对方。

广告随文的写作如果没有特殊的原因,不应加任何修饰。一些促销活动的广告宣传,可以对语言文字和行文方式进行一定的雕琢,但必须写得准确和明确。

## 第六节　撰写更好的广告文案

### 一、广告文案的写作

广告文案的写作是广告文案创作的过程,是对创意和表现创意方法永无止境的追求过程。在广告公司内部,广告文案写作人员一般都属于创意部门。创意部门的人员分工：创意指导、艺术指导、文案撰稿人。文案撰稿人就是文案的写作人员,有时称为"文案"或"撰文"。

在广告创作流程中,文案写作人员主要承担的任务是"说什么"与"怎么说",也就是创意策略的制定和广告表现。通常一个广告活动开始之前,要召开确定广告活动宗旨和方向的"定向说明会","文案"和艺术指导、广播电视广告策划人员从这时就开始介入了。在定向会议结束后,广告公司就要组成工作小组,把任务分派下去。其中,创意小组必不可少。创意小组一般是3~4人。最精干的创意小组一般由文案撰稿人和艺术指导两个人组成。

创意小组首先要决定广告将要"说什么",然后进行创意构想。最初的点子可能产生于撰稿人,也可能产生于艺术指导。大家共同使创意成型,并由撰稿人写出广告词,艺术指导画出样稿或创意脚本,样稿或创意脚本经过提案,获得客户的认可后,就可以进行实际制作或拍摄了。可见,文案写作人员并不是消极等待创意成型,再由自己添上几句广告词,而是要参加创意过程的。在这个过程中,文案经常会在图像方面提出一些有效的、高水平的建议。同样,艺术指导也经常会想出一些很有价值的标题。一个优秀的文案应既能想出好的点子,又能把它用生动的文案体现出来,还会指导设计人员配上适当的插图,以提高广告的吸引力和说服力。

在整合营销传播时代,文案写作人员还常常承担为商品或服务命名、写商品上的说明文字、撰写客户网页上的文本等工作。

## 二、广告文案写作的特点

### (一) 文案的品位

**1. 文案需要激情**

文案写作需要激情,没有激情的文案无法感染别人。文案写作更要有理智,自己不明白的道理很难让别人明白。激情可遇而不可求,有些想法也是时过境迁永不再来。最好、最激动人心的诉求点需要去深入地发掘,有时找不到这样的诉求点时,文案人员如何让自己兴奋起来,这是一个需要解决的问题。广告创意小组可以向客户建议做一些让人兴奋的活动,像海尔的"五星级服务"就是一个可以让文案兴奋的亮点。

**2. 文案需要创意**

文案人员常常以为写到纸上的所有东西当然就是广告文案,其实不然。文案写作如果只是停留在事物的表面,就不能进入到创意境界。有时对文案进行词语上的调整就可以表现出一定的创意。将"妙脆薄荷饼干上有气孔"改为"薄荷气孔围着妙脆饼干",文案的意味就加强了许多,气孔与饼干的关系也就有了戏剧化的提升。

**3. 文案需要风格**

凡是优秀的广告文案,读起来总能朗朗上口,奥妙在于广告使用了我们日常生活中的语言,而不是只有少数人能听懂的专业抽象语言。广告文案表达中的虚、专、拗是需要尽力避免的。虚即抽象,没有可感受性。专即专业化,将一些还没有普及的专业术语或表达用于面向大众广告文案中,造成文案的晦涩难解。拗即表达不流畅,脱离日常语言的表达习惯。

使用日常语言写文案需要相当的功力。用平凡的语言说不平凡的事情,表达不平凡的观念与思想,这是一个飞跃。风格从某种意义上说是对语言的深度把握,语言是文案写作人员最重要的工具。文案人员只有不断地推敲、琢磨才能磨砺自己的语言敏感性。进而形成自己的语言风格。

### (二) 文案的创意过程

**1. 化一般为具体**

抽象思维是人类思维的本性,人们习惯于抽象思维。广告不仅抽象,抽象的广告文案确实很常见，如"制造流行，因为有思科""踏上新途，因为有思科"这样的标题就比较抽象，而且同系列的"去看金字塔，因为有思科"还用具体形象的内容。

虽然人们惯于抽象思维，但要产生印象、形成记忆，却需要形象具体的表达。文艺作品之所以有魅力，主要来源于其形象思维所形成的吸引力。抽象的道理常常会让人昏昏欲睡，而具体形象的讲述却让人津津有味。

### 2. 变无聊为戏剧

生活中的平淡无奇通过广告文案的表达、创作过程使其具有难得的魅力。保时捷汽车的一个广告标题："想象一下，要是它是赛车种马，我们可以获得多少配种费"。这个标题在用一个出人意料、匪夷所思的比喻来传播保时捷911轿车已经广泛被仿制的事实。这个比喻是一个全新的视角，给一个原本大家司空见惯的现象注入了戏剧性的活化成分，使其具有了一定的新闻传播性。

广告中的戏剧性一般表现为故事性、暴发性。古琦领带的印刷广告：一个戴丝巾的女人一手操着剪刀，一手攥着半截领带，一个男人，表情惊恐，好好的领带只剩了半截，画面艳丽而滑稽。广告标题："戴丝巾的女人绝不允许自己受伤"。文案与画面清晰地表明：领带是丝巾的仇敌，丝巾拥有者必置领带于死地而后快。广告诙谐而惨烈，富有戏剧性。

### 3. 化冗长为简短

优秀的创意需要简明，能被受众记住的广告文案是简明的句子。广告文案的简明不仅可以节约广告传播成本，更可以提高广告传播效果。

广告传播的实践证明，简单使信息突出、可信。少就意味着多。在广播广告文案中只让一个人说话，而且只说40个字；在印刷广告中只用一种颜色；把相机固定在一个位置上，在桌面上完成所有电视镜头；或者拍一只蝎子在婴儿的胳膊上爬行。

## 三、广告文案写作基本素养

### （一）强化消费者洞察

对于文案创作更有价值的是，如何理解目标受众。"世事洞明皆学问，人情练达即文章"，理解目标受众，其实就是对世界与人心的真切了解，就是传统广告创作所说的消费者洞察（insight），而在数字广告中更多应用的是目标人群画像（persona）。消费者洞察是指"针对当前传播问题下，消费者背后的信息能够给品牌传播带来的某种机遇"。对于传统广告，洞察的目的是实现对目标受众的说服和打动；对于社交传播（social），洞察的目的更多的是寻找引起互动或转发的动机。

如何找到好的洞察呢？一个是发现矛盾，另一个是"多问一个为什么"。例如，Keep这款APP的广告口号——"Keep，自律给我自由"，就利用锻炼健身限制自由，但其实是给了我们更大的自由的消费者洞察，而这个洞察背后就是自由和自律的矛盾。

### （二）锻炼文字表达感

广告文案的写作者需要以富有创造性的写作技巧征服广告受众，有效技巧包括保持文字的节奏感和韵律感。我们不仅要关注文案的简洁度，也要关注其信息密度。我们可以通过将长句进行拆分，或者在句子与句子中间加入信息含量较小的文字，要注意保证文字可读性，一些意象沉重、意义抽象的词汇，甚至是笔画繁复的文字，也会造成同样的后果。

相反，一些意义具象、笔画简单的文字，则会让文案看起来轻盈易读，对词汇的选择和组合方式，决定着文案的质感。同时要熟练应用各类修辞方法，特别是比喻，比喻可以降低用户理解成本,本体和喻体之间的精妙关联,甚至可以呈现为优秀的广告创意。

### (三)通过观察增加阅历

作为广告人,必须做一个敏锐而热爱观察的人,做一个对别人不感兴趣的东西都感兴趣的人。这样才有可能成为一个好的创作者。能对周围的人、事、场景、情绪进行颗粒度极细的观察与感知。同样是对观察力要求很高的职业,画家需要通过千万幅速写来磨炼观察力,文字写作者也需要通过反复的写作练习来提升文案的"颗粒度"。

在日常写作之外,养成观察的好习惯,看到某个场景、事物时,试着在心里默默用文字将它描述一番。例如,《瓦尔登湖》中的描写,"而瓦尔登湖更为出奇,甚至站在同一点上,湖水也忽蓝忽绿。俯仰于天地之间,它同时兼备了两种颜色。从山顶看去,它呈现蓝天的色彩,走近湖边,看见岸边细沙浅水处,水泛着黄澄澄的水波;再远一点,呈现淡绿,越远色泽越深,最后水波荡漾呈现一色的黛绿……"

### (四)增加信息储备

养成良好的阅读习惯,每天保持一定的信息摄入量,做一个杂家,无论是行业的信息还是专业的信息,"有输入才能有输出",多摄入信息,提升眼界和阅历。各种数据、报告也应作为自己信息来源的重要组成部分,它们能让你对市场、人群有一个宏观认知,锻炼形成科学、开放的思维。

### 穿"海特威"衬衫的男人

美国人最后终于开始体会到买一套西装而被一件大师生产的廉价衬衫毁坏了整个效果,实在是一件愚蠢的事,因此在这个阶层的人群中,"海特威"衬衫就日渐流行了。

首先,"海特威"衬衫耐穿性极强——这是多年的事。其次,因为"海特威"的剪裁(低斜度)及为顾客定制的(衣领),使得您看起来更年轻、更高贵。整件衬衣不惜工本的剪裁,因而使您更为"舒适"。

下摆很长,可深入你的裤腰。纽扣是用珍珠母做成——非常大,也非常有男子气。甚至缝纫上也存在一种南北战争前的高雅。

最重要的是"海特威"使用从世界各角落进口的最出名的布匹来缝制他们的衬衫——从英国来的棉毛混纺的斜纹布,从苏格兰奥斯特拉德来的毛织波纹绸,从英属西印度群岛来的海岛棉,从印度来的手织绸,从苏格兰曼彻斯特来的宽幅细毛布,从巴黎来的亚麻细布,在穿了这么完美风格的衬衫,会使您得到众多的内心满足。

"海特威"衬衫是缅因州的小城渥特威的一个小公司的虔诚的手艺人所缝制的,他们老老小小的在那里工作了已整整114年。您如果想在离你最近的店家买到"海特威"衬衫,请写张明信片到"C.F.海特威"缅因州·渥特威城,即复。

海特威衬衫广告作品如图3-9所示。

**案例解析**

该案例是广告大师奥格威所写海特威衬衫的广告文案。广告标题"穿'海特威'衬衫的男人",平直无奇,语气平和,朴实无华,单刀直入地告诉人们一个信息了事。文案介绍说明中肯、

图 3-9　海特威衬衫广告作品

（资料来源：李宝元.广告学教程[M].北京：人民邮电出版社，2003）

具体、实在、令人信赖。

文案一开始就很能打动男士们的心,引起人们阅读兴趣。几乎所有的男士都知道,西装再好,衬衫较差,便会黯然失色,甚至会反美为丑。而一件高档的好衬衫,会使西装气度不凡。海特威衬衫正具有这样的效果,男士穿上海特威衬衫会如戴眼罩的模特儿一样帅气。

接着文案分段论证了海特威衬衫的一系列特点：耐久,切身；用料考究,做工地道；面料皆为上乘优良,历史悠久等。用事实说话,说服力强。整个文案诉说的利益点和承诺都十分具体、明确。

直述式广告最易于流于一般化,缺乏新意。但奥格威化腐朽为神奇,广告形象设计别出心裁。仅用了一个小技巧：给模特戴上眼罩,一来使人们的视线在接触形象时自然从模特脸部转移到广告诉求重心——衬衫上；二来使文案的平直说明不显呆板,让人们在生机盎然、新奇有趣的心态中接受全部的广告信息。衬衫穿在身材俊美的模特身上,配以协调的领带、皮带,右手下垂,左臂弯曲握拳叉腰,这就将衬衫的优美、高档、潇洒风格表现得淋漓尽致。

**讨论题**

大卫·奥格威的这则广告文案堪称经典之作,其成功的关键是什么？一个好的广告文案应做的前提工作是什么？怎样才能使文案打动消费者的心？

1. 下面是一些经过测试的广告标题。每个产品或服务都有两个标题,你觉得哪个标题更有效？

(1) 家庭商务自修课程的广告(服务项目：免费宣传手册《决策人须知》)：

　　A. "适合那些收入 25000 元希望增加到 50000 元的人"

　　B. "事实证明参加过这项课程后财政收入却是非同凡响"

(2) 生发药物的广告(服务项目：免费宣传手册《最新生发捷径》)
　　A."60 天以前他们叫我'秃头鬼'"
　　B."30 天内你的头发不能再生,请拿回这张支票!"
(3) 保险广告(服务项目：免费宣传手册《如何实现你的所求》)
　　A."有一个问题你不该问你的妻子!"
　　B."永远不必为钱发愁!"
(4)《华尔街日报》的广告(服务项目：来信及 27 美元可订一份该报)：
　　A."怎样从 27 元起步一年内达到 75000 元"
　　B."薪水 75000 元的工作寻求报名者"
(5) 每周论坛杂志广告(服务项目：寄信免费索取一期杂志)：
　　A."多彩的文化圈欢迎你的加盟"
　　B."你能和他们中的其他人'读书论战'吗?"

2. 什么是广告口号？广告口号与广告标题的区别是什么？
3. 奇强洗衣粉的广告口号从"干干净净做人,中国人,奇强",改为"干干净净,中国人,奇强",再改为"干干净净,中国,奇强"。结合本章所讲内容对这几个广告口号进行比较分析。

# 第四章

# 广告文案的诉求方式

**学习要点与目标**

1. 掌握理性诉求文案的写作要点；
2. 重点掌握感性诉求的写作原则；
3. 理解情理结合诉求文案的特点和应用范围。

**引导案例**

### 品牌创始人自述江小白的品牌设想

江小白的品牌创始人陶石泉："江小白的形象就是，像我们千千万万年轻人一样的特征。我们要表现我们的品牌，要和粉丝产生互动，很重要的一点就是我们要做一个有态度的人，要是一个有态度的品牌。

在现实生活中我们发现，如果我们的朋友当中有不喜欢表态的人，他喜怒不形于色，你喜欢吗？我反正不喜欢，并且我调查发现绝大多数人都不喜欢，大家认为这个人太复杂了，觉得城府太深不适合交友。这给了我很大的启发，我想，人如此，品牌也如此，江小白就是一个人，我们让品牌回归简单，让品牌真诚地跟消费者沟通。我们喜形于色，我们有任何态度都把它表达出来，有时候我们也会偶尔消极，偶尔也会有一点看上去不那么正能量的东西，但是很真实"。江小白就是有态度——所以有江小白语录。

江小白语录文案：

我把所有人都喝趴下，就为和你说句悄悄话，最想说的话在眼睛里，草稿箱里，梦里和酒里。我们总是发现以前的自己有点傻。不要到处宣扬你的内心，因为不只你一个人有故事，跟重要的人才谈人生，低质量的社交,不如高质量的独处。手机里的人已坐在对面,你怎么还盯着屏幕看。毕业时约好一年一见,再聚首却已近而立之年。攒了一肚子没心没肺的话,就想找兄弟掏心掏肺。友情也像杯子一样,要经常碰一碰才不会孤单。卸下层层面具,在你们面前我才是我自己。他们只在朋友圈神出鬼没,却在现实的圈子无影无踪。最后我们都变成了那个曾经以为俗不可耐平庸无趣的人。

(案例来源:知乎 https://www.zhihu.com/question/26082558/answer/50883947)

**案例解析**

目标受众是广告文案创作的基点,江小白的差异化品牌策略定位于年轻化,创造性地以年轻人为细分受众,实现在白酒行业弯道超车。江小白的文案以目标受众的视角进行表达,表达其价值观和情绪。想不通品牌是什么,就把品牌想象成一个人,江小白甚至把品牌做成一个人,"我是江小白,生活很简单"。

广告文案创作方法就是在广告文案创作方面的基本认识,这些认识是最基本的,也是最重要的。随着数字技术、互联网的发展,经济文化等社会外部环境发生了翻天覆地的变化,媒体平台层出不穷,特别数字平台的广告,广告创意内容和表现形式不一而足,广告文案的应用场景也随之而变,社交广告文案、商品推文、自媒体文案,等等,透过现象看本质,广告文案作为广告中依托文字元素进行信息传播,实现广告特定目标的本质依然没变,这就是广告文案创作基本的"道"。

广告文案的创作方向分为理性诉求和感性诉求。两者各有所长,理性诉求一般只存在于长文和阶段时间的营销组合里,作为单一广告作品的文案创作,感性诉求往往是最现实的选择,你不能寄希望于30秒的TVC和看上60秒平面广告,这会让你的客户进入10分钟的理性分析,即使广告中的数字、论证、技术指标仅仅是让你产生接受情绪的手段,回忆一下,你真的认真评估和验证过广告中的指标和数据了吗?当然,真正购买行为发生或集体决策时,很多理性的评估会出现,但大多数也仅仅是接受了诸多环节暗示引导后的所谓比较,一般抽象的产品和服务、相对于支付能力而言较高的价格的产品购买,理性的会出现得多一些。理性诉求和感性诉求没有办法严格区分,实际文案创作中往往兼而有之。

# 第一节 理性诉求文案

理性诉求的广告文案作用于消费者的理性思维,通过对产品具体功能和利益的陈述,使消费者做出理性判断,接受广告所传达的信息。理性诉求广告文案的关键在"以理服人",文案中要提供真实准确的信息,语言文字平实可信,不能作过度的夸张和渲染;其次,理性诉求所依据的事实和数据要能有效地支撑广告的观点,具有说服力。

## 一、理性诉求文案的概念

理性诉求文案是指诉诸消费者的理性,通过对企业、产品和服务等客观情况的传达,使消费者理智地做出符合广告传播者意图的决定。理性诉求文案说理性较强,常常利用可靠的论证数据揭示商品的特点,以获得消费者理性的承认。它既能给消费者传授一定的商品知识，提高其判断商品的能力，又会激起消费者对产品的兴趣，从而提高广告活动的经济效益。

一般情况下，消费者做出一个购买决定的时候都经过了思考和反复比较，尤其在选择价格较高的产品或服务时更加要深思熟虑。此外，消费者个性特征中理性和感性倾向也会影响对广告信息的接受，理性的消费者更愿意看到和听到有关产品质量、功能、价格、售后服务等具体的、可比较的信息，并以此作为购买依据。消费者的购买行为背后都有一定的需求和动机，而理性驱动文案就旨在提供消费者判断的依据和理由，一般来说理性驱动的方式主要有逻辑推理、实证证明两种，对长文案来说，具有较为充分的传播时间和空间，逻辑推理应用较多，而表达体量较小的广告文案，理性驱动，一般更多的是采用实证证明。

## 二、逻辑推理

逻辑推理就是清晰地提出某种观点，并且运用事实依据和合乎逻辑的因果关系，对所提出的观点充分进行论证，从而说服消费者接受或改变某种观念。文案创作中逻辑推理实现方式主要有三种，因果逻辑、类比逻辑、对比逻辑。

### 1. 因果逻辑

因果逻辑就将品牌或产品的卖点作为论据，并以此推理出为目标受众带来的利益点和结果，常见的表达方式是"数据＋利益点"，例如，某品牌手机主打的卖点是前摄像头都是1600万像素，而这1600万像素带来的好处就是能够让用户自拍效果更好，它的海报文案（广告语）就是"1600万柔光自拍，照亮你的美"，推动消费者认知改变的潜台词是因为我们相机前摄有1600万柔光自拍，所以才能"照亮你的美"。

这种说理论证的方式可以有效地引导消费者，使消费者在充分的事实依据面前，在合乎逻辑的因果推导下，一步一步地接受广告所倡导的观念。

### 2. 类比逻辑

类比逻辑通过设立常识性的锚点、等同的逻辑，建立认知和认可。例如：金立手机，手机中的战斗机。

【案例 4-1】

农夫山泉广告文案

农夫山泉广告如图 4-1 所示。
TVC 画面文案：农夫山泉 水源地实拍
广告文案：
什么样的水源，孕育什么样的生命。我们不生产水，我们只是大自然的搬运工
**案例解析**
农夫山泉通过水源地优质生态环境的实景拍摄，以优质生态保护的现状为例证，证明优质水源地，通过"什么样的水源，孕育什么样的生命"为逻辑，证明水源地的优质，又通过与搬运工类比，让消费者清晰认识到这一事实，将生产纯净水类比为优质天然水的搬运工。

农夫山泉视频广告

图 4-1 农夫山泉视频广告

### 3. 对比逻辑

对比逻辑就是将产品或服务与其他产品或服务作比较,以此来突出自己产品或服务的优势和特色。比较可以有两类:一种是和竞争产品作比较,让消费者在货比三家后做出自己的选择;另一种是产品使用前后的比较,使对产品效果一目了然。

## 三、实证证明

实证证明是理性驱动的有效途径,通过明确的事实让消费者相信品牌传达信息是顺理成章的事情,从文案创作的角度来看,实证证明的关键问题是哪些类型文案的内容是有效的,一般来说主要四种方式:一是用权威;二是用数据;三是用细节;四是用效果。

### 1. 用权威证明

利用权威作为品牌或产品背书,例如网易严选商城自营商品(图 4-2)为佐证其品质卓越,以选用奢侈品制作商为供应商,"给大牌代工"就是运用了理性证明的"用权威"。

### 2. 用数据证明

翔实具体的数据是人类对事实证明的常识性认知。事实上很多时候人们并不在审视数据的真实性,而是相信数字带来的信任感。香飘飘奶茶的广告文案"一年卖出 10 亿杯,杯子可绕地球三圈",用了具体的数字"10 亿杯"具体地描述说"杯子可绕地球三圈"证明自己销量好,得到消费者的认可。苹果 iPod 的广告语"把 1000 首歌装到口袋里!"。

【案例 4-2】

**途锐汽车的系列广告文案**

系列一

标题:极速 225 公里/小时,0~100 公里加速 8.1 秒,只让尾灯作为别人的谈资

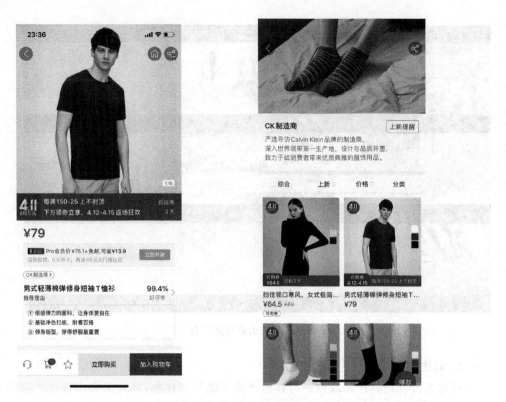

图 4-2 网易严选商品页

内文：没有人要求 SUV 该达到什么样的速度，但豪华运动型全能途锐却是绝对以跑车的标准来要求自己。极具魅力的 4.2 升 V8 发运机，最大功率 310 马力，配合罕有的六速手动/自动一体变速箱，还有根据行驶速度可将车身最低降至 180 毫米的底盘调节，将途锐的速度发挥到极致。如果不满足只看到背影，可以要求它停下来。

系列二

标题：前后扭矩分配自动可调，不用让绞盘再占用空间

内文：会聪明地分配力量，就不怕身陷泥潭。豪华运动型全能车途锐将动力平均分配，并可根据路况自动可调，甚至于将 100% 的动力输出单独传送给前轴和后轴，电子差速锁还可有效辅助分配动力，泥泞也只是乐趣之一而已。绞盘？或许可以帮助其他人。

系列三

标题：最大爬坡度 100%/45 度，比任何人都更接近天空。

内文：有了豪华运动型全能车途锐，就有机会从完全不同的角度看世界。途锐的 4Motion 全时四驱、中央差速器锁和后差速锁装置可辅助车辆轻松攀爬高达 45 度的斜坡，爬坡能力达到了 100%。途锐看到的那片天，肯定与别的不同。

系列四

标题：最大涉水深度 580 毫米，近距离听听水声

内文：不用再怕会不会进水。因为足够密封，豪华运动型全能车途锐可以涉水深达 580 毫米而安然无恙。包括专门设计的密封防水车门、防水前大灯和电器插座，以及发动机特有的进气和通风管道，还有密封万向节等在内的全面密封技术，加上防锈蚀全镀锌车身，途锐当然可以放心且开心地戏水。

**案例解析**

这一系列文案是典型的理性驱动,文案中运用大量事实和数据,采用系列的方式把途锐汽车的性能和特色一一展现在读者面前,直观而形象;数字的运用恰到好处,给人以信服感;语言平实、自信,为途锐汽车塑造了一个质量优秀、性能卓越的形象。

汽车是一种价格较高的产品,消费者在购买过程中要综合考量各种因素,对市场行情进行长期观察和调研后发现,理性成分占主要地位。因此,在汽车广告中运用理性驱动文案更能持久地打动消费者,这一系列文案展现了产品的特色,同时也回答了消费者关心的问题,给消费者的购买提供了参考依据和购买理由。

### 3. 用细节证明

如果说这产品很好,具体好在哪里呢?通过细节的表述,很容易让受众更加信服。大卫·奥格威曾说过:"像这种以事实所做的广告比过度虚张声势的广告更能助长销售。你告诉消费者的越多,你就销售得越多。"

例如顺丰快递速度很快,一种说法是"顺丰快递 快就是我们的座右铭",另一个是"顺丰快递 上午下单,下午送到",通过具体的时间表述,赢得客户的信任感。信息详尽的同时还要注意信息的准确性,要做到具体而真实。对某一产品或服务来说,特点和优势可能有很多,但在信息选择上不能事无巨细地一一列举。因为广告的篇幅所限,只能传达有限的信息,受众的注意力和精力也决定他只能接收有限的信息。

**【案例 4-3】**

#### 大卫·奥格威为劳斯莱斯汽车创作的广告文案

主标题:在时速 60 英里的时候,劳斯莱斯新车中最大的噪声来自电子钟

副标题:什么原因使得劳斯莱斯成为世界上最好的车子?一位知名的劳斯莱斯工程师说:"说穿了,根本没有什么真正的戏法——不过是耐心地注意到细节。"

正文:

(1)《行车技术》主编报告:"在时速 60 英里时,最大闹声是来自电子钟。引擎出奇的宁静。三个消音装置把声音的频率从听觉中拔掉。"

(2)每个劳斯莱斯的引擎在安装前都要先以最大气门开足 7 小时,而每辆车子都在各种不同的路面试车数百英里。

(3)这款劳斯莱斯是为车主自己驾驶而设计的,它比国内制造的最大型车小 18 英寸。

(4)本车有机动方向盘、机动刹车及自动排挡,容易驾驶与停车,不需司机。

(5)除驾驶速度计外,在车身与底盘之间,互相无金属衔接。整个车身都加以封闭绝缘。

(6)完成的车子要在最后测验室经过一个星期的精密调整,在这里分别受到 98 种严酷的考验。例如,工程师们要用听诊器来注意听轮轴所发的微弱声音。

(7)劳斯莱斯保用三年。已有了从东岸到西岸的经销网及零件站,在服务上不再有任何麻烦了。

(8)著名的劳斯莱斯引擎冷却器,除了亨利·莱斯在 1933 年死时,把红色的姓名第一个字母 RR 改为黑色外,从来没更改过。

(9)汽车车身的设计制造,在全部 14 层油漆完成之前,先涂 5 层底漆,然后每次都用人工磨光。

(10) 移动在方向盘柱上的开关,你就能够调整减震器以适应道路状况。(驾驶不觉疲劳是本车显著的特点。)

(11) 另外,后车窗除霜开关控制着玻璃中由1360条看不见的热线构成的热线网。备有两套通风系统,因而你坐在车内也可以随意关闭全部车窗调节空气以求舒适。

(12) 座位垫面是由8张英国牛皮所制——足够制作128双软皮鞋。

(13) 镶贴胡桃木的野餐桌可从仪表板下拉出。另外有两个可以从前座后面旋转出来。

**案例解析**

这则广告文案字数较多,但读起来却不费劲儿,这是因为奥格威在文案中向消费者提供了大量真实可信的事实,采用分点的方式从13个方面介绍劳斯莱斯汽车,段落间断,阅读起来没有视觉压力。

标题设置悬念,提供最主要的事实:在时速60英里的时候,劳斯莱斯新车中最大的噪声来自电子钟;内文是对标题进行承接和解释之后展开介绍产品的其他技术指标;运用大量数字,让文案内容显得真实可信。受众在阅读过程中,一步步地认同劳斯莱斯汽车的品质,自然而然地接受"劳斯莱斯是世界上最好的汽车"的概念。

**4. 用效果证明**

通过对商品使用效果的陈述,获得客户理性的认可。一款蜗牛霜为了证明自己的抗氧化效果,把蜗牛霜涂抹在苹果上,观察苹果的变化,想必很多人看完后都会心动,认为这个蜗牛霜抗氧化效果很好。

## 第二节　感性诉求文案

### 一、感性诉求文案的概念

感性诉求广告文案就是诉诸消费者的感性认知,通过表现与企业、产品、服务相关的情绪与情感因素,唤醒消费者内心的情感,使其与广告形成共鸣,最终达到心理上的某种满足和认同,从而影响其价值判断和行为方式。

商业广告的最终目的是要诱发人们的购买行为,而人们购买行为的发生往往是和情感活动联系在一起的。一般来说,情感活动越强烈,购买行为就越容易产生,感性诉求广告就是在这样的条件下产生的。

感性诉求广告并不完全从商品本身固有的特点出发,而是更多地研究消费者的心理需求,运用合理的艺术表现手法进行广告创作,寻求最能够引发消费者情感共鸣的出发点,从而促使消费者在动情之中接受广告,激发购买。

感性诉求策略注重人的接受心理中的情感历程,强化广告材料中具有人的情感因素的成分,注意开发广告创意里的人性化的构想,以达到与目标受众的心灵和生命相沟通,从而使消费者愉悦地被传导甚至被说服。当人处于某种情绪状态之下时,感性的力量要大于理性,行为表现为"跟着感觉走"。感性诉求策略一般应用于价格相对较低的产品,这类产品功能和质量相仿,一般不需要太多的理性思考,可以完全凭着对产品和广告的感性印象。因此,感性诉求的广告文案较多地运用于日常生活消费品(如化妆品、日用品、食品、服装、家具及装饰陈列品等)或时尚性中小商品的广告中,此类产品常与消费者的日常生活和情感世界有着更为密切的必然联系，也较有可能使其为之动心。

一般认为人类有四种基本情绪，即快乐、愤怒、恐惧和悲哀。广告的目的是驱动认知的改变，这四种基本情绪中，对广告文案创作来说，愤怒和悲伤的两种情绪价值不大，愤怒往往产生不可预测、冲动的行为改变，所谓"冲动是魔鬼"，而悲伤带来的行为反应偏于保护和停止，就是所谓的"哀莫大于心死"。一般有价值的是快乐、恐惧，这两种情绪会带来明确的行为改变，快乐对应认同和趋近的行为改变，恐惧会带来回避和远离的行为改变。

## 二、快乐情绪驱动

快乐作为正向情绪，满足需求和提供正向刺激是获得快乐的两大途径。广告文案创作如何产生快乐情绪驱动，可以归纳为"四有"——有关系、有价值、有意思、有期待，满足需求就是有关系、有期待；提供正向刺激就是有价值、有意思。

有关系，是说同受众有关系，建立起相关性；有价值，就是利益承诺，这个利益有很多种，不能狭隘地理解它；有意思，不一定是好玩、幽默、滑稽，而是有趣；有期待，就是当你看到这个内容时对它有某种期待。这种期待有可能是因为有关系、有好处、有意思而来的，也有可能是消费者洞察所得。

### 1. 有关系

与受众建立联系的逻辑很多，可以通过相同的身份，也可以通过相同的需求等，究其根本是产生认同感和参与感，小米联合创始人黎万强专门写了一本书《参与感》，带动体验营销的风行，就是让用户与品牌由弱关系变为强关系。在文案创作中，可以通过身份标签化产生身份认同，通过需求痛点化产生需求认同。当然也不仅限于此，只要能让受众感受到，这就是专门对他说话，就是关联，也不必拘泥于标签化和痛点化。

身份标签化。可以按照消费者描述的维度确定身份标签，例如，"身份证尾数是 2 的女孩，需要关注这条消息""3 岁孩子的妈妈，现在一定要注意的 10 件事情"，以此作为自媒体的文章题目，对应的人群就会不由自主地建立一种强联系，当然这只是举例说明，诸如此类的文章日益泛滥，很多消费者已经产生"免疫力"，但其中的内在规律是有效的。文案常见的表达模式就是"作为一个××××，你应该怎样怎样"。

【案例 4-4】

**标签化案例——小米手机的广告口号**

小米手机 Slogan：为发烧而生（图 4-3）

图 4-3　小米广告口号

**案例解析**

小米公司以粉丝经济和体验营销为核心策略,希望用户能成为小米品牌的粉丝,参与和主动传播,因此种子用户的发展是重中之重。通过标签化的广告,将"我懂硬件,我有超前的观念,我是手机发烧友"的人群产生认同感,小米手机就是为我们发烧友专门制造的,同时对消费者产生发烧级品质的心理暗示。

需求痛点化。通过寻找消费者的需求,并突出未被满足的需求,让消费者清楚地意识到,这就是我需要的,从而产生心有戚戚的共鸣。例如,最近几年特别火的"怕上火喝王老吉",让凉茶与"上火"这个中国人耳熟能详的概念联系起来,让凉茶走出广东,走向全国,销量一度超越可口可乐。设想一下,要是说广告口号用"用心的好凉茶,王老吉",恐怕王老吉老板就得心凉了。没有"怕上火喝王老吉",可能现在中国北方很多人连凉茶是什么都不知道,凉茶和北方人没有关联啊。

### 2. 有价值

通过提供利益,对目标受众进行情绪驱动,和广告中常说的卖点近似。例如,"远离这8种习惯,就能一辈子不得糖尿病""看过这100个笑话,你就是饭桌上最受欢迎的人"。当然文案是虚拟的,是为了清晰说明通过利益驱动情绪。这种利益实际上是一种获得感。但里面有个技巧,就是利益获得的门槛要低,例如一个是"0元试听,你的孩子有可能是下一位朗朗,雅马哈音乐",另一则文案是"学钢琴,不只是10000小时,更需要一个雅马哈音乐的老师",可以感受一下哪个广告更有驱动力。

### 3. 有意思

通过提供有趣、娱乐、新奇的信息,驱动快乐情绪的产生。例如"职场直男的尴尬瞬间——我和7个上司不得不说的故事!"。但是有意思不是搞笑,可以是表达方式的有趣,更应该是有深度、有新意的洞察。

【案例 4-5】

#### 小肥羊案例

广告标题:我们很快就熟了(图 4-4)

图 4-4　小肥羊广告

**案例解析**

通过一语双关的修辞，用文字营造出一种趣味感，传达出食物就是一种社交，食物就是一种语言符号。这就是为什么说"只要知道你爱吃什么，我就能知道你是什么样的人"，而小肥羊火锅就是建立你我之间关系的社交食物，只要一顿火锅的工夫，我们很快就熟了。这里的很快就熟了还有另一层产品层面的意思：上品羊肉，30秒就熟了。

【案例4-6】

### 有意思驱动的广告文案——Timberland

广告标题：踢不烂，用一辈子去完成（图4-5）

图4-5　Timberland 广告

TVC文案：

忘了从什么时候起，人们叫我踢不烂，而不是 Timberland。从那阵风开始，当我被那阵风亲吻，被月光、星光、阳光浸染，被一颗石头挑衅，然后用溪流抚平伤痕，当我开始听到花开的声音，当我不小心闯对路，又认真地迷过路，当我经历过离别，又曾被人等待，当我需要，被需要……我知道，已和一开始那双崭新的 Timberland 完全不同。在时光里，我变旧、变皱，用伤痕覆盖伤痕。每天，当太阳升起，我又是全新的。我走的时候叫 Timberland，回来时才叫踢不烂。但踢不烂的故事还远远未完成。踢不烂，用一辈子去完成。

**案例解析**

广告无疑是成功的，但让人记忆，并会心一笑的是 Timberland 和"踢不烂"的谐音梗，这就是有意思的力量。

#### 4．有期待

上面提到的三点都能营造出快乐的期待感，期待感是一种快乐的希望，例如"一首7岁孩子的钢琴演奏，听到15秒时所有人震惊了"，很多人会因为后边那半句话坚持听到第15秒，就是为了直接给你制造一个期待。

虽然上面列举驱动快乐情绪产生四个选项——"有关系、有好处、有意思、有期待"，广告业界归纳的实战经验，但其核心是如何驱动快乐情绪的产生，这才是根本所在，在各类广告文案创作中，创造性地利用快乐驱动认知改变的方式还会更多。

## 三、恐惧情绪驱动

失去、和预期不一致、不确定、危险是恐惧情绪产生的原因。在广告创作中利用恐惧情绪，要注意不要激起逆反心理，最好说自己的恐惧，让别人感同身受，而不是直接说用户自身的恐惧，例如在文案中，可以使用第一人称表达，例如"我害怕阅读的人"的案例，就利用第一人称传达不阅读带来的恐惧感，有避免因直言受众缺少文化可能带来的厌恶和逆反。一般利用恐惧情绪主要有以下方法。

### 1．时间紧迫

利用时间短暂产生购买的冲动。例如，双十一当天0—1点，很多商家推出了秒杀产品：前11秒2折、前60秒折上折……时间都设置得非常短。时间越短，用户就越焦虑，因为什么都来不及想了，赶紧抢下来再说。

### 2．数量有限

通过表述产品或服务的稀缺，是利用恐惧情绪，使得受众产生可能会错失的焦虑感，推动对传播信息的关注，进而转变认识，产生购买动机。很多促销文案就是利用这种恐惧错失的焦虑感催促客户下单购买，例如：超低价的iPhone快被抢完了，库存告急！事实上，不仅是库存告急有效果，限制购买数量也会有效果，比如每人限购2件。国外有项研究发现，限制顾客的购买数量往往能够增加50%的销量。即使你写上限购20件，也会有效。

### 3．强调损失

强调损失往往能引起关注，也会唤醒焦虑感。损失越大，焦虑感越强。这背后的原理是"损失规避效应"。面对同样数量的收益和损失时，损失更加令人难以忍受。也就是说，人们对损失更敏感。

【案例 4-7】

**恐惧驱动案例——NIKE 平面广告文案**

纽约麦迪逊广场 NIKE 刊载户外广告（图 4-6）。

图 4-6　NIKE 户外广告

文案：YESTERDAY YOU SAID TOMORROW.

**案例解析**

直译过来就是：昨天就是你曾说过的明天。可以意译成为，明日即逝 Just do it。

通过对时间流逝、明日复明日、时不我待、一去不复返的恐惧，传达出马上行动的理念，与品牌的广告口号 Just do it 一脉相承，让人看到就想马上 Do it，马上就买吧。

小贴士

**关于消费者生活观念的调查**

文案概念往往提出了一个超乎常规的观点。在文字的形成过程中,让消费者阅读时产生怀疑和兴趣,然后细读,发现逐步相信并且同意此观点,最后成为观念。或者是你能捕捉到消费者潜在的人性观念,将其转化为概念,引起对方的共鸣,最后他说"的确如此"。

## 第三节 情理结合的诉求文案

情理结合诉求的广告文案,就是将感性诉求和理性诉求两者有机地融合在一起的广告文案。情理结合诉求手法的基本思路是:采用理性诉求传达客观信息,又用感性诉求引发诉求对象的情感共鸣。在情理结合诉求文案中,有的以理性诉求为主,感性诉求为辅,有的以感性诉求为主,理性诉求为辅,可以灵活运用理性诉求的各种手法,也可以加入感性诉求的种种情感内容。

情理结合诉求的广告文案既采用理性诉求的方式传达客观的信息,又使用感性诉求的方式引发受众的情感共鸣,将两者的优势结合起来,最大限度地加强广告信息的趣味性和说服力。情理结合手法在广告文案的写作以及广告运作中更为常用,但前提是产品或服务的特性、功能、实际利益与情感内容有合理的关联。在选择广告诉求手法时,不必追求当前流行何种诉求方法,选择适合产品自身特点的最重要。坚持原则在广告诉求时也是一种原则。

 【案例 4-8】

**奥迪汽车的杂志广告文案**

标题:跨越时代创想,以人性奏起跨世纪交响……奥迪 A8;奥迪,只因你敢于超前

正文:"音乐应从男人的心中烧出火来,从女人的眼中带出泪来。"贝多芬,以沸腾的热情感受生活,在人们内心深处奏起跨世纪交响乐,开创并引领时代前行。

今天,一个技术开拓者冲破常规界限,令您现在就看到未来——奥迪 A8,以最自然的全铝合金构造新一代汽车的明天。强劲的 A8 引擎动力,令安全变得更为主动;极尽广泛的常规装备,前所未有的手动自动替换变速箱,让您现在就掌握豪华奔腾的驾驶乐趣。

广告语:突破科技 启迪未来

**案例解析**

这则文案在表达确实而客观的信息的同时,注重加强与受众情感及精神的沟通,激发其认知的欲望和产生行动的激情,体现了理性诉求与感性诉求相结合的广告诉求策略,给受众以实在、郑重、亲切而自然的感受。

### 一、情理结合的诉求文案的特点

#### (一)诉求内容全面

情理混合诉求广告文案既有人们进行理性分析所需要的有关企业、产品和服务的实用性、

功能性的信息内容,又有能满足人们心理需求的情感内容,这就使人们在精神上和物质上都能得到满足。

### (二)诉求表现情理并举

情理混合诉求广告文案在诉求表现上,既通过陈述、论证、比较等理性诉求的方式把企业、产品和服务的信息尽可能清晰而详尽地给予消费者,也通过煽情的感性诉求的方式调动消费者的情绪,激发他们的购买欲望。

**【案例 4-9】**

海飞丝洗发水的电视广告文案

幼儿园门口,妈妈蹲下来亲吻自己的儿子,儿子发现母亲双肩上布满头皮屑,稚气地问母亲:为什么有那么多白点。母亲在大庭广众之下耻于回答,不好意思地低下头。(海飞丝样品的特写)母亲开始使用海飞丝洗发水。

对比试验:一边头发用海飞丝,另一边头发用其他洗发水。用海飞丝那边头发光亮柔滑,没有头皮屑,而没有用海飞丝那边则还有不少白色的头皮屑。母亲又去抱儿子。儿子瞧瞧母亲的肩膀,开心地笑了。母亲骄傲地在人群中走着……(海飞丝样品特写)

**案例解析**

这则广告文案中,既采用了理性诉求广告文案中的比较方式,通过双重比较:使用海飞丝前后的对比和使用两种不同产品(海飞丝和另一种洗发水)的对比,突出了海飞丝产品去头屑的功能信息;又采用了母子情的感性诉求方式,将因"头皮屑"带来的"难堪"表现出来,从而刺激消费者的认同心理。

### (三)诉求语言庄谐并出

情理混合诉求广告文案的语言既有理性诉求广告文案对企业、产品、服务实用性、功能性信息的严谨而平实的介绍,又采用感性诉求广告文案中形象生动、幽默风趣、富于情绪化的语言,让消费者感受到丰富的情感信息。

## 二、情理结合的诉求文案的写作策略

### (一)理性为主,感性为辅的策略

用较多的篇幅叙述理性的部分,有时也不无感性诉求的元素。

**【案例 4-10】**

长城葡萄酒的广告文案

该广告文案采用理性为主策略。

标题:三毫米的旅程——一颗好葡萄要走十年

正文:

三毫米,瓶壁外面到里面的距离,一颗葡萄到一瓶好酒之间的距离。不是每颗葡萄都有资格踏上这三毫米的旅程。它必是葡萄园里的贵族;占据区区几平方公里的砂砾土地;坡地的方位像为它精心计量过,刚好能迎上远道而来的季风。它小时候没遇到一场霜冻和冷雨;

旺盛的青春期,碰上十几年最好的太阳;临近成熟,没有雨水冲淡它酝酿已久的糖分;甚至山雀也从未打它的主意。摘了三十五年葡萄的老工人耐心地等到酸度和糖分完全平衡的一刻,才把它摘下;酒庄里最德高望重的酿酒师,每个环节都要亲手控制,小心翼翼。而现在,一切光环都被隔绝在外。黑暗潮湿的地窖里,葡萄要完成最后三厘米的推进。天堂并非遥不可及,再走十年而已。

**案例解析**

整篇文案叙述了一颗葡萄变成葡萄酒的历程,把葡萄酒的制作过程巧妙地展现给读者,通过事实的叙述表现了长城葡萄酒制作的精良和品质的优秀,同时,拟人的手法和文学化语言的运用又使得文案不枯燥,妙趣横生,易于接受,有一定感性的成分。

### (二)感性为主,理性为辅的诉求策略

用较重的篇幅或色彩描述感性的部分,同时也不放弃对理性的诉求。往往感性的东西容易吸引人,可以使广告更引人注意,理性的东西则更能说服人,可以使广告更令人信服。广告诉求应该动之以情,晓之以理,双管齐下。广告诉求离不开朋友式的交谈,或以理服人,或以情动人,或情理齐用,以求获得最好的说服效果。

**壳牌广告文案:壳牌赋能予人**

2004年,我国国产品牌的崛起,不仅带给国外润滑油巨头竞争压力,更在垄断中低端润滑油市场的同时,逐步展现了高端润滑油市场的进入,润滑油品质、技术等条件均可与国外厂商媲美。壳牌自然也迎来国内润滑油品牌的围攻,市场份额持续下滑,且时有负面新闻报道缠身,因此扭转企业品牌形象,加强品牌建设势在必行。

壳牌新系列的广告改变了宣传策略,在广告的宣传主题上,壳牌修改宣传口径,一改以往着重宣传壳牌喜力润滑油的产品广告形式,转向对可持续发展推广行动的延续宣传支持,充分展现出"壳牌赋能予人"的发展理念,进而形成独特的系列广告宣传主题策略。乘法篇如图4-7所示。

标题:关于未来,我们只选择一种计算方式:乘法。

正文:"乘数效应"是中海壳牌南海石化项目正在实现的目标。

南海石化是大亚湾石化区的启动项目,也将是石化区的主体工程,不仅将为广东省提供急需的化工原料,减少对进口的依赖,降低成本,还将吸引更多的国际投资,带动下游制造业、服务业和物流的迅速发展。

大亚湾石化区将是世界级的石化区,并将成为惠州市经济、社会发展的驱动力,而中海壳牌的南海石化项目则是这个动力的引擎。

中海壳牌南海石化项目是中国海洋石油和壳牌的合资项目,位于广东惠州市大亚湾,总投资43亿美元,是迄今最大的中外合资项目之一。

**案例解析**

"乘法篇"描绘的是2005年年底完工的中海壳牌石油化工有限公司的诞生,中海壳牌南海石化项目的建设场景突出其作为大亚湾石化区启动项目的意义,借助所谓的"乘数效应"带动一方经济的发展,阐述壳牌所带来的巨大社会经济效益,强化壳牌所代表的社会人文性质。

图 4-7 壳牌喜力润滑油广告"乘法篇"

太阳篇如图 4-8 所示。

图 4-8 壳牌喜力润滑油广告"太阳篇"

标题：如果骏马追不上太阳，我们就把太阳放在马背上。

正文：

　　山高水长，戈壁茫茫的新疆，夜幕之下不再只有星光点点——游牧人家的毡房里，有了明亮的太阳。马背上的生活不再是苍凉的寂寞,因为太阳的能量也能在夜晚感受;毡房里的歌声不再只有哈萨克一种旋律,收音机的电波送来世界艺术的风情。

通过政府的"光明工程",壳牌把太阳能产品和技术带给新疆边远牧区的千家万户,把移动的电力带给草原。生活在马背上的哈萨克游牧民族,漫漫转场路已与以往有别——不但毡房里装上了电灯,而且走到哪里,就能亮到哪里!壳牌独立太阳能系统,正适合马背上的生活:轻巧坚固,不怕马背上的颠簸;可以直接用电,也可以把电能储进电池备用;安装也只需五分钟,简单得如同骑马备鞍。

"刚听说那会儿,我就想,要赶快装一个!这下可好了!"提起他新装上的太阳能板,牧民哈帕斯就掩不住满面的兴奋之情。

夸父的远古梦想化作小小的太阳能收集板。人类走过了漫长的自然崇拜,才发现与其夸父追日,不如借日酬勤。让太阳的能量变成可持续的能源,伴我们生生不息,直到永远。

**案例解析**

太阳篇:"如果骏马追不上太阳,我们就把太阳放在马背上。"这充满诗意的广告词句是壳牌在中国西部推广"中国光明工程"活动的真实写照。结束了新疆广袤的牧场上25万户游牧家庭无电的生活。

"未来篇"广告如图4-9所示。

图4-9 壳牌喜力润滑油广告"未来篇"

标题:刚刚还在梦想今天……今天,她已坚信:未来已不再是梦。

正文:

昨日的田野,近日的石化区,方寸待改,时空已变。

在搬迁村民张新娣看来,不做农民做工人,远不是放下锄头那么简单。

"你要积极主动,与大家合作,要从全局看待自己的工作,"她深有感触地对其他搬迁村民分享心得,"一切全靠自己的努力。做到最好,机会多得很,不怕没事做。"

新娣通过正式招聘程序被中海壳牌南海石化项目录用,在办公大楼里做后勤支持工作。连年前拘谨羞涩的她,现在落落大方,充满自信,一应现代化办公设备她都操作自如,还学会了用计算机。

"培训很重要,"她说,"但关键还要靠自己用心努力。我跟孩子们一样,每天都在学习新东西!"

中海壳牌南海石化项目是中国海洋石油和壳牌的合资项目,位于广东惠州市大亚湾,总投资43亿美元,是迄今最大的中外合资项目之一。

**案例解析**

"未来篇"以中海壳牌南海石化项目所引起的村民搬迁及安置行动为背景,选出代表性人物展开报道,从而整体诠释出壳牌的"赋能予人"理念,即在政府和项目企业的职责或义务范围之外,为移民提供了更多的培训、就业机会,为移民不断提高自己的劳动和生活水准赋予某种能力。如此一来,将壳牌的品牌形象再次提升一个新高度,强化壳牌的亲善大使形象。

壳牌喜力润滑油广告还有"F1篇""绿色篇"等系列平面广告,所传达的核心概念都是壳牌赋能予人,为中国的能源发展作出了贡献。文案平实可信,靠事实说话,在对壳牌各个项目的介绍中有大量理性的成分,以理服人;在语言叙述形式中又调动情感,讲述普通中国人的故事,以情感人。该篇文案树立了壳牌作为一个具有巨大影响力的公司担负社会责任的形象,是一篇成功的情理结合的诉求文案。

**讨论题**

在这一系列广告中,创作者是如何以理服人、以情感人的?又是如何把情理诉求有机结合的?

1. 什么是理性诉求文案?
2. 什么是感性诉求文案?
3. 什么是情理结合诉求文案?
4. 简述理性诉求文案的特点。
5. 简述感性诉求文案的类型。
6. 感性诉求文案的写作原则有哪些?
7. 情理结合的诉求文案有什么特点?
8. 情理结合的诉求文案有哪些写作策略?
9. 选择一个自己比较熟悉的品牌,撰写三则平面广告文案,分别采用理性诉求、感性诉求、情理结合三种诉求方式。

# 第五章

# 广告文案的语言与修辞

**学习要点与目标**

1. 了解广告文案写作中语言的基本特征和要求;
2. 掌握广告文案中语言技巧的运用,掌握广告文案写作中的修辞技巧;
3. 能够熟练地将各种修辞手法应用到实际写作中;
4. 能够准确分析广告文案作品中的语言技巧和修辞手法。

**引导案例**

## 台湾左岸咖啡馆系列广告文案

系列一《默剧篇》(图 5-1)

图 5-1 台湾左岸咖啡馆广告(1)

下午五点钟是咖啡馆生意最好的时候,也是最吵的时候。窗外,默剧表演者正在表演上楼梯和下楼梯。整个环境里,只有他和我不必开口说话。他不说话是为了讨生活，我不说话是享受不必和人沟通的兴奋。我在左岸咖啡馆假装自己是个哑巴。

系列二《打烊篇》（图 5-2）

图 5-2　台湾左岸咖啡馆广告（2）

等到角落里的那个客人回家之后，咖啡馆里就只剩我一个人了。咖啡馆里最后的一位客人拥有一项特权，可以挑选自己喜欢的音乐，同时，侍者会再端上一杯咖啡，表示他并不急着打烊。我在左岸咖啡馆一个人慢慢等待打烊。

系列三《雨天篇》（图 5-3）

图 5-3　台湾左岸咖啡馆广告（3）

我喜欢雨天，雨天没有人，整个巴黎都是我的。这是五月的下雨天，我在左岸咖啡馆。

系列四《角落篇》（图 5-4）

我在这里找到一个角落。一个上午，一杯 COFE OLLY，一如记忆里的模糊地带。这是春天的最后一天，我在左岸咖啡馆。

系列五《西蒙·波伏娃篇》（图 5-5）

图 5-4 台湾左岸咖啡馆广告（4）　　　　　图 5-5 台湾左岸咖啡馆广告（5）

她又要离开巴黎了，人们说，女子不宜独自旅行，她带着一本未完成的书，独自坐在咖啡馆中，那是一种阴性气质的书写，她喝着拿铁……咖啡与奶，1比1，甜美的证明着第二性，不存在，那香味不断地从她流向我……绝不只有咖啡香，这是1908年中的一天，女性成为一种主要性别，她是西蒙·波伏娃。我们都是旅人，相遇在左岸咖啡馆。

系列六《肖邦篇》
　　他从波兰来，旅行的人，总带着脆弱的灵魂，他在找一架钢琴，我看见他走进咖啡馆，想送给E大调练习曲，他只点了一杯卡贝拉索，但爱情是交响曲，这个时刻，人来人往正以练习曲的步调在我们之间进行E大调练习曲，便成为离别曲，这是1849年之前的事，他是肖邦。我们都是旅人，相遇在左岸咖啡馆。

**案例解析**
　　从这一系列文案中我们可以看到该文案创作的独特风格，文案中的词句娓娓道来，每一个字都在传达着目标消费者的内心独白。凸显左岸咖啡馆是作家与诗人的天堂，清贫的文化，年轻的奋斗，人文的气质。台湾统一企业旗下的"左岸咖啡馆"咖啡，就以其优雅性感的系列广告在消费者心中树立起了"浪漫、小资、富有人文气息"的品牌形象。
　　该文案的字里行间不难看出，广告就像人一样，具有个性，展现产品的个性生命力更长久，因为随着技术进步，产品本身会变，包装也会跟着时代的审美及时尚而改变，而性格则是比较稳定的、连贯的，变化相对较小。左岸咖啡的目标对象是17～22岁的年轻女士，她们诚实、多愁善感、喜爱文学艺术，她们喜欢跟着感觉走。
　　相对于产品质量而言，她们更寻求产品以外的东西，寻求情感回报，使她们更感受成熟的东西，寻求了解、表达内心需求的品牌。因此，左岸咖啡馆以人文意识和情感诉求为主的系列广告非常精准地抓住了目标消费者的心理。
　　广告文案中的语言是传递广告文案信息，实现广告目标的重要工具。广告文案的语言对表达主题、传递广告信息起着重要作用。修辞不仅是一种语言技巧，也是一种创意性的思维方式。只有掌握广告文案写作的语言要求和修辞的技巧，才能使广告文案写作更加生动、形象、丰富多彩。

# 第一节　广告文案的语言

广告是科学和艺术的结晶,但从广告语言的层面看,更多体现在广告是一种以劝服为主要方式的语言艺术。即广告文案通过对文字的艺术化处理,使得广告文案所蕴含的信息以一种诉求对象容易接受的方式接纳,而且通过某种艺术化的创造,有效达到对广告对象的说服效果。可以说,广告与语言有密不可分的关系,语言在广告中应用得如何,决定着广告的成败与否。

## 一、广告文案语言的基本特征

### (一) 广告语言的简明性

"简洁是才能的姊妹",这句名言不仅适用于文学创作,也适用于广告文案的写作。任何多余的词语、啰唆拖沓的表述,都是广告文案语言不能容许的。正如美国广告专家马克斯·萨克所说:"广告文案要简洁,要尽可能使你的句子缩短,千万不要用长句或复杂的句子。"要做到简洁而又能突出主旨,就必须确定语言的指向。因此,广告文案中的每一句话、每一个词语都要有重点的方向,都要直接或间接地指向文案的主旨。广告语言的简洁性可以从以下两个方面来理解。

#### 1. 从传播媒介的特征看

要在有限的时间或有限的版面传达出特定的信息,在有限的空间和时间内达到最大的传播效果。所以广告传播中需要主题单一、创意构想单纯等,其实就是指广告语言的简明性。

#### 2. 从受众的特征看

现今人们生活的快节奏致使人们通常没有耐心看冗长的广告信息,从而更加倾向于对画面、视频等视觉形式的注目。因此,广告语言需要简洁凝练、直奔主题,使受众不经思考一看就懂,尽量消除受众在接收广告信息过程中的障碍。

### (二) 广告语言的人性化

广告最终是给特定目标受众看的,要让他(她)们看懂,并记住以及产生购买欲望等一系列过程。与人沟通的广告自然要在广告语言上注重人性化,在进行广告创作的过程中,就必须从消费者出发,关注消费者的真实感受。例如,自然堂化妆品的广告语为"其实你本来就很美!",一语切中女性消费者的心声,可见广告语言的人性化魅力之所在。

### (三) 广告语言的思想性

广告创作者总是潜移默化地将自己的创作意图通过丰富的语言表达出来。好的广告语言要褒扬优秀的社会风气,提倡优良的文化传统,引导消费者产生积极健康的社会意识。例如:"孝敬老人用心开始""其实父母是孩子最好的老师""有健康才有将来——安利纽崔莱""迎奥运、讲文明、树新风"等。这些广告语言都起到了引导健康文化发展的作用,也充分体现了广告语言的思想性。

### (四) 广告语言的创新性

创新性是广告的生命力体现,作为一种艺术形式,广告要顺应时代的发展,迎合消费者的心理。广告的最终目的在于使目标受众注意、记住并认可它所宣传的商品,为了在众多同类商品中脱颖而出,广告人总是不断地创造新的表达方式和表现手法。

【案例 5-1】

<h3 style="text-align:center">苹果 Think Different</h3>

苹果 Think Different 广告如图 5-6 所示。

图 5-6 苹果广告

向那些疯狂的家伙们致敬,他们特立独行,他们桀骜不驯,他们惹是生非,他们格格不入,他们用与众不同的眼光看待事物,他们不喜欢墨守成规,他们也不愿安于现状。你可以赞美他们,引用他们,反对他们,质疑他们,颂扬或是诋毁他们,但唯独不能漠视他们。因为他们改变了事物。他们发明,他们想象,他们治愈,他们探索,他们创造,他们启迪,他们推动人类向前发展。也许,他们必须疯狂。你能盯着白纸,就看到美妙的画作吗?你能静静坐着,就听见美妙的歌曲吗?你能凝视火星,就想到神奇的太空轮吗?我们为这些家伙制造良机。或许他们是别人眼里的疯子,但他们却是我们眼中的天才。因为只有那些疯狂到以为自己能够改变世界的人,才能真正地改变世界。

**案例解析**

苹果总是能够洞察到人们最深刻的需求,并提出观点——因为只有那些疯狂到以为自己能够改变世界的人,才能真正地改变世界,相信这段话也鼓舞过很多人。

### (五)广告语言的沟通性

广告强调从消费者出发,注重与消费者的沟通,广告创作者总是希望能够在消费者心底某个角落产生触动乃至共鸣,从而实现良好的广告传播效果。这就要求广告文案写作过程中所运用语言的有效沟通性。

日本的山本良二在《大阪的文案》一文中说:"我在大阪写了 13 年文案。我认为最重要的就是广告首先要好懂。也就是说,要看受众能不能明白商品具体好在哪里。而且,不只是用大脑明白,要用心明白,用皮肤明白,用身体感受。其次是明白的速度,也就是说广告必须让受众能够马上明白。"

无论广告采用何种创意,首要要求都是让人看懂。如果一个广告让人看了难以理解,不知所云,那么这个广告就基本上失去了与消费者继续沟通的机会。因为消费者不同于广告人,他们不可能花大把时间捧着广告一遍又一遍地琢磨其深意,消费者接受广告信息往往是被动的、随机的,留住他们的最好手段就是在短暂的接触时间内给他们最需要的信息。

## 二、广告文案语言的基本要求

### 1. 准确规范

准确,就是广告中用词、表达要准确,没有歧义;词语组合合乎逻辑,符合客观存在;避免不良的引申义;语句要围绕信息内容来准确无误地展开,客观叙述之外,还常常下定义、列数字、作证,体现广告用语的准确性。准确规范是广告文案中最基本的要求。

(1) 广告文案中语言表达要规范完整,避免语法错误或表达残缺。

(2) 广告文案中所使用的语言要准确无误,避免产生歧义或误解。

(3) 广告文案中的语言要符合语言表达习惯,不可生搬硬套,自创词汇。

(4) 广告文案中的语言要便于理解。一般消费者接受广告信息有某种被动性,越是平易近人的语言越容易留下印象。

## 2. 简明精炼

广告文案在文字语言的使用上,要简明扼要、精炼概括、言简意赅。广告传播由于成本、时间、受众关注的影响,信息一般力求简洁,广告文案一般情况下也是如此,广告文案通过营造出受众感同身受的场景感,可以带动受众自动脑补出很多信息来,实现丰富信息、增强感知的传播目的。

【案例 5-2】

"钥了亲命了——360 智能门锁"

360 智能门锁广告如图 5-7 所示。

图 5-7　360 智能门锁广告

广告标题：钥了亲命了

**案例解析**

"忘掉钥匙"可以说是几乎每个人都体验过的烦恼，360智能家在其安全门锁的产品海报中，就通过描绘"忘带钥匙"带来的尴尬场景，让用户产生代入感，意识到能用指纹开门的爽利。

海报通过一组充满细节的人设设定，让不同年龄、职业的用户群体都能从中找到共鸣，凸显360安全门锁"钥匙就是你自己"相比于传统门锁的优势。

### 3. 生动形象

广告文案要求用生动、具体、形象的语言进行表现。因为富有这个特征的语言对应了受众的形象直觉感知的接收特点，便于受众理解，便于受众记忆。受众不是有意识地阅读和观看广告作品，受众也不会有意识地记忆和回忆广告文案，但如果在文案的语言特征中就体现了能使受众在最短的时间里就能理解记忆和回忆的特性，就能使文案达到广告的传播和说服的目的。

措辞造句要做到含义隽永，新颖奇特、鲜明生动地突出该广告的主旨。比较好的方法就是形象化地强调，力求使每一句都自成一个意象，化神为形，以形传神，既突出产品的性能特点，又让受众真切地感受到该产品的形美与质美。

将广告信息进行诗意的表达，会产生深深的情感和平添更多的韵味，由此激发的购买欲望。好诗不仅能增加广告的情韵，而且可以更真实地传达出商品的特点。

### 4. 动听流畅

广告文案是广告的整体构思，其中诉之于听觉的广告语言，要注意优美、流畅和动听，使其易识别、易记忆和易传播，从而突出广告定位，很好地表现广告主题和广告创意，以产生良好的广告效果。同时，也要避免过分追求语言和音韵美，而忽视广告主题，生搬硬套，牵强附会，因文害意。低声细语、自言自语、大声叫喊、引发共鸣等表现形式在广告中都能获得明显的表达效果。有时柔美的语言也能深入人心。

用新奇优美的语言对应受众阅读和观看中的特殊心理，用符合受众习惯的语言方式来对应受众的语言运用习惯，用针对不同媒体的不同传播方式的语言构造和语言特色来有效运用媒介的承载，这样才能写作有效的文案。因为柔美伴随着从容、伴随着缓缓地流动、伴随着潇洒和宁静，所以更具渗透力、更能打动受众。为了使文案的语言柔美，文案作者应尽量避免使用拗口、难懂的词语，特别是那些容易引起误会的同音字。

## 三、语言营造的感觉

针对文案创作来说，语言营造的感觉可以归纳为"三感"——真实感、场景感、角色感。

### 1. 真实感

真实感就是广告文案应力图营造出受众与内心认知一致的感觉，增强对文案表达内容的信服力。

**【案例 5-3】**

**佳能相机的电视广告**

佳能相机电视广告如图5-8所示。

广告语：Shoot My Best

图 5-8　佳能相机的电视广告

佳能相机的电视广告首先展现摄影师看似妙趣横生，实为全心投入，不计代价，追求拍到动人画面的镜头，后面展现出对应完成的摄影作品，每一张照片背后都是一个追求凝固动人一瞬的付出。

案例解析

Shoot My Best！凝固我的动人一刻！这是发烧友级别的热爱，相信很多摄影师看完这支广告会尖叫："啊！这种傻事我也干过！"这种真实感瞬间让消费者和佳能建立起共鸣。

2．场景感

广告的语言需要立足于提升沟通效果，通过语言营造的场景感产生感同身受的感觉。

3．角色感

角色感就是依照受众内心认知标准，利用鲜明、个性化的语言风格构建符合受众认知的心理形象，起到便于沟通、易于接受、增强说服力的广告传播效果。

北京人民艺术剧院的焦菊隐导演创造出一个"心象"理论，在表演领域提出，比形象更重要的是"心象"，形象只是抵达心象的途径，且只是途径之一。广告文案在语言上也应该力争创作出角色感，在受众的内心认知上建立理想的"心象"。

【案例 5-4】

**RIO《微醺恋爱物语》广告文案**

RIO 广告如图 5-9 所示。

广告标题：RIO 微醺　一个人的小酒

广告正文：

[乳酸菌伏特加风味]真是莫名啊，在这杯酒之前，好像也没那么喜欢你。

[柠檬朗姆风味]所以，3％的酒精也会让人变得小心眼吗？

[葡萄白兰地风味]让我脸红的，究竟是你，还是酒呢？

[西柚伏特加风味]连一句开场白都想不好，我想，我是醉了吧。

[白桃白兰地风味]原来爱情就是：我正要表白，而你也刚好"正在输入"。

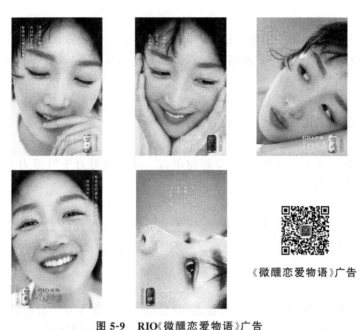

图 5-9　RIO《微醺恋爱物语》广告

（图片来源：数英 https://www.digitaling.com/projects/27503.html）

## 第二节　广告文案的修辞

修辞（figure of speech；rhetoric）即文辞或修饰文辞。"修"是修饰的意思，"辞"的本来意思是辩论的言辞，后引申为一切言辞。修辞本义就是修饰言论，也就是可以在使用语言的过程中，利用多种语言手段以收到尽可能好的表达效果的一种语言活动。

好的表达，包括它的准确性、可理解性和感染力，并且是符合自己的表达目的，适合对象和场合的得体的、适度的表达。修辞运用语言（包括它的书面形式即文字）的特点，同时也受语言特点的制约。下面介绍几种广告文案写作中常用的修辞方式。

### 一、比喻

找出两个事物之间的相似点，有相似点才能构成比喻，另外，比喻就要有本体喻体和喻词；比喻可以使被描写的事物形象鲜明生动，加深人们的印象，用它来说明道理时，能使道理通俗易懂，便于人们理解。比喻可以使产品或服务的特点及所要表达的意思更加浅显化，使受众更易于理解。

比喻通常有以下三种类型。

**1. 明喻**

明喻是将本体、喻体用比喻词明显地连接在一起的句式，将比喻化抽象为形象的表达功能表现得较为突出。例如："鸽子牌香皂令你的肌肤如奶油般细腻。"（鸽子牌香皂）"温暖如阳光，轻柔似浮云。"（托茨克床上用品）"小心，它是活泼而调皮的小精灵！"（亚德里安香水）

**2. 暗喻**

暗喻是指在本体和喻体之间，不出现比喻词的比喻句式。

### 3. 借喻

借喻是本体和比喻词都不出现，直接用喻体代替本体的比喻方式。例如："一个面对世界的窗口。"（美国电视机制造公司）"洒落在你双脚上的皎洁月光。"（铁衣牌长筒袜）

## 二、比拟

比拟是指用他物来比此物，通常有两种类型。

### 1. 拟人

拟人是指将物比成人。例如："舞步超越语言 跳出世界万千"（劳力士女表）。"维维豆奶欢乐开怀"（维维豆奶）。

### 2. 拟物

拟物包括两类：一是把人当作物来写，使人具有物的动作或情态；二是把甲事物当作乙事物来写，例如："我们把质量铸造进汽车。"（美国汽车公司）

## 三、双关

双关是指利用语言具有多种含义的特点，故意使一个词在文案中有两种不同的含义，以给人以丰富的联想空间的修辞方式。例如："平时注入一滴水，难时拥有太平洋。"（太平洋保险）"中华在我心中。"（中华牙膏）

## 四、夸张

夸张修辞方式用于广告文案写作中主要是指把产品或服务的特性进行夸大或缩小，从而形成视觉或听觉上的冲击力。例如："隔壁千家醉，开坛十里香。"（濉溪口子酒）"一机牵动万人心。"（飞鹰收音机）"每一位拿笔的人都认识我们。"（标准制品公司）

## 五、对偶

所谓对偶，是指把字数相等、结构相同或相近的两个句子并列地排在一起。通过句式的对称、音韵的和谐、意义的相关达到一种特殊的语言效果，从而增强了感染力。这是广告文案写作过程中常用的一种修辞方式。例如："茅台一开，满室生香；茅台入口，全身舒畅。"（茅台酒）"繁星般璀璨，星云般流动。"（德里恩洗发香波）

## 六、反复

在广告文案的写作过程中，反复是指一个词语在文案中反复地出现，以突出其重要的程度，以增强受众的记忆。例如："今年过节不收礼，不收礼，收礼只收脑白金。"（脑白金）

## 七、借代

借代是指借用与事物有密切关系的名称去代替该事物的修辞方式。例如："佳洁士，健康自信，笑容传中国。"（佳洁士牙膏）

## 八、回环

回环是指一个词语或句子逆向重复。在广告文案写作中，就是对广告信息进行有变化的重复。例如："中国平安，平安中国。"（平安保险）"万家乐，乐万家。"（万家乐热水器）

## 九、顶针

广告文案中的顶针修辞方式是指将前句中的最末一词或短语作为后一句的开头部分。例如:"车到山前必有路,有路必有丰田车。"(丰田汽车)"人生得意须饮酒,饮酒请用绍兴酒。"(浙江绍兴酒)

## 十、仿拟

仿拟是指创作主体仿照现成的歌词、诗词、谚语、成语等语句,创造出一种与原词句有关联的新句子的一种有趣的修辞方式。例如:"众里寻她千百度,蓦然惊醒,杉杉却在,我心灵深处。"(杉杉西服)"此景只应天上有,人间难得几回闻。"(某旅游景点)

广告面向受众,立足传播,因此广告文案的语言应注意规范。语言和文字是一个民族、一个国家的文明和进步程度的标志之一,广告语言的运用要反映先进的文明程度。从某种意义上说,广告文案就是驾驭语言的艺术,因此对以下问题应格外注意:①用语不可有霸气。②成语的仿拟不可随意使用。③国产商品品牌不可洋化。④同音字不得乱用。

另外,在广告中要避免出现诸如使用错别字、不规范的简化字、繁体字、已经弃用的旧体字、滥用外来语及使用一些低俗词语的现象;广播、影视广告中的不标准读音、南腔北调,都需要注意和纠正。广大广告文案作者应该为祖国语言的规范化和纯洁性做出自己的努力。

**浦发银行《你,是你自己的银行》广告案例**

银行,字如其名,自然是与金钱、投资打交道。银行之所以存在,是为了满足存储金钱的需要。作为储蓄率最高的国家之一,攒钱是中国人传统的财富观。也正是因为人们这些思想渐渐越来越普遍,加上服务同质化导致银行在受众心目中形象非常雷同。

浦发银行为了重塑消费者对于银行这一概念的认知,浦发银行(SPD BANK)毫不犹豫地向大众打出了一张响亮的"感情牌"——"你,是你自己的银行"。电通广告为其创作了视频广告——《你,是你自己的银行》,广告文案是:

读书,积累涵养。经历,所以有了个性。用单词攒成学位,让兴趣变成事业。把电影票攒成一纸婚书,晚餐攒成挂念我们把诚实攒成信用,担当攒成人心,眼泪攒成坚强。把每一小步攒成一生。每个人都像是一座银行,用每一天攒下财富,记录在数字里,更记录在生命里。你,是你自己的银行。谨以此片献给勤奋积累的每一个人。——浦发银行贵宾理财

**案例解析**

广告向公众传递了浦发银行的财富观:除了金钱,人们心中蕴藏的乐观、踏实的精神力量,是最值得颂扬的珍贵财富。这其实代表了人们内心对于明天的乐观预期,一种脚踏实地、认真生活的人生观和价值观。基于这个出发点,北京电通(Dentsu)上海分公司为浦发银行推出全新沟通主题:"你,是你自己的银行"。从用户角度来传递品牌诉求,在引起受众情感共鸣的同时,也能为品牌建立更多的记忆点。品牌在营销战役上打"感情牌"早已是家常便饭,而一次走心的感情营销,不仅能够触动消费者内心,实现品牌的广告目标,而且也是广告人、广告公

司为自己的"银行"存下的一笔宝贵财富。

**讨论题**

1. "有人情味"的广告与广告的商业属性是否冲突？为什么？
2. 语言和修辞的运用在广告中有何重要意义？

以 Huawei P50 系列手机进行形象广告文案创作。

Huawei P50 系列手机形象广告创意文案包括产品主广告语、广告内文。

品牌：华为® Huawei®

营销目的：提升中高端群体对于 Huawei P50 系列手机品牌的认知度和喜好度，传达 Huawei P50 系列手机的差异化的升级优势，建立其可持续的高端手机引领的认知，构建华为 AI 智能数字生态的统一形象。

品牌介绍：华为致力于把数字世界带入每个人、每个家庭、每个组织，构建万物互联的智能世界：让无处不在的连接成为人人平等的权利，成为智能世界的前提和基础；为世界提供最强算力，让云无处不在，让智能无所不及；所有的行业和组织，因强大的数字平台而变得敏捷、高效、生机勃勃；通过 AI 重新定义体验，让消费者在家居、出行、办公、影音娱乐、运动健康等全场景获得极致的个性化智慧体验。

产品说明：Huawei P50 是华为公司于 2021 年 7 月 29 日（北京时间）通过线上发布会的形式发布的手机。

Huawei P50 机身造型设计：直板；全面屏（19.5∶9 极点屏）；手机尺寸：156.5 毫米×73.8 毫米×7.92 毫米；手机重量：181 克。玻璃机身，金属框架；机身有 3 种颜色：曜金黑、雪域白、可可茶金。Huawei P50 搭载高通骁龙 8884G 处理器，GPU 型号：Adreno660；采用 5000 万原色＋1300 万超广角＋1200 万长焦组合，支持 5 倍光变和 50 倍数码变焦；电池容量 4100 毫安时（最大 66 瓦快充）。

出厂搭载 HarmonyOS 2。

华为 P50 采用的是三摄方案，其中主摄为 5000 万像素"原色摄像头"，长焦的像素量为 1200 万，为潜望式设计，支持 5 倍光学变焦、80 倍数码变焦。第三枚摄像头是 1300 万像素的超广角，等效全画幅 16 毫米焦距。

华为 P50 Pro 为四摄组合，其中主摄像素为 5000 万，副摄变成了 4000 万像素原色黑白相机，潜望式长焦升级到 6400 万像素，支持 3.5 倍光学变焦和最高 200 倍数码变焦，最后一个摄像头则是 1300 万像素的超广角摄像头。

"全局式图像信息复原系统"——XD Optics 计算光学概念，利用软件算法来弥补智能手机物理上光路损失的问题。尽可能地还原原始图像信息，在 XD Fusion Pro 图像引擎的帮助下可以让照片细节更丰富、色彩更真实。在暗光摄影方面，华为推出了"超级滤光系统"，在控制好曝光平衡的同时，能够智能地去除画面中的杂色，更好地还原色彩，让夜景样张虽纯净也具备氛围感。

品牌个性：高端、稳重、大气、科技引领。

品牌 Slogan：颜值出众，摄影服众。

重点诉求：能够清晰传达 Huawei P50 系列手机升级的差异化卖点，并能够有效转化为用户的体验，特别是原色双影像系统的产品功能。围绕"构建万物互联的智能世界"的核心主题，作品需融入生活化、实景化场景，并结合搭载 HarmonyOS 系统，突出跨设备交互、流畅体验、隐私安全的极致体验。

保持调性，建立旗舰手机品牌认知。

表现形式不设限，包含但不限于平面、影片、动画、网络互动（Web、H5 等）、环境媒体、广播音频等，可自由发挥。

建议列入事项：华为® Huawei® 标识。

华为手机品牌 P 系列：颜值出众，摄影服众。

# 第六章

## 报刊广告文案

**学习要点与目标**

1. 了解报纸、杂志广告文案写作的基本要求；
2. 掌握报纸、杂志广告文案的写作技巧，并能针对不同广告主题完成写作任务。

**引导案例**

### 倩碧杂志广告

广告标题：让每根睫毛，享受独立的美（图 6-1）

图 6-1　倩碧杂志广告

**广告解析**

倩碧睫毛膏利用杂志纸张的分条模切与文案"享受独立的美"的诉求

互为呼应,传达出睫毛膏的特点,让睫毛根根分明,同时一语双关,隐含使用倩碧睫毛膏的女性是独立自信的。

广告文案的应用场景,从广义上来说,包括广告的传播计划、传播媒介、传播创意,甚至延伸到商品的购买和使用场景,考虑到广告文案属于广告执行层面环节,应用场景与广告媒介的关联度更高,从本章开始主要将广告文案的应用场景聚焦在广告传播媒介上。广告文案的创作与应用场景高度相关,不局限于广告媒介,在数字新媒体时代,传播、购买、使用分界开始融合,由此带来广告文案的应用场景变化要予以高度关注。

## 第一节　报纸广告文案写作

### 一、报纸广告的媒介特点

报纸属于静态媒介的一种,报纸广告是传统广告的主要形式,是广告创意和广告文案创作的主要载体,其创作规律和特点极为典型,虽然在广告媒体投放份额上日益下降,但依然是广告文案创作训练的基本媒体类型。

【知识拓展】

静态媒介(static media)是没有时间维的媒体,即其播放速度不会影响所含信息的再现。静态媒介一般包括报纸、杂志、海报、户外看板广告、直邮、包装等。一般将静态媒介广告等同于平面广告。

(一) 报纸广告的媒介特点

以报纸为载体,以视觉设计为核心传播手段,由版面空间、文案、画面组成。一般来说广告信息稳定,具备重复阅读可能,信息接收顺序不确定,与受众个体有关,广告文案作为主要信息符号极为重要,适合以文字为核心的信息表达。

(1) 覆盖面广,阅读率高。报纸集新闻性、宣传性、知识性、娱乐性于一体,读者遍及社会各界,阅读率较高,而且报纸还具有传阅性。

(2) 信息量大,传递及时。传递信息是报纸媒体的基本功能,由于报纸主要以文字为传播工具,以图片为辅来传递信息,其容量较大。另外,借助报纸传递广告信息时效性较强,传播迅速,能于出版当天就与读者见面。

(3) 易保存,可反复阅读。在广告行业快速发展的今天,报纸广告起到了一定的作用。报纸是印刷品,可以保存,从而使广告信息比较持久,便于消费者随时阅读和反复阅读。

(4) 印刷难以完美,表现形式单一。报纸印刷质量差,视觉冲击力弱,相对于专业杂志、海报招贴等媒体高质量的印刷效果,报纸广告由于技术和纸质的影响,还原性比较差,视觉冲击力较弱。报纸以文字为主要传达元素,表现形式相对于电视的立体、其他印刷媒介的斑斓丰富,显然要单调得多。

(二) 报纸媒介对文案的要求

(1) 适合书面阅读。报纸广告文案的语言可以较为书面化,内容也较复杂,但广告不同于文章,读者不会主动寻找广告来读,所以报纸广告应该为读者提供最大限度的阅读便利,力求生动、流畅、简明。

（2）需要强化吸引。从理论上说，报纸是静态媒介，可以保存和反复阅读。但某些静报纸阅读往往有时间限制，信息虽然稳定，但受众是否决定阅读不可预期，因此报纸广告文案和视觉设计一定要注重吸引力，要以醒目的标题吸引读者阅读正文，正文应明确传达信息，让受众一次就读懂。

（3）受众的专注与选择。与看电视、听广播等动态媒介相比，受众阅读静态媒介时处于比较专注的状态，但这并不意味着会专注地阅读广告。这要求报纸广告必须增强创造力和吸引力，在读者浏览版面内容时抓住他们的目光。很多报纸广告缺乏创意，画面平淡，文案套话连篇，很难吸引读者。

【案例 6-1】

### 利用报纸媒介特性的广告的广告文案

广告标题：12 月 23 日起，大西洋将缩小 20%

**案例解析**

这是 1957 年的一张平面广告，其创意、文案出自比尔·伯恩巴克。这是为一家航空公司新开通的跨大西洋航线所做的广告，文中最醒目的那句文案标题是"12 月 23 日起，大西洋将缩小 20%"，而图 6-2 画面中展示的是一张汪洋大海的照片，被撕起约 20% 大小——看起来就像是这张广告所在的报刊页面被谁撕毁一样。

图 6-2　航空公司报纸广告

你可以试着揣测一下，当时翻看这本杂志或这份报纸的读者读到这一页时的视线顺序及心理历程——"这张图片怎么被撕开了？哦，不是真撕开了。为什么要做成这样？写的是什么？大西洋会缩小 20%？什么意思？哈，原来是说新航线……"

这个顺序、这个历程是被设计、被引导的。就是所谓传统广告中的互动。在这个意义上，所有广告都是互动广告。一张最传统不过的平面广告，创作时也要考虑读者会先看到什么，继而看到什么，会因为什么文案或画面而决定看下去还是翻到下一页，电视广告当然也是如此，电视广告每一秒都承担着一个责任，就是让观众继续看下一秒。

## 二、报纸广告的表现形式

### （一）报纸广告的版面运用

#### 1. 要研究广告版面的大小

报纸广告所占版面的大小是广告主实力的体现，直接关系到广告的传播效果。实践证明，广告的版面越大，读者注意率越高，广告效果也就越好（当然不是绝对的），因此，广告版面的大小与广告效果是成正比的。究竟选择哪种版面做广告，要根据企业的经济实力、产品生命周期和广告宣传情况而定。一般来说，首次登广告，新闻式、告知式宜选用较大版面，以引起读者注意；后续广告，提醒式、日常式可逐渐缩小版面，以强化消费者记忆。节日广告宜用大版面，平时广告可用较小版面。

#### 2. 要研究广告位置的排放

所谓研究广告位置，就是研究报纸广告放在哪一版，什么位置效果最好。除专页广告（整版全登广告）没有位置问题外，其他版面形式广告均有位置的排放问题。同一则广告，放在同一版面的不同位置，广告效果是大不一样的。原因在于广告版面的注意值不同。经科学研究验证，根据读者视线移动规律，报纸版面的注意力值是左面比右面高，上面比下面高，中间比上下高，整版注意值100%，中缝广告处于两个版面之间，不易引起读者的注意。

#### 3. 要讲究"情境配合"

报纸的每个版面都有不同的内容和报道重点，如新闻版、经济版、法制版、文化教育版等。报纸广告应根据广告产品内容的不同，放在相应的版面中。比如，各种企业或产品广告放于经济版；影视、图书、音像广告可放于文化教育版等。同类产品广告应排在一起，便于消费者选择；各种分类小广告可放于经济版下方。广告的内容不同，版面不同，注意值不同，情境不同，广告文案撰写的角度、方式和手段均应做出适当的对应，力求扬长补短。

【案例6-2】

**日本电影《你的名字》报纸广告**

广告标题：《你的名字》今夜9时上映（图6-3）

广告正文：我本来想说的……无论你在哪里，我都会去见你。

**案例解析**

本案例为本朝日新闻上刊登电影《你的名字》广告，报纸将片中的男女主角——泷与三叶分别印在报纸的正反面，身处"两个世界"，但在阳光的照射下，他们便会相遇，这也是《你的名字》电影中最经典的一幕，泷与三叶相遇在"黄昏之时"。（黄昏之时是日语中"你是谁"的语源，相传在这个时间能看见不可见之人。）

报纸中间对折的地方可以看到被镜像处理的泷的台词："我本来想说的……无论你在哪里，我都会去见你。"

图 6-3 《你的名字》电影报纸广告

(图片来源：数英 https://www.digitaling.com/articles/181831.html)

### （二）不同类型报纸广告文案的写作

按一般常规，报纸广告的版面大致可分为以下几类：跨版、整版、半版、双通栏、单通栏、半通栏、报眼、报花等，如图 6-4 所示。

#### 1. 报花广告

报花广告版面很小，形式特殊，不具备广阔的创意空间，文案只能作重点式表现，突出品牌或企业名称、电话、地址及企业赞助之类的内容。报花广告一般采用陈述性的表述，不体现文案结构的全部。

#### 2. 报眼广告

报眼位于报纸第一版右上角的位置，如图 6-5 所示。版面面积不大，但位置十分显著、重要，引人注目。如果是新闻版，多用来刊登简短而重要的消息或内容提要。这个位置用来刊登广告，显然比其他版面广告注意值要高，并会自然地体现出权威性、新闻性、时效性与可信度。

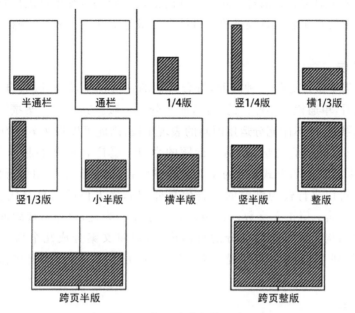

图 6-4 报纸广告规格示意

图 6-5 报眼广告

报眼广告文案在字数上要比报花广告多,但因为版面不大,容不下更多的图片,所以广告文案写作占有着核心地位,具有举足轻重的作用。特别应予以注意的是以下五点。①要选择具有新闻性的信息内容,或在创意及表现手段方而赋予其新闻性。②广告标题要醒目,最好采用新闻式、承诺式或实证式标题类型。③广告正文的写作可采用新闻形式和新闻笔法。④广告文案的语言要相对体现理性的、科学的、严谨的风格。⑤使用短文案,忌用长文案,尤其不能用散文体、故事体、诗歌体等假定性强的艺术形式,以免冲淡报眼位置自身所具有的说服力与可信性。

3. 半通栏广告

半通栏广告即十六分之一版广告。半通栏广告版面较小,文字和内容少,如何使广告做得超凡脱俗、新颖独特,使之从众多广告中脱颖而出,吸引读者视线,是广告文案的写作应特别注意的。①制作醒目的广告标题。标题字数要短,字体要大,新颖别致,有冲击力,能一下子抓住受众的注意力。②用短文案。语言要高度凝练简洁,提纲挈领,突出重点信息,力求做到小版面多内涵。③文案的写作要注意编排的有机结合。最好能在编排先行、编排为主的制作意念中进行。

### 4. 单通栏广告

单通栏是广告中最常见的一种版面,符合人们的正常视觉,因此版面自身有一定的说服力。从版面面积看,单通栏是半通栏的2倍,即八分之一版。其广告文案撰写的具体要求是:①由于高度受到限制,尚不能充分运用图画的表现手段,因此可以将文案作为广告的主要构成部分,充分发挥语言文字的力量,特别是标题的力量。②广告标题的制作既可以运用短标题形式,也可以采用长标题形式;但为了与画面的编排相和谐,最好用单行标题而不用复合标题。③文案中可以进行较为细致的广告信息介绍和多方位的信息交代、信息表现,也就是说适合做详情广告;但正文字数以控制在500字左右为宜,以免造成版面拥挤,影响编排效果。④文案的结构可以有比较充分的自由度,可以将文案分成几个部分,认真研究各部分之间的构成、排列与连接,力争体现文案主线明朗、层次清晰、首尾圆和、布局清爽醒目的结构艺术。

### 5. 双通栏广告

双通栏广告在版面面积上是单通栏广告的2倍。这给广告文案写作提供了较大的驰骋空间,凡适合于报纸广告的结构类型、表现形式和语言风格都可以在这里运用。其文案写作应特别注意以下五点。①可有多个诉求点,全面交代广告客户和广告商品的立体、综合信息。②广告标题可以采用多句形式和复合形式。③可以通过设置一些小标题来达到引导受众阅读的目的。④版面编排可以放在次要地位,说服和诱导的重任基本上靠广告文案来完成。⑤如果广告产品处于成熟期,在采用感性诉求时,应更注重体现广告主体的品牌观念、企业精神、企业文化。

### 6. 半版广告

半版与整版以及跨版广告均被称之为大版面广告,是广告主雄厚的经济实力的体现。它给广告文案的写作提供了广阔的表现空间,如图6-7所示。

半版广告文案在创作时应特别注意以下三点。①运用画面表现的"大音稀声,大象无形"的美学原理,努力拓宽画面的视觉效果。"以白计黑,以虚显实",充分利用留白艺术,激发受众的想象力。②文案写作既可以采用感性诉求,也可以进行理性诉求。可以运用适于报纸广告的各种表现形式和手段,辅助画面、营造气势、烘托气氛、强化视觉冲击力。③采用大标题,少正文文字,重点性附文方式,以体现主体品牌形象的气势和形式吸引力。

### 7. 整版广告

整版广告空间富足,引人注目,给人以视野开阔、气度恢宏的感觉。如何有效地利用整版广告的版面空间,创造最理想的广告效果,是广告文案写作的重要任务。目前,我们对整版广告空间的运用大体有以下三种类型。①正文无图或偶有插图,基本以文案方式出现。运用介绍性的文体对消费品系列或企业作较为详细的、全方位的介绍。②以图为主,辅之以文。以创意性的、大气魄的画面以及精短的文案来进行感性诉求。这里,广告文案的点睛作用及文案与画面风格的协调是值得重视的关键要素。③运用报纸的新闻性和权威性,采用报告文学等形式来提升企业的形象。这种形式是以广告文案为主,并且为了体现企业的大气魄,一般都用整版表现。这种方式应该是我国特殊的广告现象。

#### 8．跨版广告

跨版广告是指将一个广告作品刊登在两个或两个以上的报纸版面上。一般有整版跨版、半版跨版、四分之一版跨版等几种形式。常常以图片为主，辅以大字标题，目的是展示企业形象。在特大幅面广告中，文案的正文和附文部分反而变得不重要了。

### 三、报纸广告文案创作要求

从报纸媒体本身的特征来看，文字始终是其首要的传播元素。报纸广告可以充分运用语言文字来对指称对象进行说明和描述，通过艺术化的广告标题，突出说明商品或服务的最新功能和其他新闻性特点，引起受众注目。但报纸广告文字也要注意言简意赅。撰写报纸广告文案要注意到以下一些要点。

#### 1．**标题应包含重要利益点，引起好奇心，承诺回馈**

美国广告界的调查表明，广告效果50％～75％来自标题区的力量。广告史上人们津津乐道的广告大多是因为它的标题。广告大师大卫·奥格威也曾说过："读标题的人数是读正文人数的5倍。"可见广告文案中标题的重要。通常标题放于广告版面最重要的位置，它起着引领阅读的作用。在广告文案写作中，可以尝试将各种所想到的标题内容都写下来，即使不好也无所谓，然后挑出最好的加以润色、修改，直到觉得标题足以让读者产生吸引力为止。

#### 2．**广告正文与广告标题保持一致**

要让读者被广告吸引，关键在于广告的版面必须简洁清爽，使眼睛容易浏览。除了吸引读者的注意，广告的版面应该要带领读者的眼睛，从标题与视觉设计开始，按照合理的顺序移动至文案内文、公司商标以及联络地址。

以下是几个例子。

（1）标题：腐蚀问题越严重，你就越需要杜邦铁氟龙

内文：在高度腐蚀的化学处理环境，杜邦铁氟龙涂层的液体搅拌机机件寿命往往超过其他材质的机件。

（2）标题：现在起就靠房地产致富

内文：21世纪公司的业务蒸蒸日上，我们的员工事业亦然。21世纪比全世界其他销售机构帮助了更多人在房地产交易中赢得丰厚报酬。

#### 3．**版面设计必须能吸引目光，并强化易读性**

文案写手得考虑到广告的视觉设计元素并了解这些设计如何影响文案的阅读。副标题的设计是否会将文案切成太多零碎的片段？广告是否夹带了优惠券？应该用较大字体印出电话号码，鼓励顾客来电询问吗？需不需要用几张较小的照片来解释产品或流程，并且为每张照片附上图说？这些也是文案写手要考虑到的问题。

#### 4．**以合乎逻辑的顺序写出所有重要的销售卖点**

有效的广告向读者诉说关于产品的故事，并且告诉我们这些产品有趣、重要的一面。就跟小说或短篇故事一样，文案的架构也必须合乎逻辑，有着开头、中间和结尾。

#### 5．**文案必须有吸引力**

大卫·奥格威在《奥格威谈广告》(*Ogilvy on Advertising*)书中提到："假如大家觉得无趣，产品不可能卖得出去。你只能靠让他们感兴趣来卖产品。"文案必须包含符合读者利益的卖点，无论这些是使用效益、重要情报，还是产品如何解决读者的问题。都要提出具有说服力的理由，解释读者为什么要购买你的产品。让文案有吸引力的一些方式如下。

(1) 文案直接诉诸读者的生活、情感、需求及渴望。
(2) 文案具有故事性。
(3) 文案内容以人为主。
(4) 文案风格接近个人沟通,听起来就像写给朋友的信,带着温暖、诚恳、热心助人的色彩。
(5) 文案利用名人证词。
(6) 文案提供明确价值(例如赠礼、产品手册、宣传册或样品)。
(7) 文案中包含重要信息。
(8) 文案包含受众关注的问题。

### 6. 在广告中鼓励读者采取行动

你的广告应该要鼓励读者采取购买流程的下一步,无论是寄出订购单、打电话给客服、直接到店里购买、试用样品、看产品现场展示或相信广告主传达的信息。

【案例6-3】

#### Auchan 有机食品平面广告

某有机农产品广告如图6-6所示,文案就是农产品的产地经纬度。

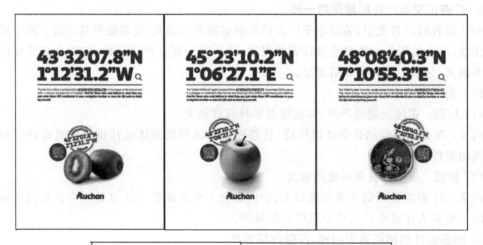

图6-6 有机农产品广告

(图片来源:https://www.sohu.com/a/321981437_282475 戛纳广告节)

**案例解析**

当你输入坐标或者扫码,便可以对这些农产品溯源,以极为精确的经纬度数字,建立信任,暗示严格的质量管控。

【案例 6-4】

标致汽车报纸广告

标致汽车报纸广告如图 6-7 所示。

图 6-7　标致汽车报纸广告
(https://www.sohu.com/a/321981437_282475)

广告文案:惊人动力　无法冷静

**案例解析**

利用报纸版式创意与广告文案传达不可抑制的强劲动力相得益彰,增强了广告的吸引力,在报纸版面中脱颖而出。

## 第二节　杂志广告文案写作

杂志和报纸相同,它也是一种传播媒体,它的形式是以印刷符号传递信息的连续性出版物。杂志广告印刷精美、纸张上乘、色彩鲜艳、图文并茂,具有大图案、小文字、形象化特点,而且针对性强、精度高、传阅率高、保存时间长,具有得天独厚的条件,被称为"印刷媒体之王",越来越受到广告主的重视。杂志广告文案比报纸广告文案更为独到。

## 一、杂志广告的媒体特征

(1) 针对性强。目前我国杂志可分为三种类型,即专业性杂志、综合性杂志和休闲性杂志。专业性杂志由于具有固定的读者层面,可以使广告宣传深入某一专业行业。专业性杂志针对不同的读者对象,安排相应的阅读内容,因而就能受到不同的读者对象的欢迎。

杂志的专业化倾向也发展得很快,如医学杂志、科普杂志、各种技术杂志等,其发行对象是特定的社会阶层或群体。杂志的读者虽然广泛,但也是相对固定的。因此,对特定消费阶层的商品而言,在专业杂志上做广告具有突出的针对性,适于广告对象的理解力,能产生深入的宣传效果,而很少有广告浪费。从广告传播上来说,这种特点有利于明确传播对象,广告可以有的放矢。图6-8广告就体现了这种针对性。

图 6-8 雅呵雅女性化妆品杂志广告

(2) 保存周期长。杂志具有比报纸和其他印刷品更持久优越的可保存性。杂志的长篇文章多,读者不仅阅读仔细,并且往往分多次阅读。这样,杂志广告与读者的接触也就多了起来。保存周期长,有利于广告长时间地发挥作用,同时,杂志的传阅率也比报纸高,这是杂志的优势所在。

(3) 印刷精致。杂志的编辑精细,印刷精美。杂志的封面、封底常彩色印刷,图文并茂。同时,由于杂志应用优良的印刷技术进行印刷,用纸也讲究,一般为高级道林纸,因此,杂志广告具有精良、高级的特色。精美的印刷品无疑可以使读者在阅读时感到是一种高尚的艺术享受。它还具有较好的形象表达手段来表现商品的色彩、质感等。广告作品往往放在封底或封里,印制精致,一块版面常常只集中刊登一种内容的广告,比较醒目、突出,有利于吸引读者仔细阅读欣赏。

(4) 发行范围大。许多杂志具有全国性影响,有的甚至有世界性影响,经常在大范围内发行和销售。运用这一优势对全国性的商品或服务进行广告宣传,杂志广告无疑占有优势。

(5) 创作自由度高。杂志可供广告主选择的版面多,封页、内页及插页都可做广告之用,而且对广告的位置可机动安排,可以突出广告内容,激发读者的阅读兴趣。同时,对广告内容的安排可做多种技巧性变化,如折页、插页、连页、变形等,吸引读者的注意。

## 二、杂志广告文案的表现形式

一般来说,杂志广告文案的表现形式可以归纳为以下几种:杂志的全页、半页、1/4页、跨版或多页专辑、指定版面(如封面、封底、封二、目录)等几种形式。版式不同,文案的写作也有所不同。

### (一)内页版面的广告文案写作要求

杂志的全页、半页、1/4页、跨版广告,一般都安排在杂志的全页中某个固定的页码或插页,可以统称为内页版式。内页的各种版式广告应该充分考虑如何使自己从相邻的广告单元中脱颖而出,吸引众人的眼光。

这类广告的文案写作应注意以下几点。

(1)着重突出画面的视觉冲击力,文案以点睛之笔升华主题。

借助于杂志媒体特有的制作精美、重读率高等特点,内页各规格广告应充分发挥画面的艺术表现力,信息内容可几乎全部通过画面来体现。文案则少而精,只起画龙点睛的作用,使广告给人以含蓄、深邃之美感。

【案例6-5】

**保险广告**

某保险公益广告如图6-9所示。

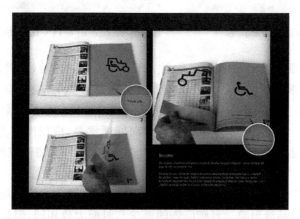

图6-9 公益杂志广告

(图片来源:http://www.welovead.com/en/works/details/fe4winxz)

广告标题:"Your life can turn in a second."你的生活可以在一秒内改变

**案例解析**

通过透明PVC的印刷,将滑雪缆车的图像一翻页之间成为轮椅图像,文案"You life 你的生活"也瞬时变为"can turn in a second 可以一秒内改变",传达出意味风险的偶然性。

(2)大标题,详文案,以杰出的创意和不同诉求形式抓住受众的注意力。

杂志广告除了图文配合外,对有些信息内容也可以全凭文案进行传播。如招生、招聘、求职等广告,应以醒目的大标题吸引受众注意,再以较为详细的文案满足目标受众的求详求实、急于阅读践行的心理。诉求形式不限,以符合杂志媒体特点和杂志特定受众群体文化素养为标准。

(3)各种较小版面的分类广告要以引人注目的标题脱颖而出。

这些分类的小广告,除了品牌名称或企业形象标识及随文外,其他文案的写作十分简单,比较容易把握。

(4)广告文案的结构不必拘泥于四要素(标题、正文、标语、随文)的固定结构,可以考虑用最简练的语言来表现丰富的广告内涵。

（5）文案的版面布置也应该做适当的调整，配合画面吸引读者的阅读兴趣。精明的广告设计者这种鲜明而巧妙地利用杂志版面效果，轻而易举地将商品信息刻入了读者心里。

### （二）特殊页面的广告文案写作要求

像封面、封底、封二、目录页这些特殊版式页面，一般都是属于指定版面，可以称之为特殊页面版式，如图6-10和图6-11所示。

图6-10　阿迪达斯杂志广告

图6-11　DHL快递广告

封面和封底的印刷广告因其位置显著，注意值最高，效果也最好，因而对广告的版面设计和文案写作有特殊要求。封面的广告应以精美的画面吸引受众，画面信息应与印刷的专业性有一定的内在联系，并具有审美价值，使人于情感愉悦中接受信息。文案只能以品牌或广告名称，以及简洁凝练的广告语形式出现。封底与封面同样重要，应以图形为主，文案为辅。文案的语言不仅要考虑杂志的特定受众，而且要考虑印刷受众以外无意注意的其他受众，淡化专业性，更接近于大众化。

一般来说，封面广告基本以图形为主，强化视觉冲击力，文案最多只能表现品牌名称或是用简明的广告口号来凸显品牌形象。封底广告的要求与封面大致相同，但是可以根据需要适当增加一定的说明文案，值得注意的是，说明的文案应考虑到在目标受众明确的前提下尽量通俗化。

封二、目录对页和封三的印刷广告，受众注意力仅次于封面和封底，而高于内页，也是很重要的版面形式。广告多以图文并茂的形式加以表现，广告文案的作用更为重要。适于平面广告的各种文体、表现形式和表现手段，均可针对特定目标受众运用于文案写作。封二、目录对页等虽然处于杂志的内页，但是因其独特的位置而具有较高的注目率。由于翻阅杂志的读者大多数都是目标受众，具有一定的文化素养和专业知识，因此，封二、封三、目录对页的广告文案可以占据较多的位置，以多种表现手法来进行广告诉求。

### 三、杂志广告文案创作

让读者看到产品的思想。首先要明确一点，杂志广告不是简单地把产品真实地还原给消费者看，应该让读者不仅可以了解产品信息，更能透过广告了解品牌和企业的思想、理念。所以杂志广告文案写作首先让读者看到产品的思想。

语言要符合杂志读者的品位和文化素养。休闲性杂志的阅读面较广，这类杂志或以热门话题吸引人，或以独特风格吸引人。在这类杂志上做广告语言要平易近人、通俗易懂。综合性杂志涉及面较广，读者成分复杂。在这类杂志上做广告要考虑让不同层次的读者读懂文案，并善于把握不同读者的共同利益点。专业性杂志读者的知识水平和文化素养较高。在这类杂志上做广告,语言要典雅、庄重,具有一定的专业性,切忌庸俗、花哨、无文化。每种杂志都有自己的目标受众群体——读者,即杂志广告的诉求对象。杂志广告的语言风格应针对他们而定,即符合他们的文化水平、欣赏兴趣、美学爱好和语言习惯,为他们所熟悉、欣赏,使他们感到亲切。

注重个性化的语言风格。语言的表达是广告创意和信息内容的体现。语言风格的个性化,就是指杂志广告文案的语言要体现出广告信息的个性化特征,并与目标受众的个性心理相吻合,使人感到新鲜、独特、不落俗套,令受众耳目一新。如此,才能使杂志的目标受众乐于接受,并深受影响。

**【案例 6-6】**

## NIKE 杂志广告

正文:

我,不要一刻钟的名声,我要一种生活。

我不愿成为摄影镜头中的注目者,我要一种事业。

我不想抓住所有我能拥有的,我想有选择地挑选最好的。

我不想出售一个公司,我想创建一个 c,我不想和一个模特去约会。

那么我的确想和一位模特去约会。

控告我吧!但是我剩余的目标是长期的。

一天天做出决定的结果,我要保持稳定。

我持续不断地重新解释诺言。

沿着这条路一定会有瞬间的辉煌。

总之,我就是我。但这一刻,还有更伟大的、杰出的记录,厅里的装饰。

我的名字在三明治上。

一个家庭就是一个队。

我将不再遗憾地回顾。

我会始终信奉理想。

我希望被记住,不是被回忆。并且,我希望与众不同。只要行动起来。

这里有一则刊登在美国《体育周刊》上的广告文案范例(图 6-12)。在画面的右下方,则是卡尔顿·费斯克的介绍:Carlton Fisk,到目前为止,已在主联盟效力 21 年。此广告就是采用了名人广告的诉求形式。用具有说服力的行业代表来引起目标消费者的高度注意和自觉地跟从。而这个注意和跟从是一种生活方式和价值趋向的主意和跟从,是行为方式的主意和跟从。卡尔顿在此既是一个舆论的领导者,又是一个示范性的消费者。广告中产品的目标消费者是运动员和运动爱好者、运动崇尚者,以运动员中的佼佼者做广告模特,讲述出运动员的心声。

**案例解析**

美国一家广告公司为 NIKE 集团公司创作了一幅单页、四色的印刷广告,这个广告全幅刊登了体育界著名人士卡尔顿·费斯克的头像,并在版面的左侧以左边对齐的方式从上到下排列文案。文案每一行的长度都不一样,长的可占画面横向的 1/3,短的只有两个单词。文案在画面上的视觉效果类似于电视广告的话外音,相当引人注目。

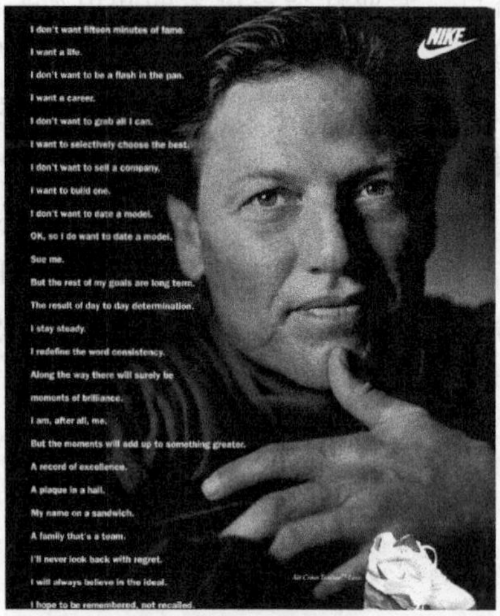

图 6-12　NIKE《体育周刊》广告

　　注重图文搭配适当。杂志广告与报纸广告有许多的相似之处，用于报纸广告文案的写作技巧对于杂志广告文案的写作而言，很多地方是相同的。但由于杂志广告又具有自身的独特之处，从而导致了杂志广告又与报纸广告有很多不同的地方。

　　一般来说，杂志广告中的标题，其字体都较大，这样，正文就相对较少。报纸广告的标题虽然也很大，但其作用主要是吸引读者的注意力，并诱导读者去阅读正文，因此其正文内容较丰富，要求图文配合，并不存在谁更重要的问题。

　　与报纸广告比较而言，文案与图片是杂志广告重要的表述手段，由于杂志自身的特点（印刷质量高、纸张质量好等），图片更多承担了传递形象信息的任务，如果图片没有很好的文案做解说，图片的内涵就不容易使读者理解，可能造成不必要的误导。同时，如果杂志中出现了过多过密的文案，则失去了杂志自身的特点，不能充分发挥杂志媒体的优越性。

【案例 6-7】

### 苹果 MacBook Pro 杂志广告

　　广告文案：苹果 MacBook Pro，无与伦比的轻薄（图 6-13）

图 6-13　MacBook Pro 杂志广告

（图片来源：icecream 创意微播 https://www.sohu.com/a/158181831_183589）

**案例解析**

广告创意利用跨页杂志的版面设计,巧妙地模拟出笔记本电脑的 B 面和 C 面,通过纸张的纤薄暗示苹果 MacBook Pro,无与伦比的轻薄,是广告利用媒介属性的典范之作。

## Tequila 酒杂志广告

文案:

母亲　父亲　你(图 6-14 中文)

生活太严峻,但 Tequila 酒却不一样。(图 6-15 右文)

更醇和,橡树般悠久的 Tequila 酒(图 6-15 右下文)

这则广告也荣获了第 44 届戛纳国际广告节金狮奖。画面正中是一棵古老的大橡树,树冠前面由上而下降幂排列两组系列照片,分别写着父亲、母亲;最下面右侧只一幅照片,写着你。右下角是一瓶酒及品牌。如果去掉文字,单纯看画面,受众会不知所云。简洁的文案把橡树、照片与酒联系在一起,关键性地阐释了画面的内涵,突出了酒的品牌形象及其悠久历史,以及给几代人带来的温馨醇和。文案与画面形成极为恰当的对应关系,共同构成视觉形象,缺一不可。浓厚的情感因素直接触动受众的关心点,图文并茂,非常精辟。

图 6-14　Tequila 酒

**讨论题**

1. 报纸广告文案创作特点是什么?
2. 杂志广告文案创作特点是什么?

3. 报刊广告文案写作有哪些共性的要求？写好报刊广告文案应具备的重要素质是什么？

1. 报纸是房地产行业广告宣传最依赖的媒体，请分析下面这则广告文案的广告主题及构思技巧。

### 南方周末形象广告文案
#### 《笛子篇》

标题：静有所听

正文：在这浮躁的年代，静，也是一种责任。在静中聆听最细微的声音，在静中思想得到最真实的感悟。南方周末，思想人生，思想新闻。

宣传语：南方周末，深入成就深度。

#### 《荷花篇》

标题：清有所见

正文：在这精彩的世界，清，也是一种坚持。清，真实得以沉淀，清，思想得以纯粹。南方周末，思想人生，思想新闻。

宣传语：南方周末，深入成就深度。

#### 《卵石篇》

标题：恒有所得

正文：在这多变的未来，恒，也是一种信心。曾经，多少次的妥协换回失落，曾经，多少个梦想被遗忘，思想守恒，只因希望在路上。南方周末，思想人生，思想新闻。

宣传语：南方周末，深入成就深度。

#### 《竹篓篇》

标题：惑有所思

正文：在这忙乱的生活，惑，也是一种自我，惑，必有所思，思，必有所惑，一惑一思，无言中，思维找到理性的出口。

2. 为下则广告产品各做一则报花广告、报眼广告、八分之一版广告。

### 丹阳肯帝亚木业地板

企业简介

肯帝亚木业有限公司成立于2003年，是奥地利肯帝亚国际集团在中国的投资项目。肯帝亚国际集团创建于1913年，总部坐落在有着"音乐之城"美誉的萨尔茨堡州首府萨尔茨堡。公司将秉承肯帝亚国际集团载全球推行的"关爱全球幸福生活"的品牌经营理念，向中国大众用户提供将奥地利传递文化底蕴与优美音乐内涵同优质生产工艺品质相融合的强化复合木地板。通过使用我们的产品，使越来越多的中国消费者了解奥地利博大精深的音乐文化底蕴，感知肯帝亚优良的产品和服务，从而来共同关爱全球幸福生活。

产品介绍

肯帝亚地板是以现代时尚科技创造的新一代绿色环保地板，款式独特时尚，极具个性化，纹理清晰，色泽亮丽，为现代时尚生活增添了无限创意。

广告目标
增进产品销售,提高企业形象。
广告目标对象
消费大众。
必要列入事项
产品 Logo。

# 第七章

## 音频广告文案

**学习要点与目标**

1. 了解音频广告的媒体特征；
2. 掌握音频广告文案的种类；
3. 掌握音频广告文案写作基本要求。

**引导案例**

### 澳门回归（母亲篇）广播广告文案

（舒缓背景音乐）小女孩：妈妈！

妈妈：嗯？

小女孩：你看,地图上这个字念"门",这个字又念什么？

妈妈：念"澳",合起来就是——

合：澳门。

小女孩：澳门在哪里呢？

妈妈：澳门啊,你看就在中国的这里,在祖国妈妈的心里呀！

小女孩：在心里,是不是就像我在妈妈的心里一样？

妈妈：对啊！ 孩子永远都在妈妈的心里。

男：12月20日,澳门回归祖国。

九九归一,普天同庆。

**案例解析**

　　这则澳门回归音频文案用小女孩和妈妈的对话展现母亲深爱孩子的骨肉之情,孩子依赖母亲的赤子之情,以此象征着祖国大陆与澳门之间水乳交融、无法割舍的情感。表现了祖国永远挂念澳门,澳门急切盼望回归的主题。

## 第一节　音频广告文案概述

音频广告是通过音频媒体传播的广告形式,它通过声音传播,利用听觉感知,想象空间大,作为动态媒体之一,内容稍纵即逝,时间长度一般为60秒、30秒、15秒、5秒,由语言、音乐、音响三部分构成。较为常见的是广播广告,由于新媒体的发展,以音频为载体的广告形式,不再局限于广播媒体,而更多地出现在网络上,因此本章内容将广播广告统一归纳为音频广告进行介绍。

### 一、音频的媒介特点

#### 1. 伴随性
音频媒体最大的特点就是伴随性,听众一般为非自主收听。音频一般作为听众进行其他活动的背景,可以针对特定的目标对象进行个性化诉求。

#### 2. 想象性
与平面媒介、电视媒介相比,没有视觉元素的传播,不适合复杂信息传播,但从另一角度来说,单一的声音符号的干扰少,可以让听众产生丰富的自我想象,也更有人情味,容易消除消费者的抵触情绪。

#### 3. 可控性
在所有的大众媒体中,音频电台信息是可控的,当然这是相对的,音频广告收听方便,听众以一种线性的方式听取信息,一句接着一句。音频广告对于情绪的表现或抽象的表现,能毫无阻碍地传达给收听者。

### 二、音频广告的三要素

典型的音频广告是由语言、音乐和音响三部分构成。

#### 1. 语言
音频广告是语言的艺术。在设计音频广告时,广告文案一定要明确:听众是看不到这些广告词的,他们只能听到这些广告词的声音。

有声语言是音频广告效果的最关键的要素,也是音频广告文案构成要素中最重要的元素,它传达音频广告中最主要的信息,同时传达趣味、吸引与保持听众的注意力。音频广告中的有声语言的特点是:口语化、通俗化、形象化。

#### 2. 音乐
音乐同语言等艺术紧密结合,而音乐的基本构成要素是旋律和节奏,这就决定了音频广告的语言表达要素也是旋律和节奏。音乐是通过旋律和节奏来传情达意的,是为表现广告内容服务的辅助性手段。因而不具备独立的、确切的表意功能,不能单独传播广告信息,只能间接地为广告信息的传播起辅助作用。音频广告中悦耳动听的、与语言的节奏和谐一致的音乐,能够焕发听众的情感共鸣,消除与听众之间的心理距离。

音乐最主要的功能是表象功能。人们能够利用音乐构造"形象图画"。但是,音乐的表象功能同听众个人的受教育程度、经历、性格、修养等有着密切关系,直接影响到个人的联想。音频广告中音乐的作用表现在:引起听众兴趣,避免广告平淡单调;创造气氛与情调,加深听众对企业或商品的印象;突出广告主题,增强广告感染力。

### 3. 音响

音频广告中的音响要素是运用专门器具和技法,模拟或再现现实生活中的各种声响,如风声、雨声、雷声、商品生产或使用时的声音等,再现或烘托环境气氛,增强音频广告的感染力,是为塑造广告形象,体现广告主题服务的又一辅助手段。

音频广告中的音响的类型包括:①大自然中的各种声音,如山崩、地裂、洪水、海啸、浪涛、暴风雨等。②各种动物的声音,如鸟鸣、狼嚎、虎啸、犬吠、猪哼、鸡叫等。③物体运动摩擦发出的声音,如各种机械声及使用产品时的声音,如摩托车的"突突"声、烹调时的炸锅声等。④人在活动时发出的声音,如脚步声、鼓掌声、喘息声、打斗声等。

音响有着强烈的提示和暗示作用,它能诉说人的行为及人和自然的物质变化,从而加强听众对商品的印象,可以烘托环境背景,增强逼真性;创造运动感,平添生活气息;叙述产品性能特点,强化听众感受;渲染情绪气氛,表达思想感;用作比喻象征,深化信息内容等。因此,音频广告文案对音响的处理也应予以重视,恰当运用。

### 4. 音频广告三要素的结合方式

音频广告本身就是以语言为主体的广告宣传,同时也要寻求声响效果与语言、音乐的最佳组合,使广告音乐和音响成为广告语言的有力补充。

虽然音响、音乐和语言(包括解说词)三者内涵不尽相同,但它们的外延又往往互相交叉、互相渗透,好的音乐的运用能够唤起听众强烈的记忆愿望,而合理的音响的运用往往能带给人很强的现场感与身临其境的感觉,所以音乐、语言与音响是互有区别又互相转换。

可以说音频广告是声音的艺术,是"以声夺人"的艺术,其声音包括有声语言(人物对白、解说等)、音响音效(自然音响和效果音响)和音乐三部分。声音是具有最丰富的表现力和感染力的,通过各种声音的有机组合,语言表意、音响表真、音乐表情,共同创造出音频广告巨大的表现力。

## 三、音频广告文案的种类

### (一) 单口广告

单口广告是一种直接由播音员或电波广告演员将广告信息播报出来的形式。这是电台广告中最常见的,也是最基本的表现形式。这种广告使用的最基本工具就是播音员的声音和广告人所提供的稿子(文案),再加上一些诸如音效之类的其他辅助物,动用各种手段来表现广告诉求的内容,因此应充分发挥语言的感染力和播音员的播音技巧,并以音乐、音响的配合来丰富语言的表情,达到吸引人的目的。而且,中国的传统文化也使之可以采用多种形式来展现语言魅力,如曲艺、戏曲等都已进入到了音频广告的表现形式中。

广告主要采取如下几种形式。

#### 1. 诗歌、散文朗诵式

诗歌与散文是最为传统的文学艺术形式,音频广告也可以将文案写成诗歌或者散文,创造优美含蓄的情绪氛围,带给听众以美的感受,有利于树立良好的品牌与企业形象。但是,诗歌散文式的广告文案在写作上具有一定难度,稍有不慎就容易产生矫情、虚浮之感,因而,在写作此类广告文案的时候一定要注入真情实感,切不可牵强附会、生拉硬扯。

【案例7-1】

### 雪佛兰乐驰——心电图篇

我的心有自己的声音,有决心,尊敬自己的感觉;有恒心,坚持自己的标准。全新雪佛兰乐骋拥有炫耀造型,多维空间,人性化配置及尖端高效动力。以你的标准满足你的心 现已全球同步上市。雪佛兰 乐骋 驰骋由我。

**案例解析**

该广告采用散文的体例,通过诗一般的语言,创造出了一种意境,调动听众的情感参与。

#### 2. 讲故事式

讲故事式即通过精心构思的有头有尾的小故事或情节片断来传播信息内容,类似于小小说,通过播音员播讲出来。其特点是故事生动有趣,能够引人入胜,使听众通过娓娓动听的故事接受广告内容,并对产品产生好感,从而成为产品的消费者或潜在消费者。采用故事式表现方式需要注意:故事情节必须和商品或服务特色紧密结合;演员必须准确地把握故事中人物的个性和语言特色,否则,即使精心设计的情节也会显得单调乏味;音效和音乐需有助于渲染环境。

【案例7-2】

### "参参口服液"广告(杭州人民广播电台)

朋友,我给你讲个故事。(音乐起,压混)

在美丽的西子湖畔,有一对好夫妻,男的叫生晒参,体格健壮,是个东北大汉;女的叫西洋参,身材苗条,来自遥远的美国。那么是谁做的媒,使这对国籍不同的夫妻和睦相处,心心相印呢?原来是杭州胡庆余堂制药厂的古一先生。后来他们生的孩子取名叫参参。小参参取了父母的优点,而且爱打抱不平,很快成了人类健康的挚友、病魔的克星。朋友,你听了我的故事,我相信您一定会喜欢这清火滋补的"参参口服液"的。

**案例解析**

该广告通过丰富的想象和联想,将广告产品拟人化,精心构思了一个娓娓动听的爱情故事,并赋予"参参口服液"(爱的结晶)一种爱打抱不平,维护人类健康的正义战士的形象,给人留下了深刻的印象。不能不引起听众的好感和信赖。

#### 3. 日记式

日记式是指借虚构的广告产品使用者所写的日记,来表达自己在生活中使用某种产品的美好的切身体验。

#### 4. 节目式

如日本寿司饭店三得利威士忌广播广告,以"百人音乐会"的节目形式,向广大消费者描述广告产品悠久的历史和馥郁的芳香,加上富有田园色彩的舒缓乐曲,将百鸟鸣唱、泉水叮咚与世界名酒整合为一体,用诗情画意描绘了一个充满迷人魅力的场景。

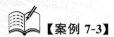【案例 7-3】

### 日本寿司饭店三得利威士忌广播广告

解说:各位晚安,"百人音乐会"这个节目由制造洋酒具有60年历史的寿司饭店向您提供,欢迎收听。

音乐:肖邦作品,溪流,鸟鸣。

解说:人生短暂,艺术长久,优秀的作品经得起悠久岁月的考验。同样,发挥杰出创造力而生产的优秀洋酒,也经得起岁月的检验。具有60年传统的世界名酒SANTORY,是日本最适宜酿造洋酒的地方山崎出品的。在木桶内无声透明的东西夜以继日地沉睡,10年、20年、30年,随着时间的流逝越来越香。

音响:清脆的开木樽的声音。

解说:朋友们,酒桶已经打开了,满室都飘荡着一股SANTORY的芳香。看!一滴滴像琥珀一样发出光芒。陈年的好酒,正像是古典音乐的馥郁。

音乐:"咕咕"斟酒声,冰块落入杯中的"叮当"撞击声。带着田园色彩的舒缓乐曲轻轻飘荡。

解说:您现在最美好的伴侣是一杯放一块冰的世界名酒SANTORY和一曲世界名曲,让自己完全沉浸在美妙的境界里。

**案例解析**

该广告先是让听众形成概念印象,然后再形成品牌印象,从而使其对三得利威士忌的感觉充满了立体感和高雅感。没有任何功利目的的直接体现,却让听众感受到一种无法阻挡的诱惑。

### (二)对话式

对话是指通过两个或两个以上的人物相互交谈的方式,将创意核心和主诉信息介绍出来。这类广告文案通常在一开始就要表现出地点及人物的情景,即"在哪里"和"谁在说话";中段的内容以剧情交织出品牌、企业或产品信息;结尾则常常是整个情景的结果——一句广告标语、一个问题的解决办法,或者是品牌理念。这种形式比较生动活泼,富有生活气息,往往能让听众有一种身临其境的感受,比较容易吸引听众的注意力和兴趣。

对话式音频广告文案大致可以分为以下两类。

#### 1. 日常对话式

模拟日常生活谈话的音频广告文案。例如,"邻居关系"公益广播广告文案

【案例 7-4】

### "邻居关系"公益广播广告文案

[音效:警匪片,搜捕时的音乐、枪声,戛然而止。]

女:真讨厌!正好看呢,就停电了。

男:刚搬新家就停电,真够倒霉的。

[音效:咚咚敲门声。]

男:来啦,来啦!

女：谁呀,停电还串门儿!

[音效：凳子被拖动,倒下的声音。开门声。]

孩子：阿姨,你们家有蜡烛吗?

女：没有!(没好气)

[音效：哐的一声,门关上了。]

女：刚搬来就让小孩来借东西,这往后还怎么相处啊?!

男：贪小便宜也没见过这样的。

女：好啦,好啦,你快点找蜡烛吧,这黑灯瞎火的。

[音效：敲门声,开门声。]

女：怎么又是你?(音乐淡入)

孩子(怯生生的)：阿姨,妈妈让我给你送支蜡烛来。

(音乐渐强)"只要心中充满爱,就会被关怀。"

旁白：屋里亮了,心里也亮了。

**案例解析**

该广告通过夫妻二人、孩子的对话,将广告构建的矛盾冲突和情节反转直观地表现出来,再加上音乐和音响的烘托,能够创造特定的情绪和氛围,吸引听众的注意力,激发其强烈的兴趣。

采用这种形式的音频广告文案,意在贴近观众、使听众产生共鸣。有人认为,这类对话过于平淡,听众可能不感兴趣,但实际上合理地运用诸如悬念等手法,完全可以让这类对话显得妙趣横生、充满智慧、引人入胜。

2．表演对话式

表演对话式是指模拟小品、话剧、相声等文艺形式的对话,使之变得生动活泼。

### (三) 广告歌

广告歌是将广告信息写成歌词,配上乐谱,由演员演唱出来的广告形式。广告歌不仅可以用于音频广告,也可以用于电视广告。它的优点在于感染性强,流行度高,便于广告信息的广泛传播和记忆,有助于树立品牌与企业形象。

但广告歌不大容易听清歌词,易造成信息的误读,也难以充分地展开销售信息的宣传。因此,广告歌式音频广告文案在写作时要注意选用简洁明了的语言、朗朗上口的词句、充满韵律的节奏,突出主要信息,有效地利用反复吟唱来增加品牌传播频率,同时要求演员的演唱要做到字正腔圆。

### (四) 组合式广告文案

组合式广告文案是指按照一定的要求和规律,将以上三种方式组合起来,创造出一种全新的效果。其采用的主要形式有现场新闻式、音频剧式、戏曲式。

1．现场新闻式广告方案

利用新闻现场报道的方式,将新闻事件与传播广告信息结合在一起的文案。

2．广播剧式广告方案

广播剧式广告方案是一种以话剧为基础,配上相应的音乐、音响或旁白而形成的一种音频广告文案。如这种方式采用叙述式结构,用戏剧场景(往往像个小短剧)把产品表现成解决问题的东西,结果听起来甚至有点像一出肥皂剧。不过,这种形式偶尔会用语言对广告许诺进行证明,比其他一些手法显得更真实一些。

### 3. 戏曲式广告文案

戏曲式广告文案即通过中国老百姓喜闻乐见的各种传统的戏曲（京剧、秦腔、越剧、川剧、吕剧、评剧、黄梅戏、粤剧、豫剧等）方式来表达创意核心，传播广告信息。它往往需要把广告文案写成戏曲剧本，编成符合曲调的唱词，加上道白，配上锣鼓等民族乐器，构成戏曲情节，通过演员演播，将广告内容表述出来。它的特点是文艺性强，曲调多为听众熟悉的，容易被听众所接受。

【案例 7-5】

#### 成都彭州羔羊美酒广告文案

（探子上场锣鼓）

探子：报——启禀丞相，司马懿十万大军离西城四十里安营扎寨。

诸葛亮：再探——哎呀，想我西城乃是一座空城，这便如何是好，有了，想我诸葛一生从不弄险，唯有设下空城之计，方可骗过司马懿，来——

老军：丞相有何吩咐？

诸葛亮：命尔等速备琴棋设于城楼之上。

老军：是——

诸葛亮：慢，再取羊羔美酒，摆设西城之外，准备犒赏司马大军。

老军：这种羊羔美酒上哪儿弄去呀？

诸葛亮：老夫听说成都彭州羊羔美酒厂，已经酿制出这一传统美酒。前日，老夫已命人采购回来，后营搬取。

老军：是，后营搬取成都彭州羊羔美酒啊！

（一段京剧锣鼓）

**案例解析**

这是一则大家熟悉的空城计的故事做的戏曲广告。内容真真假假，虚虚实实。其实，真正的艺术，正是在这真假、虚实之间。戏曲式广告的语言要求根据不同的剧种，将对白、唱腔等戏剧化、个性化。"报——""再探——""是——"等，完全符合人物的身份，符合剧情的发展；"哎呀，想我西城乃是一座空城，这便如何是好，有了……"大家一听就觉得像诸葛亮，就是诸葛亮！

## 第二节 音频广告文案的创作要求

音频广告是一种线性传播，听众无法回头思考、查询。要使听众一听就能明白，一听就懂，应该避免内容空洞、抽象化、概念化，要善于运用口语化的语言进行表述。

### 一、适合听觉信息接收

音频广告文案创作充分发挥音频媒体"固有的温暖特性和陪伴功能"，通过适合听觉信息类型，关键信息要清晰明了，与受众心心相通，使信息平添真实感，包括有趣的对话、生动的音响，并且将"听"广告与诉求对象日常生活中的听觉经验结合起来，引导他们认真地"听"，让广告更有吸引力。

音频营销文案在写作时必须有明确的对象感,即明确自己和什么样的受众群体对话,并用亲切的口吻、自然的语调来贴近受众、贴近消费者。为此,文案创作要力求做到生活化、口语化。

(1)广告文案的撰写要充分发挥汉语的丰富表现力,要让听众字字听得清,句句听得懂,使听众正确理解创意,这就必须掌握有声语言与书面语言的差异。

(2)广告文案的语言要认真精选,反复推敲,避免使用谐音词、同义词或多义词以及容易产生歧义和误导的词语。比如,"向钱"看,容易听成"向前"看,"切忌"容易听成"切记","商风"容易听成"伤风"等,必须换成确切无误的词语。

(3)广告文案中关键性的词汇,可加以解释,从而免生歧义和误解。比如"矛盾牌系列洗衣粉"广告,对厂址"开封"的解释就非常精彩:"开是开放的开,封是封闭的封"。这一解析不仅厂址确切无误,而且进一步强化、突出了产品品牌——"矛盾"牌,对提高产品知名度大有好处。

(4)对广告商品要有所取舍。广播广告应选择一些与人民群众的物质和文化生活密切相关,容易说得清楚,听得明白的商品。对于有些单纯用声音不易解释清楚的商品,则不适宜广播广告文案撰写。如有些高科技产品,符号多,或外文字母多,仅凭声音很难听清楚。

(5)广告语言要有亲和感,充满人情味,要关心消费者利益,才能使听众一听就喜欢,越听越爱听。

【案例7-6】

### 云南滇红茶

孙子:"爷爷,怎么老喝茶。"读茶叶罐上的名称"云南真红茶"。

爷爷:"真字上三点水应读滇(diān)。"

孙子:"云南滇红茶。"

**案例解析**

这是上海金山广播电台制作的广播广告,1991年被评为上海市第三届优秀广播广告。这则广告针对广播广告有声音稍纵即逝,听着稍不留意就会遗漏要点和人们的听觉记忆普遍弱于视觉记忆等特点,巧妙地安排了一个天真好学的孩童读错字,经他的爷爷纠正这样一个反复过程,来着重强调茶叶的商标。"滇"是云南的简称,不认识这个字的人很容易读成"真"字,广告运用爷孙俩的对话来做广告,饶有情趣,还显得合情合理,能够给人留下深刻的印象。

## 二、简明扼要,少用修饰语,注意口语化

由于音频媒介属于时间媒介,使得音频广告的长度极为有限,如中央人民广播电台插播广告的普通长度为60秒、30秒、20秒、15秒,特殊长度为45秒、40秒、10秒、5秒,完全受时间限制,即在单位时间只能说一定数量的字。一般来说,按正常的播音速度是每分钟播180个字,30秒中的广告最多可容纳90个字,15秒45个字,5秒15个字,与信息弹性很大的文字印刷媒介有本质的不同。所以音频广告除了要设计文案的字数之外,还要充分考虑音乐、音响所占的时间和位置,也就是说在撰写音频广告文稿时必须讲求时间观念。

音频广告的听众更多的是处于伴随收听状况下的随意收听状态,没有视觉的参与,所以越

是简洁单一的概念,越容易让人记住。也就是说,音频广告最忌讳冗长、复杂。

【案例 7-7】

### 徐记海鲜 15 秒广告文案

想吃好点,来徐记吃海鲜,一年超 545 万人次到徐记吃海鲜,徐记海鲜,长沙最受欢迎的中高档酒楼。

#### 案例解析

该广告符合音频文案的要求,多用短句,利用数字要素,以理性路径实现广告目的,品牌名称在短短 15 秒内重复 3 次,有利于品牌记忆。

## 三、广告开头要有特色,广告诉求单一

洛杉矶广告大师、广播电台文案撰稿人丹·欧德说,在典型的电台插播广告中,只把一个信息传达给听众是极其重要的,这就是他所谓的"核心信息"。

## 四、声音应与广告内容相适合,力争创造形象感知

从感官上来说,电台也是一种可视性的媒介,听众必须去想象正在被描述的东西。比如,如果一个孩子被描述为漂亮,听众就会想象出一个他们认为是漂亮的孩子的形象。如果这是在电视上,这个孩子可以看得到,信用可能会大打折扣。而被电台听众私下想象的这个孩子可能比在电视上实际看到的更加漂亮。

【案例 7-8】

### 中信国旅的广播广告文案

苍老而神秘的男声:"阿拉丁,给你三个机会,为你的心上人选一次浪漫旅程吧!"
年轻的男声:"我?我给中信国旅打个电话问问。"
苍老而神秘的男声:(愤怒吃惊)"什么?"
(轻快的音乐)
女声旁白:"三种浪漫选择,一次私密之约,马上致电中信国旅,为心上人送上希腊、马尔代夫、西班牙等浪漫主题之旅。详情查询 64×××××××。中信国旅,有你所想!"

#### 案例解析

这则广告曾获 2006 年北京电台优秀广告商业类三等奖。它一开头就通过演员的声音表演将听众带入了神话故事情景中,紧紧抓住听众的注意力,接下来则揭开谜底,让听众在期待中接受了广告所传播的信息。

## 五、善于利用对话,构建听众递进式信息接收

为了避免面向诉求对象说教,音频广告可以同时引入"说者"和"听者"的角色,让听众旁听他们的交谈。这是对话式广告常用的形式。但要注意的是,不能只是"说者"生硬突兀、强词夺理地介绍产品,而让"听者"仅仅扮演一个好听众,应该在两者之间加入真实可信、具有创造性

的互动,使对话精彩、有趣。

## 六、发挥好重复朗读的作用

商品品牌名称等关键信息反复朗诵有助于鼓动、加强记忆,同时注意吸引观众的注意力。

【案例 7-9】

**藤娇牛肉面音频广告 15 秒**

(女1)疼(谐音藤)

(男)疼(谐音藤)

(女1)疼(谐音藤)

(男)疼(谐音藤)

(女1)疼(谐音藤)

(女2)叫什么叫,不就是一碗藤椒(吸食面条的声音)

(女2)这碗藤娇

(女1)真的很藤椒

(女)藤娇牛肉面忍不住麻、麻到真的——正常(拉长音,夸张地)

藤娇牛肉面音频广告

**案例解析**

这则广告中藤椒的"teng"发音在短短15秒内出现了九次,"藤椒"出现四次,而且将产品超级麻辣的特点传达得淋漓尽致,产品记忆度极高,是近期音频广告中少见的佳作。

## 七、充分发挥音乐作用,音乐的选择要有针对性

利用音频的音乐作为内容素材,创造具有传播属性和消费接受度的广告内容,让创意带动品牌流行起来。音频广告的音乐既可以采用原创音乐,也可以利用现有的成品音乐,也就是在录音棚里制作常用来做背景的乐曲。有时,也可以采用没有版权的公用乐曲(如果是短歌,文案可以填上新的歌词)。

在对广告创意人员的一项调查中发现,音乐在广告中承担着几个不同而又关键的任务。①为销售讯息营造有别于竞争对手的情感氛围;②加强特定的文案要点,塑造别具一格的品牌个性;③在销售表演的始终,赋予销售表演一种整体感;④为受众自始至终收看这条广告提供一个亲切的借口;⑤在广告发布后较长时间内发挥免费广告的作用(如部分消费者哼唱或用口哨吹广告音乐)。

选用音乐的主要标准是音乐的基调必须与产品相匹配。音乐有助于营造一种气氛,将听众带入广告主预期的心境当中,使他们理解、消化销售讯息。创意人员在运用音乐时遇到的一个麻烦是,有时挑选的音乐主题太流行,或者太有感染力,结果听众去追随乐曲而忽略了广告讯息。从另一个方面来看,让听众跟着哼唱是让受众投入精力的一个好方法,消费行为方面的调查表明,参与是一种有价值的学习手段。还可以应用我们称之为音乐刺激的东西突出某一点,例如,吉他不和谐的"咧"的一声可以用来强调胃里突然的一阵灼热或消化不良,而轻轻的一声钟鸣则表示一切又归于平静。

## 八、综合利用三要素，传播广告信息

音频广告中的人声、音乐和音响三要素，并非简单相加，而是高度融合，共同塑造品牌形象，传播广告信息。至于三要素的组合方式，要根据广告内容和作者的艺术追求而定。但必须遵循一条原则：寻求三要素的最佳组合方式，一切都为传播广告信息，保证广告效果服务。

最后还要注意，联系方式、地址等信息必须容易记忆。现在也可以利用线上手段，例如提醒听众"百度一下""导航一下"等。如果你正在创作一则直销类的电台插播广告，最重要的因素之一就是免费电话的号码是否容易记住？大多数电台听众正在驾驶汽车，其他人则可能正好没有笔和便笺纸。一些广告商使用单词来代替数字，使之更容易记忆。

例如，1-800-FLOWERS、1-800-CARPETS，或者是 1-800-BLUBLOCKER。这些都成为广播电台电话号码。

# 第三节　音频广告脚本撰写

音频广告作品最后是通过声音播放出来的，而不是像印刷类广告那样能够预先制作成样稿。因此，为了给音频广告的制作提供指南，文案写作人员就要先写出脚本。音频广告脚本是音频广告创意的文本，是音频广告录制的依据。

## 一、音频广告脚本的格式

### （一）音频广告脚本包含的内容

①客户名称；②产品名称；③投放媒体；④描述，包括广告的长度和广告的类型；⑤播出时间；⑥脚本主题；⑦脚本陈述。

其中，前6项内容一般写在脚本的左上角，只起到识别的作用。脚本陈述放在它们的下面，是脚本的核心内容。

### （二）写作脚本注意事项

（1）音效和音乐部分要另起一行，并在底下画线，以提醒制作人注意，并表示它们在广告中的地位。

（2）广告中出现的每一位演员都必须注明角色，包括旁白播音员的角色。以方便录制的时候角色的分配与扮演。

（3）注明音调。要在演员的台词前注明角色的情绪状态及声音状态，是生气的、讽刺的、喜悦的、滑稽的还是惊恐的，是高声地还是低声的等。如果不能成功地达到所要求的表达方式或不能表现出特殊的声音，将会破坏整个广告。

## 二、音频广告脚本实例

【案例 7-10】

**一则标准的音频广告脚本**

客　户：北京新闻音频

产品：形象广告

媒介：北京电台

描述：35秒，合成

播出时间：周一至周五，班车时间

题目：北京的声音

音效：微弱的鸟鸣声，人声起

男声甲：(轻轻地)听，胡同的清晨！

音效：一两声自行车车铃声、隐约的音频播出新闻的声音、低缓的音乐，人声起。

男声甲：(轻轻地)听，午夜的长安街！

音效：京剧的锣鼓声，人声起

男声甲：(轻轻地)听，戏！

音效：京剧收锣的声音、二弦声，人声起

老年相声演员男声唱：我看到此处是乱作一团……

音效：音乐起，人声起

男声乙：(浑厚地)北京的声音，北京新闻广播！

## 三、文案提纲

在撰写文案前，文案人员应该有一份文案提纲，即一份指引他们通向广告主销售成功彼岸的地图。这类提纲有多种形式，也可以叫作战略或文案方针，有时，迫于严峻的时间压力，文案人员只能参考不完整的提纲。

不过，假设现在条件很理想，那么，音频广告文案大纲应该包含以下10点，这10点将确保我们在创作和分析音频销售讯息时不会偏离方向。

1. 客户、产品、服务或面向地区

客户的名称、辅助性标识、具体的产品、服务或我们准备发布广告的地区，例如，雀巢公司、纽约怀特平原或者佛罗里达迈阿密的杰西彭尼商场。

2. 媒介和广告描述

第二个指标仍然主要发挥标识符号的作用，对打算采用的媒介和相关的日期、时间以及广告本身作一个笼统的描述。例如，美国十大顶级市场的激进摇滚电台，早班车时间，一月至三月，30秒插播，带短歌。

3. 目标

最重要的是我们希望通过广告实现的目标。广告是一种传播力量，是一种营销工具，它的功能就是通过特定的途径向特定的受众传递特定的讯息，从而(在大多数情况下)协助同一营销战役中的其他力量完成产品、服务或其他零售场所的销售工作。

4. 目标受众

在界定受众时，还需要考虑人口构成，特别是消费心态因素。方案提纲所涉及的目标受众部分应该写明是哪些特征促使目标受众接受我们的讯息。

5. 风格

广告风格(气氛、格调、色彩或口味)必须与广告的整体目标受众相匹配。轻松欢快或幽默的风格绝对不宜用来发布殡葬服务广告，而郁闷、夸张的格调也很难用来表达年轻活跃的顾客在某家新披萨饼店或游乐园中的心情。因此，文案必须使气氛与讯息相配，始终牢记与本广告有关的消费心态因素。

### 6. 技巧

提纲的技巧部分发挥着另一个匹配功能：解释如何运用现有媒介能力实施所选的风格。例如，闯劲十足、兴高采烈、强壮有力的风格也许就需要干净利落、富有韵律的文案技巧来完成，再辅以冒险味道的音乐，冲浪的音效以及船长大咧咧、粗啦啦的嗓音。

### 7. 竞争和竞争对手的声明

参照对方的声明进行自己的产品定位。假设准备为一种新的餐具洗洁精做广告，现有洗洁精广告的声明主要突出以下几个方面。A 品牌：非常强力，可以去除顽固污渍。B 品牌：用量少，时间长，省钱。C 品牌：有香味，使洗碗轻松愉快。

### 8. 定位

仍以洗洁精为例，广告必须在消费者的脑海中为洗洁精挖出一小块属于自己的阵地，必须让产品表现得像一个独立的整体而不是群体中的一个分子。因此，可能会选择"新包装，更便于使用"这样的定位，或者"强力配方，不必使劲搓洗就干净"这样的定位。问题的关键在于，出于理解和可信度方面的考虑，一次只能有一个定位；而出于品牌形象和便于记忆方面的考虑，这个定位又要与同类产品或对手产品的定位有所不同。

### 9. 销售关键点（卖点）

创意销售关键点将决定讯息是否能顺利发挥营销工具的作用，它是一把勇往直前的利剑，足可以打开通向成功的讯息传播大门。由于听众有意无意地关掉了许多广告，由于他们的忽略，这些大门多半已经锈死；只有结实的钥匙（即关键点）才有可能打开这些门，而钥匙背后的力量（指推动钥匙转动的讯息）也必须强大。从根本上讲，"销售钥匙"就是有价值的卖点，它与有价值的利益有关，应该用独特的方式表达出来。毫无疑问，这是撰写有效广告最复杂、最关键的一面。

有价值的利益联系是卖点的一个结果——不仅满足受众对被宣传品牌的欲望，同时还增强这种欲望，从而使广告产生可信的效果。

### 10. 奖励

一般可以接受的奖励大概是：三种不同规格、新的黄色盒子、M 小时营业、免费停车等。当然，在特定的条件下，这些小卖点也可以发展成完整的销售关键点。但是，文案不应该觉得非把奖励放进广告中不可。有力的销售关键点完全可以满足广告的需要。

切记文案提纲是针对具体广告的，而不是针对整个广告的。这条讯息不能到达的受众、无法发展的销售要点、无法实现的目标都可以交给下一个、再下一个讯息来完成。

## 肯德基 *Sad Man* 音频广告

肯德基创意音频广告——最让你难过的事情是什么？

"男儿有泪不轻弹"，如果发生了什么不幸的事，他们应该把它装在心里。但是，肯德基相信每个人都有难过的时候，即便是男人。

2017 年 6 月，奥美（约翰内斯堡）为肯德基"Sad Man Meal（悲伤男套餐）"制作了三条音频广告 Sad Man。这场广告活动让来自各行各业的普通人,他们逐个说出自己觉得最悲伤的时刻,比如"你讨厌的人提出了金点子""你想给朋友看个视频,结果它播了 2 秒就卡了""你乘电梯想上楼,结果它往楼下走"……主角以谈话节目主持人的方式出现,用治愈的磁性男声安慰每一个忏悔的人。最后,听众会听到一件最可悲

肯德基 *Sad Man* 音频广告

的事:当限量供应的肯德基"Double Down Man"套餐在 1 月 9 日下架时,这毫无疑问是最悲伤的事情。

在南非,肯德基双层汉堡是肯德基最畅销的汉堡之一。可想而知,这个限时供应的汉堡不再售卖给消费者带来的痛苦。所以,肯德基向消费者告知这一信息,并鼓励他们在汉堡下架之前把它买下来。

广告脚本:

MVO:(Hesitant exasperated grunts.)

ANNCR:Go on.

MVO1:When the guy you hate,

ANNCR:Mmhmm.

MVO1:...Just made a good point.

ANNCR:Oh. That is sad.

MVO2:When you interrupted her too early when she said"I love youtube."

ANNCR:That is…sad.

MVO3:When you walking with your buddy and your hands like… they touch a little.

ANNCR:Sad.

MVO4:When you call people to look at a clip on your computer and it stops playing after 2 seconds.

ANNCR:Sad, my man.

MVO5:When you get in an elevator that's going down but you're going up.

ANNCR:Well that's just… um…sad.

MVO6:When you say cheers and no one actuallycheerses.

ANNCR:Sadnesssss...

MVO7:When Terry has to open your beer for you.

ANNCR:So sad.

MVO8:When the limited offer KFC Double Down Man Meal goes off market on the 9th of January.

ANNCR:Yes. Yes, that is… the saddest.

MVO1:(Hesitant exasperated grunts)

ANNCR:Please, take your time.

MVO1:When you get a high five after a date.

ANNCR:That is very sad.

MVO2:When the toilet paper tears up instead of across.

ANNCR:It makes me sad.

MVO3:When you're a telemarketer.

ANNCR: Well… Andre… that is sad.

MVO4: When you playing tetris and that long red thin shape just doesn't show up!

ANNCR: That's…That's sad.

MVO5: When your dad applauds your sensible sneakers.

ANNCR: Jamal. Jamal look at me. Those are fly sneakers.

MVO5: M'kay.

MVO6: When you're ANGRY!

ANNCR: Why are you angry?

MVO6: I DON'T KNOW!

ANNCR: Well that is sad.

MVO7: When you reply all.

ANNCR: I feel you. It's sad.

MVO8: When the limited offer KFC Double Down Man Meal goes off market on the 9th of January.

ANNCR: That may just be the saddest thing I have ever heard.

结合具体实例,谈一谈音频广告文案的撰写原则。

1. 运用所学知识,为五常大米撰写一则音频广告文案。

2. 案例分析题。

案例1:SUNDAY电讯广播广告文案。

甲:喂,妈,最近还好吗?波士顿天气冷了,小心身体。

乙:我很好。但是你爸爸又去见那个女人,几天没回家了,呜……你要乖一点呀,阿明。

甲:阿明?我是阿强呀!妈,你别吓唬我,自己儿子的名字也忘了!

乙:阿强?我的儿子叫阿明,你不是我儿子?

甲:什么?我不是你儿子?!莫非我是那个女人生的?你养育我这么多年,让我三十几岁才知道自己的身世。你不觉得很残忍吗?啊,怪不得移民也剩下我在香港!

乙:我儿子才二十岁,你究竟是谁?

甲:噢,我又拨错号码了……(人声渐弱)

男旁白:Sunday 1622,每逢Sunday免费拨去美加,拨错号码也没有损失。查询请电:21138000

案例2:水莲山庄湖景系列广播广告文案。

### 鲤鱼跃龙门篇

您听过鲤鱼跳跃的声音吗?这是清晨一点的金龙湖畔,请您侧耳倾听。

多少人一辈子没有听过这种声音,住在和信水莲山庄,这个声音将回荡在您的睡梦里。天天鲤鱼跳龙门,就在和信水莲山庄。

### 夜猫子篇

您听过夜猫子的声音吗?这里是夜里十二点的金龙湖畔,请您侧耳倾听。

如果您希望晚睡，住在和信水莲山庄，您将不会寂寞。和信水莲山庄，夜深人静，鸟比人忙。

莲　花　篇

您一定看过莲花开放，但是您听过莲花开放的声音吗？

这是清晨六点的金龙湖畔，请你侧耳倾听。

没错，这是一群早起的蜜蜂，正照着莲花，叫她快开门。和信水莲山庄，越早起床，人越健康。

请结合所学知识，比较分析上述两则广告文案的特色，你更喜欢其中哪一则，请说明理由。

# 第八章

# 视频广告文案写作

**学习要点与目标**

1. 了解视频广告文案的特殊性及其类型,并了解影视语言的基本常识;
2. 掌握视频广告文案的创作原则;
3. 掌握视频广告文字脚本的写作手法;
4. 掌握视频广告分镜头脚本的写作技巧。

**引导案例**

### 零度果坊"雨林"系列 NFC 果汁视频广告

广告标题:每一口都很热带雨林(图 8-1)。

视频文案:

探索地球的 4%。

雨林/阳光/物种/气候/生命力。紫/橙/粉/黄。活力/鲜美/御光/舒缓。

零度果坊雨林系列,1.5 亿平方公里的陆地上,只有 4%的热带雨林。

我们仍在探索——

**案例解析**

该广告巧妙地将人们对自然界植被、生物的想象转化为"自然"零度果坊"雨林"系列的认知,传达出 NFC 果实就是无限接近自然的方式,让客户得到紫、橙、粉、黄不同的珍稀果品带来"每一口都很热带雨林"的惊艳。

零度果坊"雨林"系列
NFC 果汁视频广告

图 8-1 "雨林"系列零度果坊视频广告

（来源：腾讯视频 https://v.qq.com/x/page/p0950aade6h.html）

## 第一节 视频广告文案概述

视频广告是指在包括电视在内的各类设备内进行的插播视频的模式，是动态媒介的一种。视频广告分为传统视频广告和移动视频广告两类。传统视频广告是在电视内的广告进行设置和投放，而移动视频广告分为传统贴片广告和 In-App 视频广告。

### 一、视频媒介的特点

创作视频媒介文案的原则与文案创作的通用原则相同，但是视频广告文案根据媒介的属性依然有其特点。

**（一）通过视觉来创造环境**

视听合一，综合运用文字、图像、色彩、音乐、旁白、声效等要素，最大限度地适应了人们在获取信息时的心理特点，充分调动人们获取信息的主要渠道。

**（二）信息丰富**

视频媒介充分调动和综合运用语言与非语言形式的传播符号，既有诉诸视觉的文字符号和诉诸听觉的语言符号,又可以广泛地使用图像符号,以视听结合的刺激充分调动人的各种感觉器官。图像的运动是视频广告媒体最大的优势,再加之运用现代的声、光、色、形技术、综合借鉴各种传统的艺术形式,融合多样的表现手段与表现技巧,尤其是计算机动画技术的使用,能将产品进行动态而直观的展示,使人感觉真实强烈,有着极强的诉求力、表现力和感染力。

### (三) 不易记忆

从信息传播的角度分析,视频媒体是一种时间的艺术。正常的一条视频广告只有 30 秒或 15 秒,在观众面前一瞬而过,稍纵即逝,难以再现和记忆。加之相对于其他媒体,观众在接收视频信息时客观上受到的干扰也比较多,记忆性较差,而且不易记录和保存。

### (四) 成本较高

视频制作的工艺过程复杂,涉及面广,需要较长的制作周期,因此远不如广播广告和报刊广告那样有较强的灵活性和可调控性。视频广告片又比一般的电影、电视节目的技术要求更高。国际上电视广告影片拍摄的耗片比一般是 100∶1,如为视频广告片专门作曲、演奏、配音等。电视广告的播放费用较高,国外电视台黄金时段的播出费用则更高。例如,美国的电视广告每 30 秒要 10 万~15 万美元,如果是一些特殊节目内的插播广告,其广告费用更高达一次几千万美元。

## 二、视频广告文案

视频广告文案有其特殊性。视频文案在创作时,要学会利用视觉、听觉、文字符号的互补性,有的信息传达不必利用文案这种文字信息表现,避免无效重复信息,当然作为广告,有意识的信息重复不在此列。由于动态媒体的时间单向性,广告要尽量简单、简短、简洁。其创作和前面各类媒介文案创作并无根本区别,如果文案以画外音出现,就需要注意文案的可听性,适合朗诵;如果文案是视频中人物的语言,就必须符合角色的身份,要避免与人物身份产生疏离感。需要特别注意,由于视频广告制作复杂,一般需要导演、摄像、道具、音乐、演员、后期等多工种合作。在文案创作上,需要明确其镜头语言,由于其类似电影剧本的创作,此类视频广告需要提供文字脚本或分镜头脚本。

### (一) 视频广告脚本

分镜头脚本同时也是摄影师进行拍摄、剪辑师进行后期制作的依据和蓝图,是演员和所有创作人员领会导演意图、理解广告内容、进行再创作的依据。对于文字脚本来说,只是将影视广告的文体形式和表现类型编写出来,它好比是设计图纸,不是具体拍摄的依据。而分镜头脚本像施工图一样,主要供摄制组使用。将整个广告创意用文字固定下来,作为编辑的依据,等待广告主签字后,可作为检查广告摄制效果的依据和法律凭证。

视频广告脚本包括既相连接,又各自独立的两种类型:一是文学脚本,二是分镜头脚本。文学脚本是分镜头脚本的基础,分镜头脚本是对文学脚本的分切与再创作;前者由文案撰写者(编剧)撰写,后者由导演完成。

### (二) 视频广告文案要求

视频广告文案不仅是视频广告的信息传达手段,也是视频广告形象得以形成、体现所必不可少的先决条件,因而它是视频广告的基础和生命。

**1. 视频广告文案的特点**

(1) 具象性、直观性。它总是以具体形象来传情达意,传递信息。

（2）运动性、现实性。摄影机具有客观地记录现实的作用和"物质现实的复原"功能,可以使观众产生一种身临其境的现实感。

（3）民族性、世界性。视频广告文案不仅具有鲜明的民族性特征,而且是一门世界性语言,可以成为各国人民交流思想、传递信息、沟通感情的工具。

### 2．视频广告文案的构成

主要由三部分要素构成：一是视觉部分,包括屏幕画面和字幕；二是听觉部分,包括有声语言、音乐和音响；三是文法句法——蒙太奇(镜头剪辑技巧)。

一般来说,视频广告听觉部分文案每秒不能超过2个字。如果在这么短的时间里还要严格区分正文、随文,势必将文案分割得支离破碎、杂乱无章。现在的很多视频广告都没有标题,有些正文也很简单,有的干脆将标题、随文都舍弃了。

单纯从文案上看,视频广告文案的表述是不完整的,但是,这也正是视频广告文案不同于其他广告文案的地方。它的主要特点在于,文案始终服务于看和听,人们在观看视频广告的时候,不可能完全专注于屏幕上的文案,也不会像广播广告的听众那样将注意力集中在听觉上,观众往往是边看边听。所以,视频广告文案的作者一定要注意观众"边看边听"的特点,使文案创作适应视频画面的需要。

## 三、视频广告文案的类型

### 1．故事式文案

用讲故事形式来表达商品与受众的关系,使受众产生共鸣。

**【案例8-1】**

**五粮春宣传广告音乐片《爱到春潮滚滚来》**

五粮春广告音乐片如图8-2所示。

一江春水情不尽,我梦绕魂牵；一夜春雨梦不休,你多情缠绵；一朝春幕万花开,我美丽无限；一日春风人心暖,你风情万千；一生情深似海,爱到春潮滚滚来,五粮春光灿烂,香醉人间三千年。

**案例解析**

通过该音乐片的形式讲述一个深情的爱情故事,传达五粮春饱含深情、历史悠久的品牌内涵,画面优美,歌曲动听。

### 2．生活式文案

用纪录片或叙事手法,这种形式的表现切入点不是商品,而是商品的使用者,有了这层关系后,让人觉得商品成为现实生活的一部分,大意中暗示它与消费者的关系是密不可分的。这种表现形式最注重场景的设计与商品在广告中出现的时机,不要让观众觉得是故意设计的。

通常这类广告表现的,大都是广告中的人物渴望好吃的食物、漂亮的衣服、方便的服务等,而且欲望是在不知不觉中流露,或是意外地从亲戚、朋友、邻居那里发现商品的好处。在采用这类广告手法时,运用大多和商品无关的画面,可能导致商品信息传递模糊。为了避免这一缺陷,整个广告片的结构应尽可能简单明了,每一个画面保持连贯,逐步让观众产生兴趣,最后让

图 8-2　五粮春形象宣传广告音乐片

观众看到意想不到的结果,而这个意想不到的结果必须与商品的外表、特性有关,直到最后才戏剧化地出现商品。

【案例 8-2】

## 贝尔电话公司

(傍晚,一对老夫妇正在进餐,电话铃响,老妇人去另一间房接电话,然后回到餐桌边。)

老先生:谁的电话?

老妇人:是女儿打来的。

老先生:有什么事?

老妇人:没有。

老先生:没事?几千里地打来电话?

老妇人:她说她爱我们。(老夫妇相对无言,激动不已。)

旁白:用电话传递你的爱吧!

**案例解析**

老年终究是一个人要到来的年龄,寂寞、孤单是少不了的,因为不再有活力。但是却通过一个简单的电话,一条细细的电线,传递出深深的温情,用这种每个人都可以深刻感受到的亲情主题,在引人思考和加强印象中巧妙地引出贝尔电话公司。无论多远,只要贝尔电话公司在,帮传递亲情,沟通你我的承诺,并且助推消费动机的实现。同时也渲染贝尔公司更具人情味,增加消费者的认可与偏好感。

### 3. 印证式文案

用知名人士或普通人士来引证商品的用途及好处,以达到有口皆碑的效果,但广告的技巧必须高明,否则受众会怀疑被访者言辞的可信度及真实性。用知名人士来介绍并推荐商品,利用他们的聚焦力和号召力,来影响目标受众的态度,刺激受众的购买欲。

### 4. 示范式文案

用比较或示范的手法,表现出商品过人之处或独特的优点。

这类广告示范了产品如何发挥作用。假如工业上卖的是 ABB 机器人,你的广告可以示范产品如何轻松地让机器人旋转、运营、操作、工作等。这类广告在比较两种不同产品时格外有效。你可以在左半边的荧屏让观众看到,一般的汽车蜡黏糊糊又没有光泽;右半边的荧屏则显示你的汽车蜡产品滑顺易抹、光泽闪亮,而且像鸭毛一样防水。

实地示范也可以创造不错的戏剧效果。一家公司的加氯器广告上有位女性坐在泳池边,旁白告诉你这家公司的加氯器使池水清澈见底。突然这位女性站起来,跳过水面,你才发现她其实在水池里,镜头是从水里拍的。这类广告是相当有说服力的销售利器,邮购广告商都知道鼓励观众拿起电话订购产品的最好方法,就是透过这类实地示范的广告。

### 5. 比喻式文案

用浅显易懂、人所共知的比喻,引出广告商品的主题。2019 年 10 月 12 日,阿布扎比的法拉利主题公园发布视频广告《寻找法拉利的感觉》,创意来自阿联酋麦肯。广告使用"并置比喻"的方式,把乘坐过山车的刺激感受与驾驶法拉利的刺激感受并置在一起。

### 6. 幽默式文案

用幽默风趣的语言或手法,含蓄地宣传商品的特征,使受众在轻松愉快的气氛中领会与接受广告信息。由于幽默本身就具有"戏眼",所以这一类型的视频广告无论长短,都能给消费者留下较为深刻的印象。

幽默广告一定要坚持一个原则,即为产品而幽默。也就是说广告创意人要在创作思想上明确:再幽默的故事都是为了凸显产品,幽默的素材可以从丰富多样的生活积累中来,但它们的取舍与编排都要紧紧围绕产品展开,只有这样,幽默才能有价值和意义。幽默的诉求可用不同的方式达到目的,常见的有喜剧演员表演的方式、比喻的方式,还有情节设置比较幽默等,视广告片的架构和商品的特性而定。

**【案例 8-3】**

**百度微电影广告**

这是一部古装喜剧:面对城墙上的一张悬赏文字告示,一个老外自以为知道,随后风流才子唐伯虎出现,连续三次通过精妙的文字断句,将老外身边的众多女子悉数吸引过来,最后一次甚至将老外的女友也一并夺去。

最后众人齐声欢呼:"百度更懂中文",在影片结束时还有5段精辟的文字,描述百度在中文断句上的技术优势及对中文的执着和热爱,如图8-3所示。

图 8-3  百度微电影广告

**案例解析**

这条片的策略非常明确,即为百度树立与 Google 的品牌差异化定位:百度更懂中文,利用幽默的形式传达意图,尽管没有直接出现对手的名字,但所有观看者都立即认为此片是在向 Google 挑战。中国营销传播网甚至称其为"中国第一条通过赤裸裸打击对手并为自己叫好的广告片。"

### 7. 悬念式文案

在广告中悬念的设计方式是在画面中展示一个超乎常理的情节。内容可以是一个不可思议的结果,或者是富有冲击力的场面。当消费者第一次看到这个广告,是不能够立马得出结论的。由此,让他们产生了想揭开答案的好奇心。这时,悬念就随之产生了。

悬念广告时间设置方面,节奏的把握也很重要。根据市场调查报告,消费者的好奇心在看到该事物3~5次的频率时会达到一个注意力临界点。也就是说,悬念广告不能无限制地悬而不决,应该有一个最佳时间。时间太长,消费者会失去耐心;时间太短,不能激发消费者的好奇心,达不到广告的宣传效果。

8. 解决问题式

将一个难题夸张,然后将商品介绍出来,提供解决难题的答案。解决问题型的广告,是用得最广泛的一种,也是影视广告表现形式中较容易被观众接受的一种。此类广告以突出商品的实用性能和使用效果为特征。从广告的表达方式上看,表现或强调产品的功能实效比其他艺术手法更直接,也更有说服力。

根据奥格威的研究结果,先提出问题然后再解决问题的广告比其他广告有效 4 倍。这种方式看似平凡通俗,若在富有创作力的人员手中,把问题戏剧化将更加有助于销售。这种类型一定要把解决困难的产品的质量、功能明确地提出来,并使观众口服心服。

【案例 8-4】

知乎 2019 年全新品牌片《我们都是有问题的人》

画外音文案:

没有谁的一天会过得毫无问题,我们问自己、问别人。正是这些问题,让每件事变得有意思。因为问题,我们发现潜藏的乐趣、找到心中的热爱,看清真实的自己和更多可能的自己,也看清表面之下的世界。你也是有问题的人吗?懂得很多,也有很多不懂。用问题刷新世界,再用回答刷新世界观。当我们走到一起,分享彼此的知识、经验和见解,问题就不再是问题。我们都是有问题的人。有问题,上知乎。

画面文案:

人类有没有可能是被设计出来的?(图 8-4)不然为何有人脚踩淤泥、指摘星辰,有人风月不沾、春秋无关。

图 8-4 画面文案(1)

婚纱必须是白色的吗?(图 8-5)倘若喜欢,便没有什么事能够如此绝对。因为爱与创造绵延翻涌,又生生不息。

为什么那么多人开车回家还要在车里坐好久?如果有一方空间能寄存你片刻的难熬,希望这个瞬间没有压力周旋,我是我,你是你。

图 8-5　画面文案(2)

猫知道自己是猫吗？怎么跟 HR 谈薪资？如何在三次元世界中活出二次元的感觉？（图 8-6）

……

图 8-6　画面文案(3)

无意间，我们成了如上问题的创造者，又"席卷"更多人成为它们的解决者。我们时常好奇，又饱含求知欲。我们隔行业也隔山海，交集是思考与热爱。

于是数以亿计的"我们"在知乎"驻扎"，用专业的积淀，用有趣或平凡的字句，提出多元的问题，也收获跨越时间维度的回答。

我们在知乎分享彼此的知识、经验与见解，尝试一切信息承载与传递的形式。有云淡风轻地描绘，也难免血脉喷张地辩驳；有基于事实的理性，又海涵娓娓道来的感慨。

我们在熙熙攘攘中跌跌撞撞，把萎靡、疑云、局促、无意义都放逐，用问题刷新世界、用回答刷新世界观，我们是有问题的"新知青年"。

**案例解析**

知乎 2019 年全新品牌片《我们都是有问题的人》，以发问的形式和有吸引力的问题，以探究世界多样的态度，传达知乎的品牌理念。

9. 特殊效果式

在音响、画面、镜头等方面加上特殊效果,营造气氛,使受众在视觉方面产生新刺激,留下难忘的印象。

## 第二节 视频广告文案的创作原则

### 一、视频广告文案创作原则

视频广告独具的蒙太奇思维和影视语言决定了视频广告文案(脚本)的写作既要遵循广告文案写作的一般规律,又必须掌握视频广告脚本创作的特殊规律。具体要求有以下几点。

1. 确定广告主题

视频广告文案的写作,必须首先分析研究相关资料,明确广告定位,确定广告主题。在主题的统帅下,构思广告形象,确定表现形式和技巧。

2. 考虑时间的限制

按镜头段落为序,运用语言文案描绘出一个个广告画面,必须时时考虑时间的限制。因为视频广告是以秒为计算单位的,每个画面的叙述都要有时间概念。镜头不能太多,必须在有限的时间内,传播出所要传达的内容。

3. 声音与画面的和谐

在广告文案撰写中要注意声音和画面的完美结合。如果两者各行其道、相互游离,观众就不知道是应该看画面还是听声音,就会在烦乱中失去兴趣。另外,如果声音和画面自始自终相互说明,使观众重复地得到同样的信息,视频广告就会显得单调乏味。

在开始写作文案前,创意小组应该形成作品的完整构思,确定视频广告总体的表现形式、画面表现、画面顺序,确定画外音、人物语言、屏幕文字或者广告歌出现的位置,并画出简单的故事版草图。这样,写作文案时就能够在头脑中反映出活动的、连续的画面,对文案与画面配合有直观的感觉。

视频广告文案创作讲究声画互补,声画互补的具体内涵体现在声画两种因素相互补充,相互强化,以获取更优异的广告效果。声音可以强化、点名画面的意义,画面则对声音直观性较弱的一面予以补充或铺垫,二者应该处于一种相互作用、相得益彰的和谐关系中。声画互补不限于画外音与视觉画面,而且还大量表现在音响、音乐等与画面的相互作用、相互强化,其对于视频广告效果的提高,也有着不可忽视的重要意义。因此,既要充分发挥每一个手段的表现力,又要使各表现手段之间默契合作与有机配合。声音体现在视频广告文本中就是其中的人物对白、解说、画外音等文案部分。所以声画互补的关系体现在文字中就是文案与画面的关系,这就要求遵循以下几条原则。

(1) 文案与画面互补。视频画面的表现力远远强于平面印刷的图形。视频广告中的动态画面长于写实地表现形象、场景、过程,写意地营造风格和氛围;文案则长于传达画面无法直接表现出的信息、描述无法具象化的情感和观念,必要时还可以对画面进行解释或补充说明,以使画面的内涵更为明确。写作文案时,应注意文案与画面在功能上的互补,画面传达不明确之处,就由文案来传达,以免观众不知所云;画面已经明确表达出来的东西,文案就不要再做更多解释,以免画蛇添足。

(2) 以文案传达最重要的信息。画面可以做直观表现，但准确传达具体信息的能力不如语言文字。视频广告中最重要的信息，还应该由文案来明确表达。文案要以很少的文字，将重要信息符合逻辑地组织起来。

(3) 文案与画面进程一致。文案中信息的展开应该与画面进程保持同步，画外音、人物语言、字幕的含义要与画面所表达的含义相一致。画面说此而文案言彼，画面已经进展到下一步，文案却没有将画面内容说出来，都会影响画面与文案的协调。

(4) 文案尽量少而精。观众是边听边看，不可能非常专注地阅读长字幕，也不可能像听广播那样将注意力集中于较长久的人物对话，而且视频广告在短短的 15 秒或 30 秒内要转换多个画面，也不允许过长的字幕或者一个画面内过长的对话。所以视频广告文案中的字幕和人物语言应该尽量少而精。使用画外音传达的文案可以长于使用字幕和人物语言的文案，但也应该与画面节奏保持一致，不能显得匆匆忙忙。至于多长的文案才算适当，需要文案人员在头脑中模拟文案与画面配合，看能否在 15 秒或 30 秒内以实际表现要求的节奏完成。

### 4. 运用蒙太奇思维

蒙太奇是法文 montage 的音译，原系建筑学术语，本义为构成、装配。苏联电影界首先将其借用到电影方面，意为电影（包括后来的视频）镜头的剪辑和组接。但蒙太奇又不是剪辑。剪辑只是把镜头素材中的冗长、拖沓的部分剪掉，使影片更加集中，有强烈的戏剧效果；蒙太奇是一种美学原则，它贯穿在从编导的艺术构思到摄影、录音、剪辑等整个制片过程中，并且通过剪辑使上下镜头之间产生新的关系和意义。

影视广告文案利用蒙太奇视频结构手段，在镜头与镜头之间建立起新的意义和象征关系，表达单个镜头所没有或不够鲜明的情绪或观念。尽管前后分镜头的跳跃比较大，但观众能凭借自己的经验和思维自行连接镜头，并体会广告画面所表达的含义。

### 5. 影视语言的应用

视频广告文案写作除了撰写文案，更要注意各种要素的整体协调。德国著名广告人玄特纳认为，"视频广告创作员不是图像画家和文案写手，而是以影片为其工作重点的广告传播专家。他们的任务不是撰写影像过程，而是给某一主题寻找有能力应付广告交流的影片创意。"

文案写作人员的工作并不是有了创意就万事大吉，那只是一个漫长过程的开始，而是整个视频广告的制作过程一直参与。例如，选择演员、布景、调光、剪辑、配乐等环节，虽然琐碎，却直接关系到创意的实现程度。一个出色的创意常常会毁在制作过程中的一个小小环节。从这个角度来说，为视频广告撰写广告词的人必须了解视频媒体。他必须知道这一媒体具有多大的表现空间，能够做什么，怎样去做。具体来说，他必须懂得视听语言，必须了解镜头的运动方式、场景的转换、景别的运用等。这也就意味着影视广告文案应着重解决抽象语向具象语的转化、其他形象向视觉形象的转化，运用蒙太奇手法，处理好画面的运动感和节奏感。

### 6. 关注语言表达技法

视频广告开始时的第一句话或第一条字幕具有标题的性质，往往是由此提出问题或突出最重要的信息。广告中的人物对话要符合角色自身的特点。同样，结尾的口号是总结全片内容的画龙点睛之笔，要有回味的余地，千万不能虎头蛇尾。因此，视频广告文案虽然字数不多，但要反复推敲。

### 7. 用感性诉求方式

人类是感情丰富的族群，人与人、人与集体因沟通和相互依存的关系而产生了复杂多样的感情：爱国情、思乡情、亲情、友情、爱情——若能捕捉生活中的情感亮点，以细腻动人的情感线串联故事,定能引起观众的共鸣,并产生良好的社会反响。视频广告文案的写作,应充分运用感性诉求方式,调动受众的参与意识,引导受众产生正面的心理共鸣。

为达到此目的,脚本必须写得生动、形象,以情感人,具有艺术感染力,这是视频广告成功的基础和关键。第四届全国广告展的影视广告作品孔府家酒(想家篇)就是通过海外华人回国与家人共饮的情节很好地树立"孔府家酒让人想家"的品牌形象;第五届全国广告展广告金奖作品"百年润发",同样以故事取胜,它通过男女主人分分合合的恋情表达出"青丝秀发,缘系百年"爱情永恒的主题。

【案例 8-5】

### 百年润发电视广告

周润发代言的百年润发洗发水广告如图 8-7 所示。

图 8-7　周润发代言洗发水电视广告

缘来缘不散,如同青丝万缕,没有完结!

**案例解析**

怀着那份真情回到故处,找寻曾经的相聚,"如果说人生的离合像一场戏,那么,百年的缘分更是早有安排",道尽了人们对美好事物的向往! 这则广告将意境与情感、商业与文化、品牌与明星完美融合,堪称经典! 百年润发把奥妮 1997 年的销售收入推到了 8.6 亿元,市场占有率提升至 12.5%。

#### 8. 关注观众的兴趣

在进行视频广告文案的创作时,要把自己想象为目标受众,要充分考虑到受众的兴趣所在,考虑广告是否可以在脑海里留下深刻的印象,是否将广告用通俗易懂的语言表述出来,是否使用了过于专业的术语和冗长的语句。而要达到满意的效果,可以在广告中采用设置悬念、营造意境、利用对比等手法达到宣传效果。只有运用创造性的思维去创造新的表现手法,才能推陈出新，夺人眼球。当然，无论哪种新的表现手法，都必须符合广告产品的特点，符合媒体的传播特点。

针对视频广告不同的观众层面，要选用不同的画面语言。如果这条广告是做给农村消费者看的，广告要直接向他们诉求，不能转弯抹角，不能让他们费尽心思地去理解广告的文化内涵。

### 9. 主题必须十分鲜明突出

视频广告要在几十秒钟内表现一种诉求或传达思想、主题，不能出现旁枝末节。每一个画面的展现、人物的每句台词、画面中物体的运动，都是主题这株"树"上活生生的"枝叶"，绝不能出现多余的东西，更不能出现与主题背道而驰的东西。

### 10. 重视视频广告解说词的构思与设计

视频广告解说词的构思与设计，将决定视频广告的成败。关于视频广告解说词的构思与设计，后面会专门提到。

## 二、常规时段对应的文案表现原则

目前，视频广告片的各种常规时段有5秒、10秒、15秒、30秒、60秒等。我们在选择视频广告文案的表现形式时，不仅要依据广告策略、广告信息内容、广告目标受众等情况，而且还要与时段的选择产生对应。

### （一）5秒时段

通常情况下，5秒时段的视频广告片，其目的通常是为了加深受众对广告信息的印象，强化受众对广告主体特定形象的记忆。因此，一般采用瞬间印象体的表现形式，以一闪而过，但具有某种冲击力的画面，与简洁凝练的广告语相结合，来表现企业形象或品牌个性。如"孔府家酒，叫人想家""人头马一开，好事自然来""一呼天下应"等。

### （二）10秒和15秒时段

10秒和15秒时段的视频广告片，其广告目的是要在短时间内，对广告信息做单一的、富有特色的传播，突出企业形象或品牌个性或独具的"卖点"。因此，适合采用名人推荐体、新闻体以及简单的生活情景体等表现形式。

### （三）30秒时段

30秒时段的视频广告片，可以从多角度表现消费品的功能、利益点。适于采用名人推荐体、消费者证言体、示范比较体、生活情景体以及简短的广告歌曲形式等。

### （四）60秒时段

60秒时段的视频广告片，可以表现更丰富的广告内容；可以采用广告歌曲体、生活情景体、消费者证言体、示范比较体等较为完整的表现形式。

## 三、视频广告解说语的写作原则

广告解说语的种类包括画外音、人物独白、人物之间的对话、字幕和广告歌等。

画外音是指在画面场景中看不到声源的声音，常用来表现广告中人物的内心独白和不出自广告中人物之口的客观陈述。

人物语言包括视频广告中人物的对话和人物面向观众的发言。

字幕是指视频画面上叠印的文字。字幕可以用来突出画外音、人物语言、广告歌中需要观众特别关注的信息，也可以说明画面场景发生的时间、地点、画面上人物的身份，或者对画面做补充说明。如果需要以"无声"来制造特殊效果,文案可以只以字母来表现。字幕应该力求简洁醒目,不能出现过多,以免将视听广告变成阅读广告。

广告歌是一种特殊形式,可以用画外音,也可以出自片中人物之口。

画外音、人物语言、字幕、广告歌各有其不同的适用性。对产品的客观评述性,如果直接通过画面中的人物之口说出,会显得生硬、刻板;人物内心独白性的语言直接作为人物语言出现,也会令观众感觉极不自然;字幕往往需要人声的配合,以更加生动;广告歌则常常需要字幕的配合,以免观众听不清楚。

视频广告可以视需要选择以上任何一种方式作为表现文案的主要方式,也可以综合运用多种方式。写作文案时应该熟悉广告的总体构思,明确创意和表现的具体要求。具体写作原则如下。

### (一)写好人物独白和对话

它的重要特征是偏重于"说",要求生活化、朴素、自然、流畅,体现口头语言的特征。如李丁代言的哈药六厂的高钙片的广告独白:"这人要上了年纪,就容易缺钙,过去,我一直补钙,可是一天三遍地吃,麻烦,现在呀,有了新钙中钙高钙片,它含钙高,一片顶过去五片儿,方便,你看我,一口气儿上五楼,不费劲儿,高钙片,水果味,一天一片,效果不错还实惠。"

### (二)选择恰当的旁白或画外音解说

旁白和画外音解说可以是娓娓道来的叙说,或者抒情味较浓重的朗诵形式,也可以是逻辑严密、夹叙夹议的论述。

**【案例8-6】**

中华汽车电视广告文案

(一)

如果你问我,这世界上最重要的一部车是什么?那绝不是你在路上能看到的。

30年前,我5岁,那一夜,我发高烧,村里没有医院。爸爸背着我,走过山,越过水,从村里到医院。爸爸的汗水,湿遍了整个肩膀。我觉得,这世界上最重要的一部车是——爸爸的肩膀。

今天,我买了一部车,我第一个想说的是:"阿爸,我载你来走走,好吗?"

广告语:中华汽车,永远向爸爸的肩膀靠齐。

(二)

印象中,爸爸的车子很多,大概七八十部吧。我爸爸没什么钱,他常说:"买不起车,只好买假的。我这辈子只能玩这种车啰!"

经过多年努力,我告诉爸爸,从今天起,我们玩真的。爸爸看到车后,还是一样东摸摸、西摸摸,他居然对我说:"我这辈子只能玩假的,你却买真的!"

爸,你养我这么多年不是假的,我一直想给你最真的。

广告语:中华汽车,真情上路。

**案例解析**

这则广告是一位成功的男士在回忆小时候父亲对自己的关爱。男子娓娓道来,讲述父亲对自己的爱,语言朴实、真切,父亲的肩膀给我们依靠,给我们力量,让我们觉得很踏实、很温暖。"中华汽车永远向父亲的肩膀看齐",强调中华汽车要制造像父亲肩膀那样安全可靠的汽车,让消费者放心,更体现企业对消费者的人文关怀。

## (三) 以字幕形式出现的广告词要有美感

视频广告中的字幕要体现书面语言和文学语言的特征,并符合画面构图的美学原则,具备简洁、均衡、对仗、工整的特征。在视频广告中,字幕起十分重要的作用:呈现产品的品牌并逐步强化,这是视频广告中常用的手法;标明生产厂家和联系方式、地址;在广告片中需要重点强调的地方,及时地打出字幕;参与画面的构图,而这恰恰是一直以来视频广告所忽略的。

## (四) 广告语要出彩

视频广告中,广告语的作用举足轻重,它不仅可以概括和凸显广告主题,更因为它往往配合企业标志在最后时出现,故最有助于观众记忆。但要吸引观众注意并产生兴趣,进而打动他们,广告语就一定要出彩。

### 1. 围绕创意,紧扣主题

广告语要明确表达广告主题,与广告的主诉求点一脉相承,是对广告主题的强调和升华。只有在这个前提下创作的广告语才是自然的、熨帖的。

【案例 8-7】

戴比尔斯钻石:钻石恒久远,一颗永流传

**案例解析**

事实证明,经典的广告语总是丰富的内涵和优美的语句的结合体,戴比尔斯钻石的这句广告语,不仅道出了钻石的真正价值,而且也从另一个层面把爱情的价值提升到足够的高度,使人们很容易把钻石与爱情联系起来,这的确是最美妙的感觉。

### 2. 简洁凝练,易于口头表达

广告语要尽量简洁、明朗,易于口头表达。既然是口号,当然要具有煽动性,简洁干练,明朗直接,易懂易记,是基本的要求。当然,简洁不是简单,直接也不一定是直露,好的广告语就是用最普通的话道出不平凡的道理,看似浅白,却意义深远,耐人寻味。

【案例 8-8】

山叶钢琴广告语:学琴的孩子不会变坏

**案例解析**

这则广告是中国台湾地区有名的广告语,它抓住父母的心态,采用攻心策略,不讲钢琴的优点,而是从学钢琴有利于孩子身心成长的角度,吸引孩子父母。这一点的确很有效,父母十分认同山叶的观点,于是购买山叶钢琴就是下一步的事情了。

# 第三节 视频广告脚本撰写

视频广告脚本,是创意的书面表现形式,是对广告创意、创作意图的文字描述。在文案写作中,必须遵循广告所要表现的主题内容。

同其他广告文稿一样,视频广告脚本由内容和形式这两方面的要素构成。视频广告脚本的内容,就是广告创作者(编剧)按照广告主的意图所要传达的商品、服务或企业信息,以及创作者对这些信息的认识、评价或主观意念。它是主客观的统一。因此,视频广告文案服务于影像的创作,是影像起点,它直接决定了整个影视方案的思想和最初的基调。很多人都认为文案就是写句子、写文章,视频文案实际上是在写画面。

在创作的每个阶段,影视文案要扮演的角色都不一样,在创作初期需要确立整部影片的核心思想,就是影片传达的策略方向,在细化方案撰写脚本的过程中,又需要扮演美术、摄影、剪辑、制片的角色,去保证内容的完整性和可执行性。

视频广告脚本主要有两个方面的功能:一是面对客户阐述创意剧本文案并取得客户认同,二是剧本文案可作为美术指导、导演、制片、摄影等制作人员实施拍摄的计划。另外,它也是制作人员将广告从文字剧本概念转化为视觉形象的一个依据。

视频广告脚本分为创意说明、文字脚本、分镜头脚本、故事版四类。

## 一、创意说明

创意说明是创意思维的感觉架构,是对商品的概念认知,它是视频广告文案必有的文字附件。广告创作人员要向客户说明自己的创意思想,单凭一纸文案和一份故事画板是不够的。撰写创意说明是对创意进行的自我论证,是一种自觉的工作规范。

创意说明具体有三个要点值得注意:广告定位说明,阐述所提出的广告口号理念的理由和怎样体现广告的主题;广告形式说明,指出广告形式的特点和运用的理由;广告形态效果说明,依据预测,有层次地分析广告发布将给消费者产生什么样的影响。

## 二、文字脚本的写作方法

文字脚本是指以文字描述广告的场景、画面动作、对白、音效等,起到与客户沟通和表现剧情的作用。

视频广告文字脚本的写作格式常用对应式脚本格式,其主要有两种格式。

(1) 上下对应式脚本:画面与解说词按镜头顺序分段交替叙述,每一画面表述之后是该画面的解说词叙述。

```
画面:
解说词:
画面:
解说词:
```

(2) 左、右对应式脚本:稿本有左(画面)、右(解说词)对应。

| 画面 | 解说词 |
| --- | --- |
|  |  |
|  |  |

对应式脚本虽然表述格式不同,但其构成要素却是一样的,即画面与解说词。对应式脚本不仅指定了画面内容及其视觉形象效果的表现方法,而且对应画面编写出了解说的内容,可以

口读。对应式脚本与一般文章表现有所不同,它最明显的特点就是书面文字视频化——画面的文字具有视觉形象和可拍性,解说词的文字具有口语特点。对应式脚本是从视频表现的最基本构成要素出发去结构化整体内容的。

文字脚本包括画面和解说词。写作时应首先明确广告定位与广告主题,然后构思广告形象,确定广告的表现形式和技巧,最后按镜头顺序,运用语言文字描绘广告画面,写出解说词。

文字脚本要求在开头的几句就要抓住观众的注意力,然后逐步展开,正文内容具有对商品的描述和对消费者进行诱导,从而产生预期的广告宣传效果。文学脚本应包含必须体现的信息、设想、冲击力才能引发观众兴趣,使其产生购买冲动。在写作时,要善于运用蒙太奇思维,用画面镜头进行叙事,每个画面要有时间概念。例如一则 30 秒的影视广告,画面一般不超过二十个。文学脚本的前面或后面可加上"创意说明"或"创意概要"加以提示。文学脚本写完后,必须征得广告主同意才能投入摄制。为了争取客户,文字必须写得生动、形象,具有艺术感染力,这样才能打动客户,争取摄制权。

一般而言,脚本的文体可以分为诗歌、故事、相声、动画等多种文体。

以说故事的形式传递商品信息或劳务信息,它有人物,有人物的对话,有简单的情节,有动作和细节描写。例如下面的一则"磺胺"视频广告文稿。

【案例 8-9】

《杜邦化学宝库》文学脚本

(镜头渐显。)

1. 中长距离拍摄:一扇坚固的橡木大门,摄影机移近后,大门自行开启,相机把我们的视线引入大门。这里是杜邦公司的标本室。我们看到一排排各种形态的瓶瓶罐罐。不同明度的光能照射在瓶子上面造成一种戏剧性的效果。这时摄影机推向一个标本台。

(音乐减弱。)

解说员:这是个了不起的屋子,简称"标本室"一位于杜邦化学公司的杰克逊实验室里。这里贮放着大量的化学药品。这些药品用毕之后都存放在这里。但经验表明,终有一天还将启用它们——也许是为人类谋取惊人的福利。

(音乐减弱。)

(镜头移向一个药瓶上的标签,上面清楚地写着"亚氨基苯——磺胺"。)

解说员:(继续)现在让我们对一件药品做个单独的介绍。——就是这个。

(音乐由强变弱。)(溶入。)

2. 约翰·霍普金斯医院里的佩林·H.郎格医生正在自己的办公室里(显然是一间医生办公室)通过电话向自己的秘书做指示。

解说员:这是 1936 年的约翰·霍普金斯医院的佩林·H.郎格医生的办公室里开始的。

郎格医生:(对着话筒谈话。)好了,谢谢你,鲍伯(挂上电话,转向自己的秘书)。

噢,刚才说到哪了?

秘书:(一面照读刚才听写下的笔记。)

德拉瓦·威明敦·杜邦公司:

亲爱的先生们,我们用点亚氨基苯磺胺,对白鼠的溶血性链球菌感染进行实验研究⋯⋯

(抬头看看郎格医生。)

您刚才就说到这儿,郎格医生。

(镜头移近郎格医生。)

郎格医生:好了,我们有证明表明:这种药对于治疗人体的这种疾病,可能也有价值。你们手头有这种药吗?

3. 实验室助理员正在翻阅档案。

(溶入。)

解说员:在杜邦公司里,人们正在寻找这种化学药品。在一张写着1929年的卡片上……

(实验室助理员抽出卡片之后,笑了。)

音乐:(稍微扬起后又减弱了。)

解说员:(继续)这种药品最初是研究用作染料的,后来发现别的染料更好……

4. 插入:固定的拍摄药品架,一只手从架子上拿起了磺胺药瓶,离开了背景。

解说员:自那时起,这种药品还没有派过其他用场,一直贮存到今天才拿给了朗格医生。

(音乐开始减弱)

5. 近距离拍摄郎格医生,还有另一个人在查看图表。背景是个典型的生物实验室。那个人停止观察图表,若有所思地拿起了一只空罐。

解说员:对白鼠链球菌感染的实验结果非常成功。郎格医生决定扩大到人体实验。可惜,杜邦公司送来的全部药品都已用完。他正在打电话要求再送一些药品……

6. 实验室助理员和另一个人——一位杜邦公司负责人正在办公室里。

实验室助理员:对不起,标本室里边一克药也没有了。

负责人:可是郎格医生还要一磅的药,所以咱们得替他想想办法。

实验室助理员:(表示不同意。)可这样一来咱们就得停止其他工作了……

负责人:是的……可这是救人性命的大事啊。咱们还是满足他的安排吧,怎么样?

(音乐戏剧性地奏起。)

(缓慢溶入。)

7. 郎格医生正和另一位医生在自己的办公室里观看医学图表。

郎格医生:(激动地)效果简直是惊人的!它在治疗腹膜炎、血液中毒、猩红热和耳溃疡方面简直是创造了奇迹。

(把图表交给了另一位医生。)

(那个医生也望着图表点了点头。)

(音乐奏起又减弱。)

解说员:这一新发现的奇妙药品,能够对折磨人类多年的感染性疾病发动攻击并将其消灭。

(溶入。)

8. 标本室内,摄影机固定拍摄架上的一只药瓶,瓶里装的是磺胺。

解说员:如今你知道这种药品的简称。

(抹掉后再现瓶上的标签。)

9. 只有两个字,就是"磺胺"。

解说员:磺胺!

(音乐起伏。)

10. 从"磺胺"这个字开始,摄影机从药瓶摄离,并向后撤出屋子。

解说员:磺胺的制造业终于由医药公司接收。然而,这件事再次表明了杜邦公司保护其研究成果这一决策的长远威力。

（标本室的门慢慢关闭。）

解说员：（继续）因为，谁能说今天封存起来的东西，明天不会发生不可预料的功效呢？

11. 椭圆形的杜邦公司标记。

解说员：通过化学，为创造美好的生活而产生美好的东西。（音乐达到高潮。）

有人物、有情节、有动作和细节描写，颇具剧本的特色，将"磺胺"这种单调的商品写得生动活泼、栩栩如生，使人们对其产生了深刻、美好的印象。

## 三、分镜头脚本的写作方法

视频广告构成的基本元素是画面、声音和文字。在具体摄像之前，总得有一个文字的脚本将画面需要表现的语言、声音表现的语言、文字表现的语言统一在一起，包括这几种语言的统一体如何在同一时刻出现，为视频广告的主题所要表现的诉求语言服务。要将画面、声音、文字这三种不同的艺术语言融合在一起，只有分镜头脚本才能承担此重任。分镜头脚本是将文字描述进行视觉化，以便向客户提案和向制作人员提供参考。

视频广告分镜头脚本的表现形式，总体来说与一般的视频片大体一致。其不同点在于要用文字把所要表现的画面详尽地表达清楚，使摄像、制作人员能准确地用镜头把画面语言尽可能完美地创作出来。

### 1. 前三秒是关键

视频广告要在短短的几十秒钟内，把诸多信息表达出来，确实颇费心血。写作分镜头剧本，画面、声音、文字三条线平行发展，让摄像及后期制作人员在体会表现画面和音响的文字及语言配音文字中，发挥他们的创造性劳动，制作出能表现广告诉求主题的、优美的视频广告片。

### 2. 突出产品而不是人物

相比那些无生命的产品来说，人们更愿意观看别人；尤其是使用名人或其他有魅力的人时，一定要使他们的表演有所节制，以免抢了产品的风头。要经常使用特写镜头，尽可能多地展示产品，尤其在广告结尾更是这样。

### 3. 尽力表现关键动作

每一则视频广告都应该有一个核心画面，这个画面类似于报刊广告中的图案，涵盖了有关产品或服务的核心信息。每一种产品或服务的展示也会有关键动作。例如，表现一种糖果如何好吃的视频广告，其关键动作可能就是把糖果从女孩口中抢出来。

### 4. 确保广告要有生动的视觉变化

如果连续画面在构图上没有变化，观众就会觉得单调。具体来说，可以在全景、中景、近景、特写之间，长镜头和短镜头之间进行切换，也可以使拍摄的视角和场景有适当地变化，或者也可以使用动画和计算机绘图。但要注意，这些只不过是一种技术而不能算是创意。

### 5. 注意制作环节加分的地方

影视广告分镜头脚本是在文学脚本的基础上利用蒙太奇思维和蒙太奇技巧进行脚本再创作，是导演对文学脚本所描述的广告内容，按拍摄要求进行镜头分切的文字说明。它是摄影师进行拍摄，剪辑师进行后期制作的依据和蓝图，也是演员和所有创作人员领会导演意图、理解广告内容、进行再创作的依据。

对于文字脚本来说,只是将影视广告的文体形式和表现类型都编写出来,它好比是设计图纸,不是具体拍摄的依据。而分镜头脚本如同施工图一样,它主要是为摄制组使用的;并且还可以将整个广告创意用文字固定下来作为编辑的依据,与广告主签字后,可作为检查广告设置效果的依据和法律凭证。分镜头脚本构成格式包括镜头序号、镜头运动、景别、镜头时间、画面内容、演员调度、场景设计、台词、解说词、广告口号、音乐、音响等。

分镜头脚本的格式如下。

| 镜号 | 机号 | 技巧 | 景别 | 镜长 | 画面 | 解说词 | 音乐 | 音响 | 备注 |
|------|------|------|------|------|------|--------|------|------|------|
|      |      |      |      |      |      |        |      |      |      |

镜号——镜头顺序号,按组成视频广告的镜头先后顺序,用数字标出。
机号——两台以上摄影机拍摄时,给摄像机的编号。
技巧——摄像机拍摄时,镜头的运动技巧。
景别——有远景、全景、中景、近景、特写等。
镜长——镜头画面时间,以秒为标记。
画面——用文字描述的具体画面内容。
解说词——与画面密切配合的、对应的一组镜头的解说。
音乐——著名音乐的内容以及起止的位置。
音响——在相应的镜头标明使用的效果声。
备注——方便导演记事以及记录拍摄时的特殊要求。

编写分镜头脚本时,镜头的长度要尽可能考虑时间因素,要在规定的短时间内充分表达广告信息内容。考虑镜头组接技巧要合乎逻辑,紧凑而有节奏感。解说与画面的配合要贴切和谐、恰如其分。音乐的配置要能充分渲染广告的艺术氛围。

【案例 8-10】

### 山西汾酒视频广告分镜头脚本之古文篇

| 镜号 | 景别 | 技巧 | 画面内容 | 字幕 | 效果 | 音效 | 时间 |
|------|------|------|----------|------|------|------|------|
| 1 | 中景—近景 |  | 黑场,画面渐亮。<br>清清的山泉水,轻快的流过(多画面切换)<br>画面虚化叠出"酒"的偏旁——<br>画面右下角出现山西汾酒的角标。 | 水,育载千古! | 通过水的透明质感、生机无限的绿色植物突出了杏花村得天独厚的酿酒环境。 | 采用大自然的音效 | 10s |

续表

| 镜号 | 景别 | 技巧 | 画面内容 | 字幕 | 效果 | 音效 | 时间 |
|---|---|---|---|---|---|---|---|
| 2 | 中景——近景 | 画面淡出光线渐渐暗下 | 镜头跟随光线的变化转场到酿酒房,(空景)已酿好的酒顺着引流细管处滴下。再次转场至酒窖里一排排用来存放酒的大缸,利用不同光线投影来表现不同的历史镜头。如织布机前织布的女子、战争的短兵相接等场景。画面虚化叠出"酒"字的另一个组成部分——画面右下角出现山西汾酒的角标。 | 酿,精于工艺! | 利用土黄色的暗色调以及不同光线投影出的不同历史场景,表现出深远的酒文化。暗示出汾酒在品质上经过了千锤百炼。 | 悠扬的古琴 | 10s |
| 3 | 近景——特写 | 画面淡出光线渐渐转为微亮 | 古时饮酒用的角杯在月光下微露银光,画面虚化叠出"酌"字的说文字体——画面右下角出现山西汾酒的角标。 | 酌,珍品奇酝 | 突出意境的悠远。将中国千百年来的饮酒文化底蕴提升到了一个新的层次——一种潜在的心理活动,一种自我陶醉。 | 铿锵有力的古曲 | 5s |
| 4 | 近景 | | 画面出现山西杏花村的水墨画。吹箫的牧童逐渐淡去。画面右下角出现山西汾酒的瓶子以及标志。画面白闪,出现山西汾酒的大标志。 | 寻,悠然出尘 | 画龙点睛之笔,凸显出杏花村与酒的历史渊源,与主题相呼应。 | 悠扬的古琴乐 | 5s |

**案例解析**

该广告采用了中国古文字的象形意,凸显出中国酒文化的源远流长,通过不同字体的虚化叠化出各种有关酒文化的场景:如清清的泉水、酒窖里的酿酒大缸突出酿酒工序的考究,并通过不同的光效以及虚化背景表现出山西汾酒历经时间的打磨沉淀出的优良品质。

在设计广告脚本时,设计者以说文——"汾、酒、酌"的字体演变作为贯穿整部广告片的主线,通过水的透明质感、生机无限的绿色植物突出了杏花村得天独厚的酿酒环境,利用土黄色的暗色调表现出深远的文化熏陶。背景音乐的选择上选用大气的古曲为主,主要选择古琴、琵琶等古典乐器。从音乐的角度烘托出酒文化的厚重感。

## 四、故事版的创作原则

故事版也称为故事画纲或画面脚本,是为能充分反映创意,使文学形象能转化为生动的视觉形象。在制作广告片时,需要美工人员以画面的形式将脚本视觉化、形象化,直观表白剧本内容,也就是广告创意效果图。它是影视广告过程中由策划创意阶段向实际拍摄制作阶段过渡的关键性环节。

故事版设计绘制的要点:设计并画好镜头最初5秒的画面是非常关键的,要画好心中的画面。在一则故事画板中,必须有两幅突出广告主题的中心画面,让人一看便知广告片的核心。

广告片的时间是以秒来计算的,镜头间的时间长度"秒"的分布是很重要的。解说词和音乐配音要体现节奏切入,突出画面的视觉连续性。对镜头的挑选和组合从开始到中间再到结尾,直达预期的信息目标。视频广告剧本故事版一般应包含如下内容:客户名称、产品名称、广告时间(长度)、画面和声音的说明、镜头之间的组接方式、拍摄方法、创意提示、色调运用等。

### (一)故事版的格式

在16开纸上纵向排列3个画格,画格为4:3(视频机屏),左右留出空间作为画面与声音的注解。

在4开纸上分布15格6cm×8cm的画面。画面下方留出文字标注及画面的简要说明。广告公司常以这种图文并茂的形式向客户提案。

在一张纸上排列一些方格,每方格内简要勾勒出画面构图,包括演员动作和镜头走向,标出镜头长度、人物对白等。这是导演的案头工作,为现场实拍提供依据。

### (二)故事画纲的表现形式

**1. 绘画式**

绘画式又分为素描式和色彩式两种。素描式表现主要的形象特征和明暗层次,用于一般场景的表现;色彩式可按广告创意的要求,绘制成水彩连环画或在线描稿上涂淡彩,能更加清晰地表现出场景、人物、环境的色彩效果。可用于重点场景的表现,以烘托气氛。

**2. 照片式**

照片式是按创意所要求的镜头画面事先拍摄成连续的照片,并在每幅照片下注明描述文字。这种表现方法可真实模拟拍摄效果,表现广告画面效果和创意,并可为导演和摄像师再创作提供参考方案。目前多用数码相机拍摄,其特点是效果快,制作方便。

**3. 计算机美术绘制式**

通过计算机专用脚本绘制软件进行制作快捷方便,可直接在人物库中选择合适的人物模型,并可旋转人物以适合拍摄视角和方位,人物运动可拉近推远。场景的制作不但可在图库中选择,还可将自己拍摄的图片运用到背景中,使之更加符合广告要求。

影视广告故事版绘制时,要注意与视频机高和宽的比例保持一致,画幅数量按分镜头脚本提供的镜头多少和长度而定。通常一个镜头画一幅画面,运动性长镜头画起幅和落幅画面。脚本的绘制突出产品,明确定位和广告主题。开头和核心画面要抓住观众注意力,从而引起观众的兴趣。

## 案例1　得其利是洗衣液视频广告

假如大家都变成一副模样,世界将多么可怕……"变得不一样些"没错,这是你、我、他每个人都想要的,知道吗？知道吗,其实产品也想要。就是在日趋同质化的市场环境里,发现和表现产品的差异化。

同质时代——分清你我是关键

同质化时代的到来,"差不多"的印象已普遍存在于洗衣皂、洗衣粉、洗衣液所处的日用产品领域,如何发现产品的差异化,并将其有效传达给受众,变得尤为重要。洗衣液作为一种品质优于洗衣粉、洗衣皂,面向中高端受众的产品,彰显品质感是关键。得其利是洗衣液来自英国,其具有英伦血统的品质感不容置疑,这是其区别于其他同类品牌的最大卖点。如何运用形象识别,将这一信息巧妙地传达给受众,是最初客户和我们都最为头疼的事情。

马术英姿——"洁"出表现做自己

马术是英国贵族传统运动项目。将其与得其利是洗衣液巧妙融合,会产生什么样的化学反应呢？如图8-8所示。

1. 快速提升品牌形象、产品品质感。马术具有尊贵、高尚的特性与得其利是洗衣液产自英国的高品质感不谋而合,符合中高端受众的身份认同感。

2. 视觉表现形式新颖,记忆点强。马术在广告片中并不多见,其表现形式新颖具有独创性,另外,马术运动视觉上具有冲击力,会形成强烈记忆点。

3. 自然彰显产品功能。运动项目常常会出现在洗衣类用品广告中,具有很强的因果关系,产品功能的特点在运动中得到自然而然的有效彰显。

图8-8　视频广告片分镜头画稿

声音及字幕：

衣服不够亮丽,表现又怎能完美？得其利是高级洗衣液,全面洁净,多效合一。让衣服更靓丽、更柔顺,马上重现光彩。"洁"出表现,英国品质。

**创意说明**

英姿飒爽的女骑师驾驭着骏马正在进行马术训练,一次次跨过栅栏的同时,骑师服被溅起的泥浆弄得越来越脏。怎能让污渍瑕疵影响她的完美表现？没关系，有得其利是洗衣液的保障，当女骑师凌空越过由得其利是洗衣液产品组成的栅栏时，周身立刻洁白如初，助她表现完美。

### 案例2 庄吉西服视频广告分镜头脚本

庄吉西服的视频广告分镜头脚本如图8-9所示。

图8-9 庄吉西服的视频广告

| 镜号 | 景别 | 技巧 | 场景 | 画面内容 |
| --- | --- | --- | --- | --- |
| 1 | 近景 | 推移 | 内景 | 周华健难以掩饰地欣慰唱到《朋友》歌曲的高潮"朋友……"然后把话筒指向观众朋友 |
| 2 | 全景 | 斜降 | 内景 | 酒吧内的朋友们按捺不住激动的心情齐声接唱后半句："朋友一生一起走" |
| 3 | 中景 | 推移 | 外景 | 立交桥下，两个小朋友四只小手相互交织，两个小人头相互对顶着。谁也不让谁，周华健微笑着迎上前，将他们分开，劝说着…… |
| 4 | 特写 | 升起 | 外景 | 两只可爱的小脏手友好地握在一起，周华健微笑着将两个小男孩搂在怀里<br>歌词：那些日子不再有 |
| 5 | 中景 | 移 | 内景 | 着西装的周华健走进宽敞的写字间与身边的同仁们挥手击掌<br>歌词：一句话 |
| 6 | 中景 | 移 | 外景 | 周华健将西装披在休闲椅上熟睡着的白发老太太身上<br>歌词：一辈子 |
| 7 | 全景 | 长焦 | 外景 | 雨中，周华健一手撑着雨伞，一手抱着一个小女孩，左右旁边还领着两个略大点的小男孩，其中一个还披着一件西装<br>歌词：一生情 |
| 8 | 中景 | 移 | 外景 | 着西装的周华健与喇嘛并肩走着、笑着<br>歌词：一杯酒 |
| 9 | 全景 | 移 | 内景 | 酒吧内，等待周华健的朋友们继续跟着视频中MTV画面："朋友不曾孤单过"（注：视频屏幕放映周华健演唱同一句歌词的画面） |
| 10 | 中景 | 移 | 内景 | 突然间，身着西装的周华健推开酒吧大门，接着朋友们的歌声，边走边唱："一声朋友你会懂" |
| 11 | 中景 | | 内景 | 等待已久的朋友们听到周华健的歌声转头拥向周华健，周华健融入朋友的包围中，歌声变成背景音乐 |
| 12 | 中景 | 升起 | 内景 | 朋友们举杯祝贺周华健演出成功，相互碰杯 |
| 13 | 近景 | | 内景 | 着西装的周华健对着镜头说道："庄重一身，吉祥一生" |
| 14 | | | | 企业Logo，企业名称 |

## 案例3　CCTV-3宣传片《飞天——天上篇》分镜脚本

CCTV-3宣传片《飞天——天上篇》分镜脚本如图8-10所示。

**图8-10**　《飞天——天上篇》分镜脚本

1. 景别及运动方式：全景（正俯）

内容及表现方式：幽蓝天空，正中白云一朵，白云逐渐消退，下沉，飞天浮出，一袭雪白衣裙，紧裹玉体，双手抱膝，蜷缩成团，仿佛一具尚未出世的胚胎。

2. 景别及运动方式：小全景（平拍）

内容及表现方式：白云下沉，逐褪，飞天悬浮，身体悄然绽放开来，瞬间裙裾飘扬，飘带飞舞，身后伸出十条玉臂，尽展自由之姿。飞天脚尖一点，身后之人霍然左右分开，竟然跳起了天鹅湖之芭蕾。

3. 景别及运动方式：远景大特

内容及表现方式：六个芭蕾飞天一字排开，脚尖点地旋舞，定睛一看，芭蕾飞天竟然脚点在一根长笛之上，镜头缓拉，长笛横悬于空中，正被长笛飞天吹奏，只见眼眸顾盼笛上芭蕾，朱唇微启，纤指闭合，竟然不碰悬空之笛，笛声异然悠扬。

4. 景别及运动方式：中景

内容及表现方式：一丝游云掠过，长笛飞天忘情独奏。

5. 景别及运动方式：全景—特写

内容及表现方式：镜头缓拉，长笛飞天竟然站立于大提琴之琴头螺旋处，后景提琴飞天一脸温情，注视长笛飞天。

6. 景别及运动方式：全景

内容及表现方式：提琴飞天轻提琴弓，如握魔术棒，凭空划过，偌大的提琴居然悬于云端，随棒旋转，琴声却不径而出。

7. 景别及运动方式：远景—近景

内容及表现方式：镜头后移，提琴飞天已然出现在一台西洋留声机光洁的喇叭口处。镜头继续后拉，原来留声机被一个古秦战士托抱于手中，他轻舒剑眉，出神地看着留声机上的提琴飞天。

8. 景别及运动方式：全景

内容及表现方式：镜头继续拉至全景，这是一个由欧式罗马柱与中式红柱共同构成的梦幻场景，只见一位西洋绅士在罗马柱下独踏圆舞曲步，而另一侧则是挂帅京角在红柱旁扬鞭迈步，古秦战士正处在二人中央。二人交错舞过，擦肩瞬间正好挡住古秦战士，二人分开刹那间，已不见古秦战士,只见秋千飞天从二人分开之处迎镜头悠然荡来。

9. 景别及运动方式:远景—特写

内容及表现方式:镜头缓拉,远景秋千飘荡,牵引之绳竟为杂技飞天精编细长之辫。秋千荡至脑后,杂技飞天扭头直面镜头。

10. 景别及运动方式:中景

内容及表现方式:杂技飞天手端平衡杆,云端游走钢丝。云底太阳之光映衬她娇健的身姿。

11. 景别及运动方式:远景—特写

内容及表现方式:镜头缓拉,飞天脚底钢丝竟为古筝之弦。

12. 景别及运动方式:全景

内容及表现方式:古筝飞天闭目抚琴,身后众乐者和之,古乐悬浮,弯月当空,古韵顿生。

13. 景别及运动方式:远景—中景

内容及表现方式:镜头缓拉,抚琴场景竟然出现在一只腰鼓之鼓面,后景腰鼓飞天手端悬空之鼓,惊喜之情不溢言表。

14. 景别及运动方式:大全景

内容及表现方式:彩云之中,飞天击鼓漫舞霓裳。边远的部落开始沸腾,神秘的面具戴起,古老的歌谱唱起,原始的舞蹈跳起。

15. 景别及运动方式:远景—特写

内容及表现方式:镜头缓拉,远古的群舞已然发生在一个逆光中的云手之中,纤纤玉指,弹指一挥间,却变成了逆光中的孔雀舞之雀头造型。

16. 景别及运动方式:全景

内容及表现方式:飞天舞雀,舞于冰面,冰面倒影,影影绰绰,亦幻亦真。

17. 景别及运动方式:大全景

内容及表现方式:镜头缓拉,晶亮之冰凝成的 CCTV-3 Logo 浮出,放眼瞰之,孔雀之舞,舞在标之冰面。碧空如镜,万里无云。

**讨论题**

1. 对比实训案例 2 与案例 3 两则视频广告,体会视频广告分镜头脚本的不同写法。
2. 谈一谈商品视频广告与企业形象视频广告的创作中的不同特点。

# 第九章

# 互联网广告文案

**学习要点与目标**

1. 了解互联网广告的特性;
2. 掌握常见互联网文案写作的基本原则。

**引导案例**

### 滴滴世界环境日 H5 广告文案

滴滴世界环境日 H5 广告(图 9-1)文案如下。

每个人都有自己的同类动物,TA 们是谁?

你和豹猫一样,都是夜行动物吗?

刺猬善于躲藏,你也是怕生的人吗?

总"踩雷"的貉,是你的同类动物吗?

你和白枕鹤一样,都为派对而生吗?

特立独行的斑羚,像不像你?

吃不饱的野猪"饿霸"在此。

**案例解析**

人类的城市也因为"野生公民"的存在变成了魔幻的城市森林。在美术执行手法上选择了"诙谐质感插画风",在调性上力求搞怪,超出常规认知的森林及动物设定,通过结合后现代科幻工业风森林营造出人类和野生动物生活在同一城市的场景。为了让整只 H5 链路更完整更有公益意义,在 H5 中接入了滴滴用户的里程值系统,每个用户都可以通过捐献里程值来达到间接捐赠善款的目的。

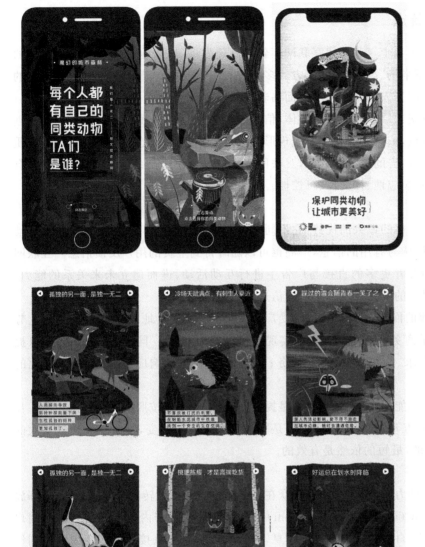

滴滴世界环境日 H5 广告

图 9-1　滴滴世界环境日 H5 广告

（图片来源：数英 https://www.digitaling.com/projects/117795.html）

## 第一节　互联网广告的概念

互联网广告是依托互联网、移动互联网乃至物联网媒体环境下，通过融合影视艺术、数字媒体艺术、游戏、电子竞技、移动互联网、新媒体运营、人机交互、人工智能、大数据、区块链等方式进行信息承载与传播，以多种形式全方位进行信息交互的一种新媒体形式。

## 一、互联网广告的特点

经过了电视广告的黄金十年和初代互联网广告的高速发展,广告也伴随着移动互联网的发展,共同步入互联网下半场。在这个触媒方式多元化、广告受众分层化、用户时间碎片化的环境中,广告的参与者,广告人和广告主同时面临着新的挑战。

互联网广告的信息交互层级超越传统媒体,信息表现可以涵盖平面、音视频,其文案的创作在不同交互层级的特点,依据广告目标和表现形式上与上述静态、动态的各类媒体没有本质区别。但在互联网、社交广告的互动媒体上,互联网广告有其区别于传统媒体的特点,主要有交互性、参与性、精准性、响应性、社交性、可控性。

### (一)交互性

交互性是互联网络媒体的最大的优势,它不同于传统媒体的信息单向传播,而是信息互动传播,用户可以获取他们认为有用的信息,厂商也可以随时得到宝贵的用户反馈信息。互联网比其他任何媒介赋予消费者更多的直接与广告主进行互动活动、进而建立未来关系的能力。网络广告可以做到一对一的发布以及一对一的信息回馈。

对网络广告感兴趣的网民不再被动地接受广告,而是可以及时地做出反应。这种优势使网络广告可以与电子商务紧密结合,马上实现一个交易的过程。同时,网络广告可以提供进一步的产品查询需求、购买服务、咨询服务;可以根据客户的响应类型,进行个性化的互动。

互动广告也要注意不能层次太多,受众不是提线木偶,不会完全按照我们的设想一步一步地进行既定的活动响应,互动本质依然是响应,是驱动受众行为的改变,每个互动递进层次的转化率都是小于100%的,最短的依然是有效的。

### (二)参与性

由于互联数字技术助力,互动媒介便于受众在自己的社交媒体中转发,同时传播信息开放性,UGC 也成可能。UGC(user generate content)就是用户自我生产内容,一般来说,是用户在特定场景下,自我创作、自主传播的有价值信息,公众从传统的信息接受者转变为内容创作者和传播者。

### (三)精准性

对于精准性来说,意味着两点,一是受众的精准,互动数字媒体利用用户大数据,通过标签化的用户画像,能够实现精准的广告投放;二是广告内容的精准,对比传统广告文案创作,数字技术和互联网平台可以让个性化文案,通过技术手段得以实现。例如,在今日头条的信息流广告中,传统的一条促销活动文案标题:利用个性化技术,后台根据受众所在地理位置;对于黑龙江的用户,文案就是:黑龙江注意了,富士苹果,产地直销,每斤1元;而在北京的用户,文案就是:北京注意了,富士苹果,产地直销,每斤1元,除了地域标签的个性化,不同的用户投放不同的个性文案。

互联网广告具体体现在,基于更精准的地理定位,广告主能在巨大的用户群中准确找到目标,有针对性地接触更有可能产生消费行为的客户。例如,你可以根据地理位置投放不同的广告,在重点地理区域获得更高的竞价排名。这种资源配置优化,对预算有限的中小企业来说无疑是更好的选择。

**【案例 9-1】**

## 微信朋友圈广告

诺丁山微信朋友圈广告如图 9-2 所示。

图 9-2　诺丁山外层广告样式及落地页

标题文案：办一场婚礼多少钱？

采用标签式卡片广告＋视频的直跳关注链路，一步到位，引导需求人群，关注公众号咨询；通过缩短转化路径的方式提升广告转化率，进而提升账户整体拿量能力，最终视频广告整体 eCPM 较图片素材提升 8%，化解账户拿量难题。

紧跟用户需求，精选三大标签

立足于用户需求点，选择 3 个不同的婚礼相关标签词汇呈现在广告外层。

① "最新价目表"：承载用户对报价的关注。

② "在线咨询"：明确转化路径，有效引导潜在意向用户关注。

③ "热门推荐"：通过单击，可获得更多婚礼风格推荐，而不局限于当前广告视频，最大化覆盖不同偏好人群。

巧用"视频"玩转视觉营销

以不同的婚礼布置风格为基准，打造了"欧式复古婚礼""温馨韩流婚礼""梦幻婚礼""外景森系婚礼"等多支视频广告。

善用创意仪表盘，轻松输出高分创意（图 9-3）

为了制作如此精致的视频，制作团队研究出一套创意仪表盘搭建方法，根据 7 大要素，轻松完成视频创意的搭建。

举一反三，扩大投放范围

有了第一组视频广告的正向投放经验，陆续在不同的区域账户投放多样化的视频创意，目前视频广告的消费占比高达 50%。借助这波视频广告的操作，成功夺得朋友圈"潜在蓝海流量"的先机。

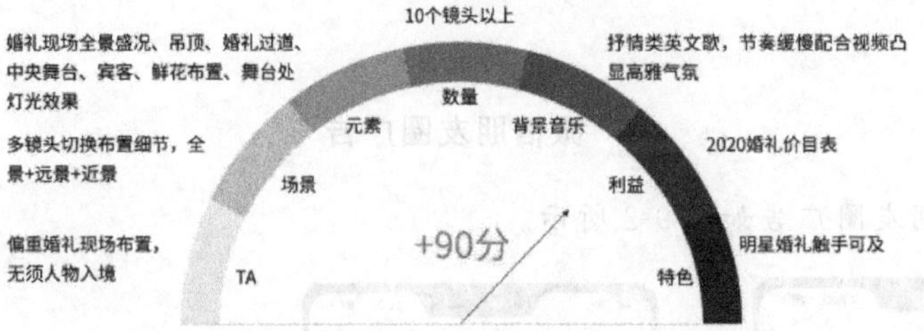

图 9-3 创意仪表盘

**（四）响应性**

相比于传统媒体，互联网广告在电子商务一体化的背景下，更容易引起消费购买行为，包括产生完整的购物行为和全生命周期的客户服务。根据谷歌的数据，90%的移动设备用户会对谷歌搜索结果采取后续行动，这些行动包括购买、咨询等，而其他形式的广告很难有如此高的回应度。

**（五）社交性**

广告在通过社交网络的数据能够直接通达它想面对的目标用户人群，在传统的网络广告上是通达相匹配的网站或者网页，寄希望于这个网页上的访问人群跟所推广产品的目标人群是高度匹配的；另外，广告内容如果具备传播价值，广告甚至成为受众自行传播的社交内容，产生所谓"病毒式"的传播。

**（六）可控性**

广告主能通过互联网即时衡量广告的效果。通过监视广告的浏览量、点击率等指标，广告主可以统计出多少人看到了广告，其中有多少人对广告感兴趣进而进一步了解了广告的详细信息。因此，较之其他任何广告，网络广告使广告主能够更好地跟踪广告受众的反应，及时了解用户和潜在用户的情况。利用先进的信息技术，广告客户可以通过网络即时获得数据、报告。这对及时调整广告策略意义非常大。而这在传统媒体方面是不可能实现的。比如，你同时在几家报刊上做广告，但每家的效果怎么样，不可能及时得到反馈，只能凭事后的感觉或调查来推断。

## 二、互联网广告分类

互联网广告有很多类别，媒介生态在移动互联网时代迎来了剧变，传统品牌的媒介生态是相对集中的（参考央视广告黄金年代的标王），而在移动互联网时代，媒介生态则多元而碎片，一般来说可以根据信息传播特点分为展示广告、原生广告、搜索引擎广告（SEM）、付费社交广告、电商广告、电子邮件广告。

**（一）展示广告**

展示广告是指网站或 APP 中的顶部、中部、底部任意位置进行广告内容直接展示广告形式（图 9-4）。广告形式包括静态图片、动态 gif 图片、动画 flash、视频 video、HTML 5 等，一般常见的焦点图 banner、文字链、button 广告、视频前后贴片广告、网页、APP、视频中弹出式广告等。展示广告在互动、投放精准等具备数字广告的优势，但信息传播本质仍与传统广告相似。

对于视频广告由于其展示复杂，在此独立进行说明。视频广告是指视频网站或 APP 中的视频内容播放器在播放过程中出现的广告，包括视频（video in stream，指视频流中的视频广告）、图片等形式。视频网站会有多种广告格式，视频广告特指框内广告（框是视频播放器）。视频广告分为贴片广告、暂停广告、角标广告等。

图 9-4　展示广告

## 1. 贴片广告

贴片广告(图 9-5)形式是流媒体,一般分为前贴(pre-roll)、中贴(mid-roll)、后贴(post-roll),时长分为 15 秒、30 秒、60 秒、90 秒。前贴是视频播放前出现的广告,中贴是视频播放中途出现的广告,后贴是视频播放结束后出现的广告。品牌广告主购买最多广告形式就是贴片,行业上说的 OTV 广告一般也是指贴片广告。不同视频网站中的贴片广告会有不同体验,比如自动播放或单击后播放、是否可跳过广告等。

图 9-5　贴片广告

## 2. 暂停广告

用户看视频过程中单击暂停时弹出的广告称为暂停广告(图 9-6)。

图 9-6　暂停弹出的广告

### 3. 角标(overlay)广告

在视频播放过程中,在某些时段内弹出的覆盖在视频上面的角标广告,出现一段时间后又会自动消失。角标(overlay)分为大角标和小角标。

### (二) 原生广告

原生广告(图9-7)是指从内容或形式上整合进网站或APP本身内容中的广告,以用户为主导,讲究用户体验和广告内容价值。广告格式包括视频、文字、图片、图文等。信息流(feeds)广告是原生广告最常见的表现形式,如今日头条、抖音、快手、网易新闻、微博等媒体的信息流等,也包括社区广告(知乎、头条、小红书、抖音、微博、豆瓣、百度贴吧等),KOL关键意见领袖付费、直播等)。

图 9-7 原生广告

### (三) 搜索引擎广告

通常是指在百度、Google、Bing、yandex、Yahoo!等搜索引擎上,通过关键词搜索引发搜索结果,广告展示在搜索结果中的广告。搜索广告是客户主动发起,基于关键词匹配,精准度更高,要求是广告主为这则广告所购买的关键词必须匹配到用户搜索的那个关键词。例如图9-8框选的就是五常大米为关键词,京东五常大米及其他五常大米广告主投放的搜索广告。

### (四) 移动社交付费广告

移动社交付费广告是指以移动社交软件为平台进行的广告投放,国内知名的社交产品有微信、微博等,随着短视频社交发展,抖音、快手等也成为社交广告的投放平台。

### (五) 电商平台广告

电商平台广告(图9-9)主要是电商平台上投放的展示、商品详情、商品分类推荐、排行榜等,由于其特定的销售引导,独立分类。常见电商平台有淘宝、京东、亚马逊、拼多多等综合平台,也包括小红书、网易优选、小米有品等相对垂直分类电商平台。

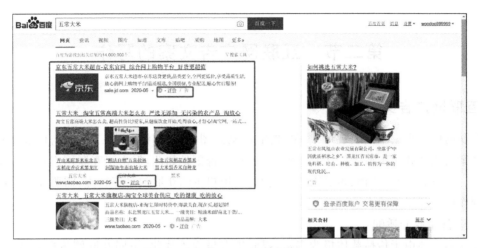

图 9-8　百度搜索广告

图 9-9　电商平台广告

### （六）电子邮件广告

电子邮件广告（E-mail Advertising）是指通过互联网将广告发到用户电子邮箱的网络广告形式，它针对性强，传播面广，信息量大，其形式类似于直邮广告。

电子邮件广告可以直接发送，但有时也通过搭载发送的形式，比如通过用户订阅的电子刊物、新闻邮件和免费软件以及软件升级等其他资料一起附带发送。也有的网站使用注册会员制，收集忠实读者（网上浏览者）群，将客户广告连同网站提供的每日更新的信息一起，准确推送到该网站注册会员的电子信箱中。

互联网广告的营销观念则更看重销售转化，相对于通过塑造品牌，影响受众，促进销售的传统广告，它们希望每一次投放都能促进销售，从曝光到线索到购买（或新增），消费者的行为路径可以被有效监测，因此可以看出营销对于销售的直接效果。

# 第二节 互联网广告文案的写作

## 一、互联网广告文案特点

互联网广告根据不同表现形式,例如图片、动态图片、文字链、视频、音频,与传统媒介对于广告文案的创作并无本质上的区别,特别是展示广告更是如此,但由于互联网广告碎片化的媒介生态、大数据的精准营销、多层次的深度互动、用户主动获取信息等特点,需要在互联网广告文案创作中注意以下几点。

### (一)注重媒介适配

互联网媒体由于传播载体极为丰富,媒介生态呈现碎片化,不同互联网传播载体,对应不同应用场景,广告的表现及文案要求差异化显著,广告形式在一定程度上决定了用户体验和交互,即使同一广告诉求的广告文案也要高度关注其媒体适配性,在信息接收场景、受众类型、媒介优劣势等方面进行评估,确定文案的具体创作要求。

【案例 9-2】

**微醺 2020 年全新广告片《走在雨中》**

RIO 微醺 2020 年全新广告片(图 9-10)。

图 9-10 RIO 微醺视频广告片

(图片来源:数英网)

横版视频文案：

终于，我把自己还给自己。RIO微醺，一个人的小酒

竖版文案：

这首歌的默契是我们之间的小秘密哦！我最近好像有点喜欢下雨天了，你们也一样吧？这件事我只和你一朵花讲，听懂了就点点头。微醺就是把自己还给自己吧

**案例解析**

该广告片根据互联网媒体特点，采取横版和竖版两种格式适配不同媒介平台，同时根据投放平台特点，广告文案也分为主题视频文案和竖版系列文案，以适应不同互联网媒介的特点。

### （二）注重多版本测试

由于互联网广告的数字化，可以明确对广告效果进行定量评估，因此在广告创作和文案创作上与传统媒体广告不同，往往需要建立多个版本，文案创作也需要建立多个版本，通过创建测试版本，同时建立两条或多条广告，不同广告间只有一个"变量"，并进行小规模投放。然后，观察"变量"带来的广告数据差异，分析这个"变量"对广告效果的影响。

### （三）要满足互动需要

互联网的互动性是其他媒体无可比拟的优势，因此在广告文案的创作中，要按照设定的互动响应进行广告创意并满足互动要求基本包括两点，一是首层广告文案，要优先保证吸引力，提高广告曝光的点击率；二是要根据设定互动方案，根据不同互动响应设计次级广告及配套文案。

与传统广告不同，互联网广告可以分层点击，以微信朋友圈广告为例，基本分为外层广告页、内层落地页、二级页面，首层广告更加要注重引起目标受众的关注，而不是其他，深入的广告诉求点可以通过次级广告页面来完成。

**【案例9-3】**

## MuseMarry 婚纱微信朋友圈广告

MuseMarry 自 2012 年成立以来，经过不到 7 年的经营，就收获了"全球最美婚纱店"头衔。MuseMarry 凭借其优雅的门店环境和 1 对 1 私人服务理念，目前已陪伴超过 3 万名新娘一起记录自己一生中最美的瞬间。不仅如此，MuseMarry 还是众多明星的"心头好"，如图 9-11 所示。

**营销痛点**

传统获客渠道获客量级有限，企业需要更精准主动的触达目标客户。

**营销目标**

增强品牌的认知度，开拓新型销售渠道，扩大销售范围，提升订单量。

**投放方案**

MuseMarry 使用拥有十亿级流量的微信朋友圈广告进行投放，不仅满足了流量需求，还覆盖了潜在用户的年龄段，收获了 35 万曝光。此外，优化师依据其高端婚纱品牌的特点，针对高端人群特征进行定向投放，将推广人群年龄选定在 21～29 岁的单身、新婚女性，并配合诸多兴趣标签，实现了精准投放。

**外层广告页：九宫格拼图＋优惠信息，成功吸引用户**

MuseMarry 抓住受众喜爱美丽事物的特点，使用精致、高端的婚纱图片作为外层素材，九宫格的形式，能多角度、全方位地展示婚纱的各个细节，文案中还突出了优惠活动信息，进一步吸引用户点击兴趣。

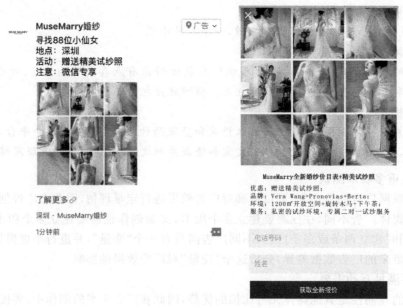

图 9-11 微信朋友圈广告

(图片来源：腾讯社交广告官网)

**内层落地页：多样产品展示＋多个收集信息按钮，获取更多客户**

MuseMarry 在落地页中通过展示多种婚纱礼服满足消费者希望拥有更多选择的需求，并通过强调活动信息、报价单以及优质高端的环境和服务吸引高意向用户留下电话及姓名。优化师还建议使用"小测试"收集拍摄意向不强烈的用户信息。

营销成效：获客成本降低 94％，日均收获超过 30 个新客户，获得了 3.39％ 的高点击率。

### （四）要关注数字化

互联网广告的创作和投放在数字技术、大数据甚至人工智能的支持下，都高度依赖大数据，在广告文案的创作上，部分文案的确定是由投放平台及广告投放优化来决定的，而不是单纯的广告文案写作，特别明显的是搜索引擎广告，关键词的确定和目标客户搜索的热词高度相关。例如，今日头条的信息流广告（图 9-12）中终端类型、地域定位是由平台自动匹配的。

### （五）更注重短期效果

数字媒体诞生后，从曝光到线索再到购买（或新增），短期和直接的效果可以被有效监测，广告文案则更注重实效，相对而言，对于品牌塑造的要求较低。二者路径的不同也是传统品牌往往广告语内涵丰富，而互联网品牌广告语则往往简单粗暴的原因。互联网品牌的文案讲究跟随当下潮流，讨好现在的用户群体。

## 二、各类互联网广告文案的创作要求

互联网广告种类极多，而且迭代更新速度极快，按照目前信息传播特征进行分类，其中展示广告文案与传统媒体近似，

图 9-12 今日头条信息流广告

但它只是更专注行动引导,或受限于媒体尺寸等,本节不做重复性介绍,主要按以下与传统广告差异化较大的媒体类型进行说明。

## (一)原生广告文案创作要点

原生广告的可以理解为结合了平台特征、用户和视觉体验、内容环境之后刻意进行修饰的一种广告形式,其特色是自然和不易察觉。创作的方向来自对生活在数字空间的所广泛关注的信息内容的及时挖掘,然后通过创意量身打造成可以广泛传播的核心创意,它凝聚了受众最感兴趣的内容和最容易引起讨论与关注的话题,在线上空间迅速引起关注,激发生活者热烈的分享、讨论和参与。融入媒介环境,保持内容风格一致是原生广告的基本要求。良好的风格一致性能让用户不知不觉关注到品牌,而不是一眼就识别出来,并产生逃避行为。

微博、头条等信息流产品中,以和普通信息同样的图文形式发布原生广告,除了备注的"广告"字样外,形式上和普通信息基本没有差异。从人看广告到"广告"招人,信息流广告优化更注重从用户视角出发,吸引用户注意,信息流的标题文案尤为关键,标题文案能否赢得受众的响应,是信息流广告效果高低的关键。

让信息流广告标题更有效的方式如下。

(1) 文字的结构简单易读。文字结构是人们看广告的第一印象,简单、干净,易于阅读才更能在用户眼球划过的那一秒的停留中,快速抓取到吸引目标群体的关键词。所以,留白很重要,短句也会让空间更"宽敞",没有人会喜欢阅读密密麻麻的文字,更不会喜欢需要思考才能理解的内容。

(2) 标签化让广告更有关联感。标签的维度很多,比较常用的有场景、人群、环境。提升点击率的同时,可以提升广告转化率。广告的撰写可以加入场景化的描述。分析目标用户的各种特点,将自己带入目标群体本身,设想不同状态下的场景或者体验场景,用文字体现出来;对产品目标用户进行细分,结合产品特点或宣传点,进行深度融合;细分环境,选择贴近最"适合"的需求,结合周围环境的变化,如季节、天气、时事热点等。

(3) 让文字变得有趣,引人注意。首先,站在用户的角度,而不是产品的角度。广告是写给目标群体看的,所以最好要从他们的感触、体验、需求等方面来描述。信息流广告是内容广告,硬性强塞容易引起用户的反感。其次,引起好奇心。"好奇害死猫",人总是难以对自己的好奇心说不。点击可能在还没思考的时候就产生了。需要注意的是,尽可能地跟产品结合,否则会带来大量无转化点击。如"交了多年的公积金,想知道有多少吗?点击查询!"——点击率4.5%,"买了10种水果,花19元,想知道我跟同事怎么做到的吗?"——点击率4.2%。

(4) 巧用数字和符号。数字和符号在一群文字中是比较容易凸显出来的。容易在第一时间抓住眼球,让用户短暂停留。例如,"练口语,5个技巧√,效率提升80%!"——点击率2.1%;"练口语,五个技巧,效率大幅提升!"——点击率1.6%。

(5) 关注热点词或语气词、常用词。虽然是文字,但用户会自然反射,对这些词的关注度会比普通词更高。例如,"干货、分享、转发、揭秘、红包"等。"【分享】:我的英语从90分提到130分,只用了3个月"——点击率3.0%。

用户在阅读信息流时,只会把注意力放在与自己认同、关心的信息上,这其实就是心理学中的"孕妇效应"。广告创意需要针对自己产品的人群制作,从行业报告、用户调研、自身用户人群画像等方式都可以大概了解自己产品的人群属性。所以,信息流广告需要从用户角度出发,用户认知才是我们广告的营销重点。

在广告文案的创作过程中，模板和思路有很多，但真正能够按照这种模板和思路去持续践行的并不多，这就需要我们在日常新建广告的过程中，多去刻意练习文案撰写，最终达到熟练的掌握程度，唯有如此，才能一步一步地抵达用户的内心，找到用户的痛点，洞察用户的需求点，实现广告投放价值的最大化。

【案例9-4】

知乎原生广告

知乎原生广告如图9-13所示。

图9-13　知乎原生广告

**案例解析**

大多采用解答问题的形式，分享品牌的核心价值观。例如，戴森吸尘器以"比想象中更极客，戴森是怎样一家公司"为话题，创建了长文形式的原生广告，文中没有谈产品属性，而是文艺地和读者聊起了阅读本身的趣味与价值，引发读者对阅读本质的思考。

（二）搜索引擎广告文案创作要点

搜索引擎广告是以上下文查询词为粒度进行受众定向，并按照竞价方式售卖和CPC（即"按点击收费"）结算的广告产品。搜索广告创意的展示区域一般分为北、东、南三个部分，以百度搜索为例。搜索引擎效果提升主要是要选对合适的关键词、正确的投放时间和做好数据分析。具体操作需要关注以下几点。

（1）关键词的选择要用数据说话。很多企业做了竞价排名之后效果不好，而且花了很多钱，在很大程度上是因为点击广告的用户不精准，这些用户并非真正有需求的用户。究其原因，就是因为关键词选取的不合理。目标客户会输入哪些词语进行搜索，一定不能凭空想象，跟着自己的感觉走。因为用户可能对我们所在的行业、所生产的产品并不熟悉，所以他们在搜索时使用的词语与我们想象中的可能不太一样。这就需要我们在选取关键词时要以真实的统计数据作为出发点进行合理的选择。

（2）优化关键词匹配方式。对关键词的匹配方式进行合理设置，能用最少的花费找到最精准的用户。很多企业用了竞价排名后花费巨大，就是因为关键词的匹配方式设置不当。关键词匹配的方式有广泛匹配、短语匹配和精确匹配。通过增加广告主 Logo、主要内容链接、联系电话等提供可直接访问的功能,降低用户跳转的成本,使其更富表现力以提高点击率。

（3）提高广告文案的原生化。以越来越"原生"的方式投放广告,也是产品的重要方向,例如,百度的搜索广告从一开始就混排在自然结果中的竞价排名方式。在一些直接面向商品的信息类检索中,则混入了商业结果,并进行了统一排序。与只提供自然结果相比,这可以增强变现能力,这样的广告也可称为商品直达式广告(图 9-19),在保证相关性和广告效果的前提下提高收入。

### （三）社交广告文案创作要点

社交广告的价值来源于受众的匹配、社交传播,社交广告文案创作要特别注重广告信息的社交价值。社交广告文案的技巧有以下几点。

（1）要善用"现在"这个词,用好它可能带来更高的转化率和更低的推广成本。

（2）尽量使用数字等直观表达。如果你的推广涉及金额,不妨把金额、数量,或者是折扣的百分比写出来,给用户一个直观的、视觉上的引导,Twitter 的内部研究发现,这一点能给广告主降低 40% 的推广成本。

（3）要重点文字突出。不要把所有重点信息都写成大写,这里有一个基本原则,即在社交平台上,没人喜欢看到太多的大写文案,应该用一种更加平和有效的、有针对性的方式和客户沟通。

（4）多利用信息的新闻性。新产品、新特性等总是更能吸引用户的点击,如果可以,在推文中强调产品的"新"。

（5）适当利用网络热词。每年都会有一些新的热词出现,旧的热词消失,照这个速度下去,我们的语境正在被不断地解构和重新结构,例如,B 站(bilibili)的热词云(图 9-14)。在没有社交营销的年代,一句文案往往需要推敲一个礼拜,一名广告公司的杰出文案员一年也不会写出几条能够真正成功的广告语,在传统广告中,流行语常常来自广告文案,今天的广告文案来自于流行语。

图 9-14　B 站的热词云

### （四）电商广告文案创作要点

电商广告平台广告很明确关注商品信息的说明和销售,下面对电商广告文案中最常见的商品推文和商品详情页文案进行说明。

#### 1. 商品推文

商品推文是指利用适合受众阅读的软性、含蓄的表达方式,向读者传达你要推广的产品内容。

标题文案的写作前面已经说明过,内文可以按照"描绘—承诺—证明—敦促"的框架进行完成。内文写作要注意以下几点。

（1）文章开头非常重要，它能让用户真正进入文章中，激起用户阅读下去的欲望，能够影响文章阅读量、阅读率。

（2）与"我"有关。第一秒就要让用户发现，你的文章内容是和用户自己相关的，所以，不管是公众号文章，还是广告、视频、声音，你可以首先突出与"他"相关，多使用你的目标用户关注圈内的信息或熟知的场景。

（3）要点概括。如果文章较长，可以在文章开头对文章核心点进行简要概括，让用户提前有预期。例如，可以在文章开头做好文章内容框架，提前概括每个部分内容，用户可以选择性阅读。

（4）描述痛点。这个是存在非常久的一个开头形式，文章开头就抛出用户的痛点，激发兴趣，然后给出建议或者解决方法。例如，公众号不会涨粉，哎呀，痛！怎么办？产品没有用户没流量，哎呀，痛！怎么办？

商品推文一般结构基本符合《金字塔原理》中提出的 SCQA 结构。很多演讲、广告、培训也都是按照 SCQA 结构套用的。

### 2. 商品详情页文案

以销售为主要目标的产品详情页来说，文案必须明确消费者的购买意图，理清购买逻辑。

（1）产生共鸣，激发购买欲望。首先是痛点场景，用图文结合的方式再现客户面临的痛点场景；其次是明确产品解决方案。

（2）分解产品优势，建立信任。一般来说产品的优势常见的有：产地原料优势、工艺制作优势、事实证明、竞品对比等。

（3）明确品牌背书，强化信任。一般来说包括：产品销量、检验证明、消费者证言、名人专家证言、权威机构、品牌故事、公益活动。

（4）说明售后服务，引导购买。常见的文案有："×天免费试用，先使用后付钱，买贵退差价"，延长退换货时间、售后承诺（录入×年只换不修/假一赔×/无效退款）、限时限量、加送赠品等。

如果以上某个优势突出，无论是卖点还是服务，或是价格，完全可以提到最前面说，能够更快地建立购买欲望。

【案例 9-5】

**膳魔师 mini 榨汁机商品详情页文案**

膳魔师 mini 榨汁机商品详情页如图 9-15 所示。

**案例解析**

该广告的商品详情文案与图片结合，篇幅过大，须微信扫码，更多产品文案可以参考。

### （五）电子邮件广告文案创作要点

电子邮件一般在欧美、科技公司使用较高，随着即时通信的发展，电子邮件广告的使用价值在不断下降，但对外贸营销和客户服务环节订阅式邮件依然较多。一则成功的电子邮件广告需要注意以下几点。

### 1. 吸引目标用户注意力

让用户打开邮件是邮件营销工作的前提，要想让用户心甘情愿打开你的邮件，标题的设计

图 9-15 膳魔师无线 mini 榨汁机商品详情页

至关重要。营销人员需要在标题上多下功夫,除了标题,有的企业还会在邮件开头简要概括一下 EDM 邮件的内容。为了达到吸引消费者的目的,一般可以采用以下几点策略。

① 点明阅读邮件将获得哪些知识或重要资讯。
② 说明某商品与同类对照具有的优势,或突出特色。
③ 讲述将举办的某活动(或优惠促销)及其截止时间。
④ 告知读者亟须处理的与自身利益相关的事项。
⑤ 通知读者享受的权利及收益。
⑥ 撰写一个饶有趣味、令人忍俊不禁、印象深刻的标题。

2. 指出消费者的潜在需求,阐明产品价值

商品或服务都是为了解决用户的某个具体问题或者痛点,但在很多时候,消费者的需求可能并不明显或是读者心中并没有很强烈的匮乏感,导致他们认为你的产品或服务是"可有无"的,这个时候你必须给他们指出为什么他需要这项产品或服务。例如你可以在邮件中告诉消费者,以前他们经常使用的某款产品现在功能做了升级,而且价格更加实惠;使用某软件不仅能省下大量人力成本,还能够显著提升工作效率……具体的内容需要以用户以往的浏览、搜索、购买等数据为基础,只有先分析出用户对哪些东西感兴趣,后面的工作才有意义。值得一提的是,用户对邮件中的数据和图表会更加敏感,使用"效率提升 30%""每年节省 25%"这样的数字更能够唤起用户的注意。

3. 说明产品/服务特性超乎预期

你希望对方在市场内众多同类产品和品牌商家中,摒弃你的竞争对手,坚定不移地选择你,那么仅仅宣称产品可以满足需求是不够的,还得给出比较优势,说明你的产品或服务是如何优于对手,要让用户觉得没有必要再去寻找其他的同类产品。你的群发邮件中可以:

① 跟竞争产品对比;
② 引用权威机构或专家学者论证说明;

③ 请资深老顾客现身说法,并采集中肯评论;

④ 说明公司经营历史悠久,实力雄厚,规模大,诚信经营等过硬指标。

**4. 促成行动**

用户对产品或服务的好感度会随时变化,因此最好在邮件中设置一个截止时间,营造一种紧迫感,例如"错过该优惠要再等一年""24h 内下单享受 95 折优惠""免费试用机会,先到先得"等,在显眼的位置设计 CTA 按钮,方便用户咨询或者下单购买。成功的营销邮件能够引人入胜,让消费者循序渐进,不知不觉被吸引,最后心甘情愿掏钱下单购买或者打电话咨询。企业在设计 EDM 邮件营销文案时,可以参考以上建议。

## 美的冰箱双十一促销预热 H5 广告

互动式广告应用 H5 技术以游戏化的方式让用户沉浸其中,以使用户忘记广告信息,将广告宣传信息融入游戏中,可以让用户自动浏览广告信息。请参考下方 H5 案例尝试编写首页及相关互动落地页文案,详情可扫描下方二维码,文案要求符合广告调性,有利于互动广告的引导属性,契合互动性卡通人物穿越时光的人物设定。

广告主题:人间不值得,一键换人设。

品牌:美的。

广告创意说明:美的冰箱在双十一期间进行促销活动推广品牌产品预热,用户在互动中回答问题选择测试自己的另外一个人设形象,用"新鲜人设"与美的品牌语"新鲜生活"相对应。

H5 用户路径:进入 H5→单击页面不断交互→答题测试——生成人设专属海报→进入品牌官网。

H5 策划逻辑:

(1) Loading 页面。蓝色星空为背景,黄色的卡通人物与进度条同时动态前进。

(2) 内容部分。卡通人物走在街道上,页面配以符合年轻人生活的文字,旋转进入时光隧道,进入后单击—新鲜时光机,选择性别后,用户乘坐飞船并不断进行答题测试。

(3) 海报页。根据用户测试回答匹配人设,生成专属海报,点击"遇见新鲜"引导用户进入品牌购物官网。

1. 互联网广告的分类有哪些?
2. 各类互联网广告文案创作要点是什么?
3. 在实际互联网环境中,针对各个互联网广告类型找出一个实际案例并进行解析。
4. 自选邮惠商城中任一款产品,写一篇商品推文。(邮惠商城 APP 可由手机应用市场下载)

# 第十章

## 其他媒体广告文案

**学习要点与目标**

1. 了解户外等几种媒体广告的特性；
2. 掌握特定类型广告文案写作的基本要领。

**引导案例**

奥地利连锁餐馆户外广告如图10-1所示。

图10-1 奥地利连锁餐馆户外广告

广告文案：All you can eat. Rest stop（餐食应有尽有,就在服务区）

**案例解析**

这是由 Oldtimer 餐馆发起的创意广告，Oldtimer 是奥地利高速公路服务站的一家大型连锁餐馆。这个广告的目的在于吸引开车人去餐馆休息，它可以提供任何你想要的食物。广告文案异常简短，内容与媒介创意高度融合，鲜活地证明了广告是高度依赖媒介的。

# 第一节 户外媒体的广告文案

户外广告是在建筑物外表或街道、广场等室外公共场所设立的霓虹灯、广告牌、海报等。户外广告是面向所有的公众，所以比较难以选择具体目标对象，但是户外广告可以在固定的地点长时期地展示企业的形象及品牌，因此对于提高企业和品牌的知名度是很有效的。

## 一、户外广告的基本特点

### 1. 视觉冲击力强

很多户外广告都具有超大的面积，而且配上精心设计的文案和图片，往往形成极强的视觉冲击力。

### 2. 应用形式灵活

户外广告可以灵活组合，根据发布环境及设施的特点，可以调整形式，如候车室广告、路牌广告、灯箱广告、张贴海报、建筑物外立面、车身等，可依据不同的媒体，在实际运用中被广泛使用，可以以运动的形式呈现、也可以静止的形式呈现。

### 3. 广告信息通俗简洁

户外广告考虑到受众接受信息的特点，基本上在 3 秒内吸引受众的注意力，故要求户外广告信息必须简洁明了、通俗易懂。

## 二、户外广告的主要优势

凡是能在露天或公共场合通过广告表现形式同时向许多消费者进行诉求，能达到推销商品目的物质都可称为户外广告媒体。户外广告可分为平面和立体两大部类：平面广告有路牌广告、招贴广告、壁墙广告、海报、条幅等；立体广告有霓虹灯、广告柱以及广告塔灯箱广告、户外液晶广告机等。在户外广告中，路牌、招贴是最为重要的两种形式。设计制作精美的户外广告带成为一个地区的象征。户外广告的优点如下。

### 1. 到达率高

通过策略性的媒介安排和分布，户外广告能创造出理想的到达率。根据实力传播的调查显示，户外媒体的到达率仅次于电视媒体，位居第二。在某个城市结合目标人群，正确地选择发布地点，以及使用正确的户外媒体，你可以在理想的范围内接触到多个层面的人群，你的广告就可以和受众的生活节奏配合得非常好。

### 2. 对地区和消费者的选择性强

户外广告一方面可以根据地区的特点选择广告形式，如在商业街、广场、公园、交通工具上选择不同的广告表现形式,而且户外广告也可以根据某地区消费者的共同心理特点、风俗习惯来设置;另一方面,户外广告可为经常在此区域内活动的固定消费者提供反复的宣传,使其印象强烈。

### 3. 视觉冲击力强

在公共场所树立巨型广告牌这一古老方式历经千年的实践,表明其在传递信息、扩大影响方面的有效性。一块设立在黄金地段的巨型广告牌是任何想建立持久品牌形象的公司的必争之物,它的直接、简捷,足以迷倒全世界的大广告商。很多知名的户外广告牌,或许因为它的持久和突出,成为这个地区远近闻名的标志,人们或许对街道楼宇都视而不见,而唯独这些林立的巨型广告牌却令人久久难以忘怀。户外广告具有一定的强迫诉求性质,即使匆匆赶路的消费者也可能因对广告的随意一瞥而留下一定的印象,并通过多次反复而对某些商品留下较深的印象。

### 4. 表现形式丰富多彩

特别是高空气球广告、灯箱广告的发展,使户外广告更具自己的特色,而且这些户外广告还有美化市容的作用,这些广告与市容浑然一体的效果,往往使消费者非常自然地接受了广告。

### 5. 内容单纯

户外广告能避免其他内容及竞争广告的干扰。

### 6. 发布时段长

许多户外媒体是持久地、全天候发布的。它们每天 24 小时、每周 7 天地伫立在那儿,这一特点令其更容易被受众见到,都可方便地看到它,所以它随客户的需求而天长地久。

### 7. 千人成本低

户外媒体可能是最物有所值的大众媒体。它的价格虽各有不同,但它的千人成本(即每一千个受众所需的媒体费)与其他媒体相比却不同:射灯广告牌为 2 美元,电台为 5 美元,杂志为 9 美元,黄金时段的电视则要 1020 美元。但客户最终更是看中千人成本,即每一千个受众的费用。

### 8. 更易接受

户外广告可以较好地利用人们在散步游览或旅途中经常产生的空白心理。在这种时候,一些设计精美的广告、霓虹灯多彩变化的光芒常能给人们留下非常深刻的印象,能引起人们较高的注意率,更易使其接受广告。一块设立在黄金地段的巨型广告牌,或处处碰面的候车亭,是任何想建立持久品牌形象的公司的必争之物。很多知名的户外广告牌,因为它的持久和突出,成为某个地区远近闻名的地标。

**【案例 10-1】**

迈克尔·杰克逊音乐演出广告如图 10-2 所示。

标题:迈克尔·杰克逊和他的朋友们

正文:What more can I give! 倾力奉献!

**案例解析**

视觉冲击力强,寥寥几笔就将迈克尔·杰克逊的特征勾画出来,同时以最简单直白的语言将广告的目的表达出来,使人一目了然。

图 10-2 迈克尔·杰克逊音乐演出广告

## 三、户外广告文案的写作特点

### (一) 简洁性

虽然户外广告具备比较大的信息传达空间,但是由于户外受众接收广告信息的短促性,决定了户外广告文案在写作方面应注重文字的精炼,强调信息的瞬间传达。受众看户外广告经常是一带而过,假若一块广告牌上都只是文字,匆忙的人们是不会仔细去看的,当然,想看也看不清。所以,户外广告的文案一直比较简洁,言简意赅,优秀的户外广告一般都只有一句话。如果说简明是所有优秀广告的标志,那么户外广告就是简化了的简明。

世界上最简洁的户外广告是什么?公益类恐怕非交通标志莫属,而商业类则是麦当劳的金色"M"了。这个简洁的金色"M"可谓世界上最普遍熟知、最国际化的一个户外广告了。有意思的是,麦当劳近几年的户外广告因为创意"出位"而广受关注。

【案例 10-2】

### 可口可乐户外广告

可口可乐户外广告如图 10-3 所示。

标题文案:Feel it 感受它

**案例解析**

由意大利阳狮广告公司为可口可乐发起的最新户外营销战役中,它采用可口可乐经典的红白配色,以红色为主背景,对可口可乐的经典 Logo 进行了透视效果处理,使这个带有独特弧度的白色徽标巧妙地呈现出贴在圆柱体瓶身上的效果,从而让简单的文字看起来仿佛一瓶可口可乐标签。再加上可口可乐原本深入人心的形象,看到的人都会不由自主地脑补出轮廓。

图 10-3　可口可乐户外广告

(图片来源：https://www.sohu.com/a/381105361_122209)

产生这种"错视"，白色小字文案"Feel it"也功不可没。它在广告中位置、大小的巧妙设置，让它看起来正如一瓶可口可乐瓶盖，与徽标一起唤醒了消费者心中固有的印象。

### （二）吸引性

户外广告在吸引受众注意力方面要求广告信息在文案、图形、色彩、编排等方面能够瞬间抓住受众的眼球，吸引受众阅读。要求文案的创作者，熟知产品特点以及户外媒体的特性，使文案能契合受众的心理，有效地吸引阅读。

【案例 10-3】

**麦当劳"蔬菜沙拉"户外广告**

文案：蔬菜沙拉(图 10-4)

图 10-4　麦当劳户外广告

(图片来源：数英)

**案例解析**

把平面的设计字体变成立体真实的蔬菜排列，通过让观众了解蔬菜真实的成长过程，强化了"新鲜感"的概念。新鲜沙拉，看着就很新鲜！

### （三）信息的单纯性

户外广告的首要任务就是引起消费者的注意，并激发他们的兴趣。但户外广告所面对的受众是匆匆而过的路人,如果信息不能在很短的时间内被注意和理解,就会失去这个读者。想要使受众记住企业名称或者某种商品,就需要招贴广告在设计上只能强调一个销售重点,切记"信息的简明与单一"。无论是张贴在户内还是户外,标题字体都要大,字数不宜过多,要使人一目了然,在很远的地方也能看清楚海报的内容。

### (四)灵活性

户外广告文案写作的灵活性主要体现在文案的结构上,可以只有广告标题、没有广告正文,或者两者全无,只有企业标志信息。

### (五)信息整合性

在大多数情况下,户外广告是由多种广告信息元素组成的。通常,户外广告文案需要和广告画面进行配合,针对所要传达的信息要点进行整合。大多数户外广告都是图文混合,因此,文案要紧密配合图案,起到图文互补的作用。文案往往是对图案或者设计的精彩概括,就像是悬念式电视广告最后以字幕亮出谜底一样,令人回味无穷。

## 四、户外广告文案写作技巧

① 以创意概念为内核,文案简洁有力,以一当十。
② 图文并茂,相得益彰。
③ 以媒体使用为契机,使之焕然一新。
④ 以市容环境为背景,与之整合。
⑤ 文案中注意传达品牌信息。

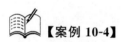
【案例 10-4】

### 巴西电影节巨幕电影广告

巴西电影节巨幕电影广告如图 10-5 所示。与其以像素为单位来看,不如以米为单位来感受情感的澎湃。尺寸无所谓?难不成你还想告诉我在平板上看电影更好?天天说着要目光放长远,结果却在手机上看电影?每平方米最大质量的情感。

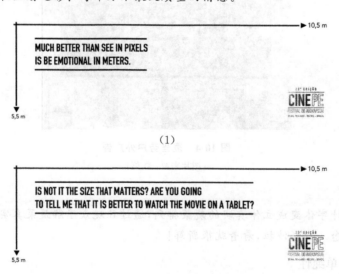

图 10-5 巴西电影节巨幕电影广告

USUALLY SAYS THAT THINKS BIG
AND WATCHES MOVIES ON CELL PHONE?

（3）

THE LARGEST QUANTITY
OF EMOTION PER METER SQUARE.

（4）

（5）

图 10-5 （续）

**案例解析**

巴西累西腓电影节发布了一组户外广告，用白纸黑字向大家安利巨幕电影。画面上只有一句文案，其巧妙之处在于两条标着数字的箭头射线，视觉上告诉观众巨幕电影能够突破屏幕束缚，给人带来风更多想象空间。

# 第二节　直邮媒体的广告文案

直邮广告简称 DM，是直接营销的一种手段。直接营销是指一种企业与目标消费者之间进行直接沟通促进销售的营销方式。直接营销的手段主要包括直接销售、直接邮寄、电子营销、电视直销等。

## 一、直邮广告的含义

DM 是英语 Direct Mail 的缩写,就是通过邮政系统,以信函的方式直接邮寄给目标消费者的广告。其内容多用来介绍商品性能,劝说受众购买,或解答疑问等。它总是利用较小的文字传递大量的信息。

直邮广告是直接完成销售的一种比较有效的方法。据统计,以广告费用支出计算,直邮是当今世界排名第三的广告媒介,全球广告主花在直邮上的广告费甚至高于杂志广告费和广播广告费。直邮广告媒介主要以邮寄印刷品的方式直接向目标受众传达广告信息。凡是应用于发布直邮广告信息的物质或中介,都可以视作为直邮广告媒介。

体育用品、服装、电子产品、收藏品、图书、杂志以及一般百货都适合采用直邮的方式销售。一些公开的展览会、研讨会也以直邮方式吸引报名。

直接邮寄广告的操作方式是通过名录数据库选择潜在消费者,把根据这些消费者需求特别设计的邮件邮寄给他们,并鼓励收到邮件的潜在消费者采取"行动"。

## 二、直邮广告的优点

直邮广告具有较为明显的优点:一是有的放矢,针对固定对象进行信息传递;二是便捷快速地拓展新的消费群体;三是可以详细地对产品或服务的各方面进行介绍;四是信息的传送和接收具有较大的灵活性;五是制作简便、费用低廉。与传统印刷媒介广告相比,直邮广告更方便,它直接针对潜在消费者进行诉求,便于控制广告的发行量,能避免竞争对手广告的干扰,直接获得消费者回应并且能通过回应情况判断广告效果。直邮广告也有其不利之处:直邮的千人的成本远远高于大众媒介;由于目前直邮广告的泛滥,许多消费者甚至将直邮广告视为"垃圾邮件"。

## 三、直邮信封的格式与写作

### (一)直邮信封由正面、背面和封口三部分构成

(1)正面包含:收信人地址、姓名、邮编、寄信人地址、邮编、公司名/姓名写在正面,如图 10-6 所示。

(2)正面要留出 6 厘米×3 厘米的地方贴邮票。信封规格要符合邮寄规定。

(3)能引起消费者注意的主题,可印上让人好奇或催促性广告语。

(4)在信封背面写上主要内容简介,可以提高开阅率,如图 10-7 所示。

图 10-6　信封正面

图 10-7　信封背面

### （二）悬念、利诱等诱因可增加拆阅率

以楼盘为例：超低单价、免费鉴赏、××体验之旅等。或者是，××大抽奖、内负赠品、折扣、限量发售等都能很好地引起注意。"警告：这份资料可能使您震惊，并完全改变您的消费方式。如果您已做好行动准备，那就打开它吧！"看到这样的文案，顾客就有可能出于好奇打开它。

## 四、直邮信函写作的基本步骤

直邮信函的撰写是能否取得产品营销成效的最直接和最重要的因素，正确撰写有效的信函，能使直邮的营销获得事半功倍的效果，基本步骤如下。

（1）信首与信尾。信首与信尾不宜含有大量营销信息，过量的营销信息容易分散目标客户的注意力，降低对重要信息的识别率。因此，信首应尽量简洁并让目标客户感到亲切与被尊重。信尾则可传递一些简短的服务信息。

（2）篇幅。信函篇幅的原则是力求简洁，切忌重复啰唆，这应贯穿于直邮的各个方面。

（3）使用问候语。恰当使用问候语并关注收件人的感受是激发收件人的热情、继续进行有效的沟通，也是增强亲和力的主要方式。

（4）使用标题。营销主要任务是销售产品与服务，因此，激发目标客户阅读兴趣的标题是直邮营销成功的关键，要在营销中融入贴心服务，使目标客户了解预期效益。

（5）使用小标题。小标题是对每段内容的浓缩。将正文分成易读的段落，并给每段加上小标题，方便目标客户从中选择所需的信息。

（6）下画线和黑体字。在信函中使用下画线和黑体字可以起到强调重要部分的内容，引起目标客户的高度关注的作用。但频繁使用会降低整体效果并影响信函的整洁度。

（7）使用色彩。色彩的使用可以使信函美观，体现企业的理念和风格，色彩需与品牌形象基调保持基本一致与和谐。与下画线和黑体字的使用效果相同，不宜过于频繁使用色彩。

（8）写作风格。熟练运用写作技巧能提高邮件的可读性和反馈率。力图做到：首起段落要具有创意；写作语气要具亲和力；明确信函的期望值；让目标客户体验价值与尊重；写作的叙事结构要清晰。

## 五、直邮广告文案的写作要点

报刊广告的写作形式，同样适合于直邮广告。同时，还要特别注意以下几点。

### （一）语气亲切

由于直邮广告是针对具体的个人或单位的，具有"私人"的性质，可以令人产生亲切感，因此，给收件人的直邮广告可以采用感性诉求，对于收件人要持尊重的态度，不能用生硬或者用命令的口气催促其购买，否则只能让人敬而远之。比如，在文案的开头使用尊称，如"尊敬的先生""亲爱的小姐"等。

### （二）提供详尽的信息

邮件如果能被打开，说明收信人多少对此有些兴趣；收信人一旦开始阅读，就说明他有较大兴趣。所以直邮广告应该尽可能多地提供有用的信息，比如产品的尺寸、规格、售价等。要诚实地介绍产品，说明购买利益。例如，汽车产品的目录，在提供了产品图片和产品简介以及客观的评述文章后，会让收件人在对所销售的产品有一定了解的情况下，激发其购买欲望。

### (三)注意趣味性

直邮广告应该尽可能采用风趣幽默、吸引人的方式来传达产品信息。没有人喜欢阅读生硬的推销说辞和枯燥的产品介绍。

### (四)文案应该通俗易懂

使用消费者熟悉的语言,不要过多地使用专业术语,不要让消费者对阅读广告文案心生畏惧。

### (五)语言使用的特殊性

第二人称"你(们)"和"您"具有拉近距离、面对面交流的直接性,仿佛直邮文案在和消费者交谈,不是自说自话,也不像大众化媒体一样面对所有受众。这种方式的采用可以体现直邮广告文案直接进入的特点,很快缩短销售的心理距离,避免还没有翻看就被丢弃的厄运。直邮广告文案的目的是让对方心动、接受、购买,因此,从收信人的角度考虑问题更容易提高成功率。

第二人称的使用可以直接面向目标对象的消费选择,加上充满人情味的、直击消费者心理的传播专用语言,使直邮广告充满私人性特点与直接关怀,成为极具价值的广告媒体。另外,要有强有力的开头,开头不宜超过4行,否则受众会不耐烦,以致放弃阅读后面的内容。要开宗明义、言简意赅且具有吸引力,让目标受众对所推销的产品或服务感兴趣。

直邮广告封套语言和开头语言的设计要相辅相成、互不重复、各具特色,能直接表现目标消费者的心理接受意愿,加之直邮广告直接面向目标消费群体,这样,直邮广告文案的商业价值就实现了至少50%,消费者或潜在消费者的消费心理防线就基本敞开或松动了,直邮广告文案的功效就能在后期的整合营销传播中得以实现。

### (六)不要怕长文案

一般来说,直邮广告可长可短,短的可以只有一句话、几个字,长的可以达到十几页。如果确实有丰富的信息要提供给读者,并且找到了具有吸引读者的方式,就不要怕文案太长。提供的信息越具体、越细致,就越有可能达成销售或引发行动。例如一些贵重物品的直邮广告,读者就需要获得较多的信息来进行比较和判断。

### (七)反复申明所提供的服务或者利益

这是最能吸引读者、引发行动的内容,所以应该明确地提出来,并且在适当时机不断地重复强调。服务或者利益可以是对购买者的奖励、购买产品可以获得赠品、退换货便利、安全保证、权威机构的认定、其他消费者的赞许,等等。

### (八)提供多种反馈途径

直邮广告能够有效地获得读者的反馈,可以比较直接地获取用户的相关信息,能够比较快速地调整今后的销售计划。反馈途径有许多种,如电话订购、传真订购、800免费咨询电话,鼓励读者使用含有订单的免邮资回邮信封等。这些反馈途径应该被编排在信函或者产品目录的醒目位置,并且加上一些鼓励行动的言辞。

### (九)激发读者的行动意愿

直邮广告是促销色彩浓厚的广告形式,也是对广告文案写作人员挑战最大的广告形式。出色的直邮广告能够强烈地激发收件人做信函希望他要做到的事情,让他觉得不这么做是一个损失。

### (十)直邮广告文案创作要细分目标受众

细分市场对直邮广告文案人员非常重要。消费兴趣相似的潜在消费者往往有相近的购买心理和习惯,这是直邮广告文案创作和其他广告最明显的不同。比如按性别、产品使用量、消费心态、时尚与传统等要素进行细分,文案人员要与销售人员共同了解细分市场,才能找到科学的商品销售诉求点,达到目的性与针对性的完美结合。

直邮文案创作人员在创作时应有假想的目标消费对象,在创意过程中应追求文案的个性化,这样才能体现直邮广告的独特之处,才能与画面、色彩及其整体构思形成和谐完美的创意效果。这是直邮广告不同于其他广告文案的创作技巧之一。

## 第三节 其他类型广告文案

### 一、海报广告文案

海报(posters)是极为常见的一种招贴形式,多用于电影、戏剧、比赛、商业活动。海报中通常要写清楚活动的性质,活动的主办单位、时间、地点等内容。海报的语言要求简明扼要,形式要做到新颖美观。海报作为一种特定的户外广告,其文案创作要标题简洁,内文字数不宜过多,也可以没有,随文一般要有明确的活动信息。

### 二、包装广告文案

包装中的文案主要包括基本文字、包装牌号、品名和出产企业名称等。一般安排在包装的主要展示面上,生产企业名称也可以编排在侧面或背面。品牌名字体一般做规范化处理,一是有助于树立产品形象,品名文字可以加以装饰变化;二是资料文字,资料文字包括产品成分、容量、型号、规格等,编排部位多在包装的侧面、背面,也可以安排在正面,设计要采用印刷字体;三是说明文字,说明产品用途、用法、保养、注意事项等,文字内容要简明扼要、字体应采用印刷体,一般不编排在包装的正面;四是广告文字,这是宣传内容物特点的推销性文字,内容应做到诚实、简洁、生动、切忌欺骗与啰唆,其编排部位的多变。

【案例 10-5】

**CJ 包装**

CJ 包装广告如图 10-8 所示。

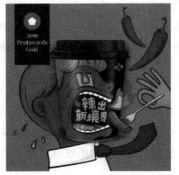

图 10-8 CJ 包装广告

(图片来源:Pentawards 官网)

**案例解析**

包装设计在销售终端与消费者直接接触,特别是很多新锐品牌,注重与客户360度接触,将包装定位为与客户连接的重要触点,日益重视包装文案中的广告文字,CJ包装中的"吃了才芝道"和"辣出新境界",语言生动,既丰富了包装视觉感知,又清晰传达了产品特性,互为助益。

## 三、宣传册文案

对于企业来说,宣传画册的文案内容的规划,才是帮助企业提升形象和品牌的关键,企业宣传册文案内容多,涉及面广,根据一般企业宣传测的内容结构,需要做好基本素材的准备。

(1) 简介内容准备。一般企业宣传画册首先应该对企业或产品做一些简单的介绍,让别人知道公司是做什么的,这样才能够引导读者继续了解企业。

(2) 关于主要业务范围内容整理。在了解企业的时候,必然对企业整体业务需要有一定的了解,这方面的内容整理也是非常关键的。

(3) 客户案例内容整理。现在一般企业经营一段时间后,都应该有一些优秀的案例,通过对这些客户案例的展示,对于企业的发展也是有帮助的。

(4) 合作伙伴内容展示。一般企业的发展阶段,合作伙伴的展示,自然也是实力的展示,通过合作伙伴的Logo展示,也能够对企业的形象做好展示。

(5) 企业发展历程内容整理。如果一个企业发展的时间比较长,这个时候必须要做好企业发展历程的内容整理,这样才能够更好地做好相关的准备。

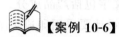

**【案例10-6】**

**万科17英里楼盘宣传册文案节选**

宣传册名称:距离的秩序

1. DISTANCE

对距离坚持的理性尺度,在于境界。距离,即空间。距离产生美,不是每个人都能享受世界上最美好的事物,它需要心境,需要场所,更需要一个恰当的距离,万科·17英里,我能与这个世界保持的距离。

SEAHOUSE

渴求精神的宁静,于是便有了思想。稀有,于物理而言,可以财富定之;于精神而论,唯睿智从容可得。居海,观其喜而知性,闻其怒而明理,悟其哀而达志,品其乐而知行。于是,在不知不觉的思考中,在随意把玩的悠然上,我们置身于外物的繁华之上,被原始自然时光的质感,深深折服……

BOX

我在17英里的空间。驾驭,或被驾驭?空间,是阅读生活的最高形式,"床"是圆点,行走是步伐是半径,一寸踱步亦明自我驾驭之能,而后驾驭世界。空间自由间离与超然私密的高度辩证统一,在伸手拿捏之间,实现理性哲学与浪漫诗学的一次交媾。在每一个时间的刻度,思想不需要宽度。

PARTYLIFE

看过比看懂重要。相对是绝对。是财富掌管世界还是思想掌管世界,不一而论。但名利场同时掌管着财富者与思想者,在PARTY这个名利场,我们各取所需。名利,只是指间把玩的消遣,使其成为一个现场,虚荣与欲望才能成为高尚,于此,我们称之为占领。

CLUBHOUSE

答案越多选择就越多。时间和场所只是一些确定距离观念,而且这些观念之起,只是由于各可感物中具有明确的各点,我们假设这些点的距离是一个空间的数值,不言而喻,每个距离是相异的,不同的尺度对精神的感应拥有不同的距离,距离界限一旦被冲破,世界就将会失去特权者和优势阶层。

大洋彼岸的17英里。"17英里"取自美国加州蒙特里半岛著名的17-miles drive。此路上有令人屏息、难以置信的美景。卵石沙滩上风格各样的百万富翁豪宅,俯视着绝美的海景。17英里沿线共21个主要景点,包括西班牙湾旅舍、乔伊岬、中国岩、鸟岩、海豹岸等,其中最著名的是孤独的柏树:"孤柏"也许是世界上最著名的树了,它孤零零地、但坚强地屹立在海边悬崖绝壁上,已历经了二三百年的风刀箭雨,见证着东太平洋的潮起潮落。这里也坐落着著名的圆石滩高尔夫球场,圆石滩高尔夫球场是全美最著名的高尔夫球场之一,而它之所以著名,是因为它海天一色、风景优美,而且管理完善。这里是美国PGA高球锦标赛的场地之一,也是老虎伍兹成名的地方。

万科·17英里地质、水文

地质地貌:地质特征主要为出露中生代燕山第三朝花岗岩,岩石以细、中粗粒黑云花岗岩为主。由于花岗岩受长期风化作用,岩石多呈肉红色,风化花岗岩裸露地表。

水文状况:项目的最终潮涨系数为1.78,属不正规半日混合潮类型。这类潮汐的特点是,每个太阴日出现两次高潮和两次低潮,潮汐不等现象比较明显,浅水分潮也显著,落潮历时稍大于涨潮历时。根据潮位观测资料,可得潮位特征值如下:

2. 建筑的透明BOX(略)

3. SLA的园林主张(略)

4. CLUBHOUSE的个性空间(略)

5. 材料与部品(略)

1. 户外广告文案的创作特点是什么?
2. 海报广告有什么特点?
3. 包装的文案由哪几部分构成?
4. 宣传册文案创作需要什么准备?

# 第十一章

## 长文案和系列文案

**学习要点与目标**

1. 熟悉长文案的表现手法，掌握长文案的写作要求；
2. 熟悉系列广告文案的特征和表现形式，掌握系列文案的写作要求。

**引导案例**

### Keep"怕就对了"系列广告

广告口号：怕就对了

系列广告：

01 ♯胖仙女游舒晴的故事♯我怕总被别人盯着看，但我更怕永远做个小透明。

02 ♯视障跑者郭育廷的故事♯我怕丢掉安全感，但我更怕再也跑不出安全区。

03 ♯冠军骑手郑泽诚的故事♯我怕速度太快，但我更怕被人甩在身后。

04 ♯健身狂人刘老头的故事♯我怕做没把握的事，但我更怕，这就到头了。

05 ♯跳水女孩杜鑫蕊的故事♯我怕站得太高，但我更怕再也上不去。

由这 5 个故事组成的广告片还以 H5 形式被投放到朋友圈中，如图 11-1 所示。

**案例解析**

2016 年，KARMA 为 Keep 创作出品牌广告语"自律给我自由"，新的广告活动目的是在"自律给我自由"品牌精神下，进一步输出能激励 Keep

图 11-1　Keep 应用的系列广告

(图片来源：数英，https://www.digitaling.com/projects/65281.html)

用户的内在驱动力。

创意说明：1.8 亿 Keepers 中进行挑选，选定瑜伽胖仙女、盲人跑者、老年泳者、冠军骑手、跳水女孩这 5 个 Keepers，正因为他们的独特，让害怕在他们身上尤为明显。基于此，真实故事所产生的共情力，能让受众切实感受到既然他们都能战胜那样强大的害怕，那自己一定也可以。文案通过"我怕……但我更怕……"句式来解构害怕的辨证。前半句展现出现实困境，后半句透露了内心渴望。

# 第一节　长　文　案

## 一、长文案和短文案

广告文案的长短都是相对而言的，通常人们把一百字以上的文案视为长文案，把数十字以内的文案称为短文案。写广告究竟是采用长文案好还是短文案好呢？这个不能一概而论，短文案便于受众接收，阅读起来不易疲劳，但信息量较少；长文案读起来有一定压力，但可以达成与消费者的深度交流。目前，报纸、杂志广告越登越多，但文案大多不超过 100 字，甚至更短。有人认为，现在是电波一统天下的时代，生活节奏加快了，人们不会像奥格威时代那样，有耐心阅读长文案了，人类社会已经进入了"读图时代"，是"眼球经济"主导的时代，影像比文字传播更有优势。

其实不然，现代社会固然生活节奏加快了，媒介也更加多元化了，这会对广告传播方式（包括文案的长短）带来一定影响，但不能由此判定短文案一定有效、适合，广告宣传应根据新情况做出相应的调整，以适应环境的变化，而不是轻易地否定或放弃长文案。事实上，长文案和短文案各有特点，各有最合适使用的场合，两者各有特色，无法互相取代。总结起来，决定文案长短的因素有以下几个。

### 1. 媒体因素

各种媒体的特色各不相同，都有最适合的、相对应的文案形式。例如，一般对电视广告来说，短文案比长文案更有效。因为在电视广告中，广告时间受到限定，可能只有 30 秒、15 秒甚至 5 秒的传播时间，篇幅的限制导致广告中传达信息的容量也受到限制。

另外，在电视广告中文字只是众多传播渠道的一种，产品的信息是由文字、画面和音响共同完成的，所以在这种情况下用短文案比较合适；而在印刷媒介中则较多地采用长文案，如报纸、杂志等媒体上的广告，因为印刷媒介主要是通过文字来表达主题的，对篇幅的限制不那么严格，可以在有限的版面内刊登较多的文字内容，并且报刊媒介具有相对的稳定性，信息丰富的长文案可以保留下来并多次阅读，从而形成长时间的多次传播。

### 2. 产品因素

不同广告产品的性能及其在市场中所处的不同阶段决定着文案的长短。

（1）产品价格。一般来说，价格较为便宜的日常生活消费品，比如油盐酱醋、香皂、洗发水、毛巾等产品的广告，只需突出产品名称、主要特点等关键信息，阐明核心诉求即可，所以这些广告文案多采用短文案；而生产资料（如机器、工具等）、耐用消费品（如汽车、住房等）和较大的服务项目（如保险、旅游服务等）的广告一般需要用长文案，因为这些产品或服务都具有较高的价格，受众在花较多的钱购买这些产品前，总希望了解更多的产品信息。

此时，在广告正文中就必须详细介绍广告产品与同类产品相比有哪些独特的品质、性能、价格、用途如何以及使用注意事项等，显然，对这些产品仅向受众提供一些结论是不够的，而必须提供充足的理由，才能使人信服并采取购买行动。而只有长文案才能承担起如此详细的介绍和深度的说服功能，给消费者提供一个购买该产品的充足理由。

（2）产品的生命周期。产品所处的不同生命周期，也会影响到文案长短的使用。当产品刚问世，处于导入期的时候，广告文案就需要以较多的文字，较细致地向受众介绍新产品的基本信息，如性能、功效、型号、外观、价格、厂家地址、联系方式等；而当产品进入成熟期以后，就只需以较少的文字来做广告宣传，不断提醒消费者产品的信息，巩固受众对产品的良好印象，相比导入期，这一阶段所需的广告投入和每一则广告的信息量都有所减少，因此用短文案即可。

（3）产品的定位。当首次对产品定位时，只需用短文案，简明扼要地介绍该产品在市场上的定位。当面临给产品重新定位时，就需要先扭转消费者对于产品长时间形成的固有印象，然后再重新树立新的品牌形象，是一个先破后立的过程，这时就需要用长文案。所以，应该尽量在首次定位的时候就准确找到产品的位置。重新定位时，如果文案只有三言两语，难以清除受众对以往广告定位的影响,无法纠正人们对广告产品先入为主的印象,这时就需要广告以较长的文案内容来详细陈述产品的新定位,使消费者读过之后能在更深层面达到新的认知。

## 二、长文案的表现手法

### 1. 故事型长文案

不少长文案采用故事型的表现手法,以使文案更吸引人、更有趣,从而使其广告产品、企业或服务等信息自然而然地被受众所接受,避免直接推销所带来的负面影响。故事型的长文案需要文案写作者有良好的构思能力和驾驭文字节奏的能力,要把一个虚构的故事描写得引人入胜,充满趣味。

### 2. 陈述型文案

陈述型长文案是向受众详细叙述产品的特点、性能、用途以及它带给受众的利益,陈述型文案包罗了丰富的产品信息,使受众全面完整地了解产品的全貌。

【案例 11-1】

### 甲壳虫汽车 Lemon 长文案

甲壳虫汽车 Lemon 广告如图 11-2 所示。

图 11-2 甲壳虫汽车 Lemon 广告

标题:Lemon——不良品

内文文案:

这辆甲壳虫没通过测试。仪器板上杂物箱的镀铬装饰板有轻微损伤,这是一定要更换的。或许你根本不会注意到这些细微之处,但是检查员科特克朗诺一定会。

我们在沃尔夫斯堡的工厂中有 3389 名工作人员,他们唯一的任务就是:在生产过程中的每一阶段检验甲壳虫（我们每天生产3000辆甲壳虫,而检查员比生产的车还要多）。每辆车的避震器都要测验（而不是抽查),每辆车的挡风玻璃都必须经过详细的检验。大众汽车常因肉眼所看不出的表面擦痕而被淘汰。最后的检查更是苛刻到了极点。大众的检查员们把每辆车像流水一样送上检查台,接受189处检验,再冲向自动刹车点,在这一过程中,被淘汰率是2‰,50辆车总有一辆被淘汰！对一切细节如此全神贯注的结果是,大众车比其他车子耐用,却不需要太多保养（这也意味着大众车比其他车更保值）。我们剔除了酸涩的柠檬（不合格的车),给您留下了甘甜的李子（十全十美的车）。

**案例解析**

　　DDB创始人威廉·伯恩巴克在美国车价格高、高耗油、高成本的现状中,看到大众甲壳虫物美价廉、高性价比、维护费用低等特点,提出一系列围绕"物美价廉"的价值主张的广告宣传,进而运用广告的力量,改变了美国人的观念,为大众甲壳虫小型轿车占领美国市场奠定了基础。广告的标题都是极佳的标题党——Lemon,强烈抓住受众的注意力,内文的长文案通过逆向思维,详细介绍如何将不良品检验剔除,反证了甲壳虫汽车的优良品质。

### 3. 新闻型长文案

　　如果广告信息与社会发展、公众生活有较大的联系时,可采用新闻的表达方式,即将文案写成新闻型的长文案。由于新闻涉及的是当下大众关心的内容,这就容易引起人们浓厚的兴趣和广泛的关注。并且,由于新闻所固有的客观、公正的特点,因而与之共同宣传的产品信息的真实性就会令人信服。这种新闻型的广告也被称作软广告。

【案例11-2】

#### 伊利的一则软广告文案

　　标题："放心奶"现身超市,伊利等乳制品销量回升

　　正文：近日,记者在部分超市走访时看到,伊利等企业的安全乳品已经全线上架,并且都同时配以国家的质检报告,提示其产品已可放心食用。据卖场经理透露,随着国家的严厉整顿和企业的全力配合,目前市场上,伊利等品牌的乳制品已经通过国家检验,部分酸奶、纯牛奶产品的销量已开始回升。

　　在北京家乐福双井店,一位女性消费者正在选购伊利优品嘉人酸奶,她告诉记者：现在国家对奶源的控制很严格,她对这种酸奶很放心。该超市有关负责人介绍,目前市面上销售的液态奶都是经国家检测合格的产品,消费者可以放心购买。

　　据了解,中国乳品行业正在进行最大规模的安全整顿。作为多年的乳业龙头,伊利集团反应最为迅速。目前,该企业针对问题产品的"三清理"工作已经率先于9月17日全面结束,正在全力落实"三确保"措施,不让任何有问题的原奶进入生产环节；不让任何有问题的成品流出工厂。

　　专家表示,伊利率先采取的"三确保"措施是确保乳品安全、重树乳品市场信心的重要保障：只有更加严格地对原奶收购环节进行检测,才能从源头杜绝问题的产生；只有所有的产品全部经过企业自身和国家质检部门更加严格的检测后出厂,才能确保产品质量；只有加大投入来建设优质的奶源基地,提升奶农的生产方式,才能保障奶农的利益从而持续的保障广大消费者的利益。

据伊利介绍,为了进一步确保一线产品的安全,伊利集团的几位领导已经亲赴各地区,直接督促"三确保"措施的妥善落实。截至 9 月 23 日,伊利新采购的价值 1270 万元的专业检测设备已经全部到位,在全部 130 多家工厂内进行 24 小时不间断的检测控制。所有产品在进行严格检测的基础上,再请当地质检部门进行复检,合格一批,出厂一批,确保批批检验合格。

各乳制品企业全力保证产品安全的多项举措已初步得到了市场的良好回应。权威机构监测数据显示,目前国产乳制品销售量近日已出现较大回升。

**案例解析**

该广告文案发布于中国乳制品行业三聚氰胺事件之后,消费者对国产奶制品的质量严重缺乏信心。伊利用较为权威的新闻形式,以事实为依据,向消费者展现乳制品行业,尤其是伊利企业在确保乳品安全方面的措施和承诺,该广告本着客观公正的原则,把自我宣传、自我推销的痕迹降到了最低限度。经过一系列广告的投放,市场对伊利的信誉度也开始稳步提升。

## 三、长文案写作要求

阅读长文案需要长时间的集中注意力,这对文案的写作提出了较高的要求。能否使读者对长文案保持阅读兴趣,这是对文案写作者的考验。为此,写作时要精心安排文案结构,运用多种句式来使广告丰富的信息通过生动、活泼的文案较好地传递给受众。

在长文案的写作过程中,可以应用以下几方面的技巧。

### 1. 多分段

长文案一般都在百字以上,如果数百字的内容都放在一段中,那么会让读者无所适从,从而产生阅读压力,而且密密麻麻的信息只会让人晕头转向,严重影响阅读热情,甚至中途放弃。

因此,长文案要多分段,使受众阅读时有停顿和喘息的机会。长文案的段落可由一句、几句组成,也可以由几十句组成,但较为可取的是,多用短段落。历史上著名的长文案几乎都具备这样的特征。

### 2. 多用小标题

为了让读者阅读不枯燥,快速浏览也能了解文章大致意思,还可以在长文案中设置一些小标题,以激起读者持久的阅读兴趣,引导受众进一步阅读感兴趣的正文。通常小标题要对长文案各个段落的内容作大致的概括,从而帮助受众更迅速、了解正文的内容,并根据需要选择段落阅读。

### 3. 多种句式错落

连续使用长句会使长文案显得缓慢、冗长,令读者感到乏味甚至疲倦,连续使用短句,又会使长文案的节奏过快,令人感到紧张。要使长文案的节奏有张有弛,可以交替使用长句和短句,以保持文案明快而从容的节奏。同时,为了使长文案有起伏、更生动,写作时可以运用多种句式,形成错落有致、上下起伏的语言风格。

【案例 11-3】

**长城干红广告文案**

长城干红广告如图 11-3 所示。

图 11-3　长城干红广告

标题：长城干红——三毫米的旅程　一颗好葡萄要走十年

内文：三毫米，瓶壁外面到里面的距离。不是每颗葡萄，都有资格踏上这三毫米的旅程。它必是葡园中的贵族；占据区区几平方公里的沙砾土地；坡地的方位像为它精心计量过，刚好能迎上远道而来的季风。它小时候，没遇到一场霜冻和冷雨；旺盛的青春期，碰上十几年最好的太阳；临近成熟，没有雨水冲淡它酝酿已久的糖分；甚至山雀也从未打它的主意。摘了三十五年葡萄的老工人，耐心地等到糖分和酸度完全平衡的一刻才把它摘下；酒庄里最德高望重的酿酒师，每个环节都要亲手控制，小心翼翼。而现在，一切光环都被隔绝在外。黑暗、潮湿的地窖里，葡萄要完成最后三毫米的推进。天堂并非遥不可及，再走十年而已。

案例解析

该广告文案长短句参差，多种句式的运用使整个文案变化多端、生动活泼。通过长短句的有效搭配、各种句式的灵活运用，该文案长城干红的优秀品质通过一粒葡萄很好地表达了出来。

### 4. 材料安排有条理

长文案由于包含众多的广告信息，如果文案条理不清楚，内容就可能乱作一团，从而干扰信息的良好传达，甚至使受众放弃阅读。因此，写作长文案前，要细心整理材料，并加以分类。值得一提的是，由于长文案包含较多的材料，不需要勉强地安排逻辑顺序，只要把所有材料分门别类后按照一定的条理列出即可。

【案例 11-4】

#### 新加坡克拉码头旅游广告文案

标题：在我们的古老店铺里，却拥有世界最新奇的事物

正文：在克拉码头，古老的不止是店铺，这里的一切都散发着同样古老的气息。早在两百

年前,这个地方已经一片繁华。在那个年头,所谓的美芝路还是一块沙滩,所谓的莱弗士,还是一个实实在在的人,而不是酒店的名字。

现在,这群古老的货仓摇身一变,成为一间间别具风格的店铺。这里店铺真不少,走过了餐馆,就是店铺,走过了酒廊,又是店铺,走过了游乐场,依然还是店铺。

对了,就是这些店铺

这里足足有176间各式各样的新奇店铺,对于那些已经厌烦了寻常无趣的购物中心的人士,总可以在这里找到一些惊喜。首先,这里有的是服装,在我们的时装店里,您一定能找到目前时尚的服装。如果您找不到所要的款式,最大的可能就是这种款式不再流行。Coco Chanel说过一句意味深长的话:"时装总会过时的。"不是吗?

佩佩戴戴的奇特饰物

如果您想让自己装扮得更精致高雅,只需遵守一条简单的规则,那就是:随意试戴所有的饰物,站在镜子前看个清楚,直到完全称心如意再来结账。

克拉码头有古意十足的项链,更有以珍贵金属制作、现代风格浓烈的精品。这里有适合各个年龄人士的手表,还有充满民族气息的饰物,任您挑选。还不满足吗?好吧,为什么不看看最新奇的立体影像首饰呢?

这类首饰可望而不可及?没这回事,它们将成为您身上最漂亮的点缀。

美化您的家居

您也可以在这里找到所需要的任何家庭用品,无论是美观实用的,或者是纯粹用于装饰的,您甚至可能找到一些适合在睡房中使用的物品。好东西多得是,还有用最佳品质的布料定制的服装、令人赞叹的雕塑品,以及满墙的旧海报、新海报、图画和镜子。

可别忘了孩子那一份

如果您一时把孩子给忘了,当您找到他们时,他们或许正在忙着射击外星人和锤打小怪物(还好这只是游戏机罢了)。带孩子们到克拉码头逛逛吧,这里有纯粹出售儿童服装的店铺,只要几分钟,您就可以将他们装扮成英俊的宇宙英雄,足以和外星人一决胜负。

河上的旧物

克拉码头甚至还有一些售卖古董的古老店铺,所卖的东西有钓鱼的浮台,也有古老的宣传海报,你只要细心寻找就必有收获。如果能够在一百年后再来到这个地方,您或许还能找到一张克拉码头的旧广告,说着购物大优待的成年往事。

前往的方式也有无穷乐趣

星期一至星期三我们的店铺由中午开放至晚上9点半,星期四至星期天则延长至晚上10点半。此外每日上午11点至下午4点(星期天除外),如果您持有任何一家商店或餐馆所签发的固本,即可免费停车。我们也备有河上的士,每日朝11点到晚上11点,每10分钟一趟由莱弗士坊地铁站(渣打银行出口)出发。虽然它们的"外衣"是古老了些,但别担心,河上的士可是我们的最新创举。

案例解析

该文案长达一千多字,信息量大,广告文案按照材料的各种属性归为七个段落,从"店铺""饰物"等方面对克拉码头的旅游资源做了详尽的介绍,而没有刻意追求段与段、小标题与小标题间的因果联系。再如前面所列的《和53位涵养"绅士"阅读"泰晤士小镇"F区》的广告文案,材料众多,文案也是按其不同的性质分别列出。广告文案不是论说文,只要把信息准确、生动地传递给受众即可。而人为地硬在广告材料中寻找逻辑顺序,有时不免牵强,甚至妨碍受众接受广告信息。

## 第二节　系列广告文案

### 一、系列广告的含义

　　系列广告是指在内容上相互关联、风格上保持一致的一组广告，是在广告策划和创意的统筹之下，在广告战略与策略目标指引下创作的连续刊播的多篇广告文案。系列广告最突出的特征是整合统一的广告主题和统一的风格，各篇作品在画面、文案上有所变化，但它们之间却总有着一种或几种相统一的元素，各则广告既相对独立，又相互联系，有着分工明确、有效综合的特点。系列广告数量一般在三则或三则以上。系列广告不是同一广告的简单重复，而是一组设计形式相同但内容有所变化、各有侧重的广告的有机组合。在各种媒体传播的广告作品中，都有为数不少的系列广告。在报刊广告、电视广告和广播广告中，系列广告尤为常见。

　　在广告大战越演越烈的今天，系列广告这一形式以其强大的宣传声势、良好的整体效果受到越来越多广告人士的青睐。确实，相对于单个广告较为平弱的宣传效果，系列广告因其计划性强、持续时间长，故更容易强化消费者对产品的记忆；系列广告既能抓住相当多的"眼球"，却不会给人老调重弹的感觉。除此之外，系列广告还是传递不同诉求的最佳载体。例如，要介绍某种产品的多种颜色和款式，就可以把它设计成系列广告，每篇确定一个诉求，即一种款式，就能把有关这一产品的多种信息全部、清晰地传达出来，这是单一广告很难实现的。

### 二、系列广告文案的特征

#### 1. 内容的相关性

　　系列广告文案的内容大都是关于同一产品或服务的，有统一的定位。虽然也有一些系列广告文案是关于同一类产品的不同型号、不同款式的，但其内容总是有许多相同、相近或相关之处。系列广告内容上的相关性又与其内容上的前后勾连、相互补充、环环相扣的有序性联系在一起的。系列广告所有作品传达的广告信息都有一定的关联，或是以一个主题为中心，在不同的侧面展开；或是对相同的广告信息以不同的表现方法不断深化；也就是说，系列广告的设计、制作和发布，应按一定的逻辑顺序进行，或先总后分，或由浅入深，或从粗到细，或始隐终显。总之，应体现一种内在的必然联系，使消费者能够理解并乐于接受。

#### 2. 风格的一致性

　　系列广告还表现在风格的一致性上，其所有作品都保持一种统一的风格，呈现出一种鲜明的个性特点。不管是同一产品的系列广告，还是同一类产品的不同型号产品的系列广告，都要求在表现风格上做到和谐一致，体现出较强的整体感，使人一看就知道是一组系列广告。系列广告最忌单兵作战、各自为政、缺乏整体性和凝聚力。广告文案的风格包括语体风格和除此以外的其他表现风格。语体风格包括书面语体风格和口语语体风格。广告文案的风格是多姿多彩的，或华丽或平实，或含蓄或明快，或庄重或幽默，或豪放或婉约。对于一组系列广告文案来说，保持风格上的一致性，才能容易被受众所识别。

### 3. 结构的相似性

系列广告文案的结构是相近、相似，甚至相同的。在一组系列广告文案中，如果其中的第一则是采用标题＋正文＋广告语＋随文格式成文的，那么，紧随其后的文案的文本结构，就应当与此大致相同。系列广告在结构上表现出一定的相似性，这是人们区分系列广告还是单篇广告的重要标志。这种结构上的相似性具体表现在以下几个方面：一是文案标题句式的一致性，通常采用句式相同或相近的标题。二是文案正文结构的一致性，通常在篇幅、结构、行文方式上相同或相近。三是画面表现的一致性，往往选用在构图、色调等方面有某些共同特点的画面来表现。

### 4. 系列广告文案表现的变异性

系列广告的主题、风格虽然相同，但它们并不是同一则广告作品。除了广告信息方面的变化，系列广告作品之间最大的差异是广告表现的变化，包括画面的变化、标题的变化、文案正文的变化等。这种表现的变异性是与受众对广告的接受心理密切相关的。受众一般只接受与他们以前得到的消息或经验有所比较的信息，任何新异事物都易成为其注意的目标，而刻板的、千篇一律的习惯性刺激却很难引起受众的注意。要使受众不至于对系列广告产生不适应感和厌烦感，想让系列广告吸引受众连续看下去，就必须避免雷同化，突出差异点，保持新鲜感，增强可读性。当然，系列广告的"异"是同中有异，这种"异"最集中地体现在文字技巧和艺术表现手段的变化上。

## 三、系列广告文案的主要类型

对系列广告的分类，人们有不同认识。有人按照系列广告的直观表现，将它分为相同正文重复出现的系列广告、相同标题重复出现的系列广告、连环画式的系列广告及同一模特重复出现的系列广告。这种分类注重于系列广告表现方法方面的某些特征，但是并没有涉及各种类型的系列广告之间的更本质的区别。因此，我们以系列广告传达的广告信息为分类标准，将它分为以下三类。

### 1. 信息一致型系列广告

信息一致型系列广告即系列广告的所有作品都传达完全相同的信息，但采用不同的表现方法来表现，从而使受众对广告信息产生深刻印象。

### 2. 信息并列型系列广告

部分系列广告将同一主信息分割成表现主信息不同侧面的分信息，通过系列的形式加以表现，从而使受众对广告信息的各个部分有全面的了解。这种类型的系列广告，常常由一则传达完整的广告信息的广告作品统领几则传达各侧面信息的广告作品。

### 3. 信息递进型系列广告

部分系列广告传达彼此关联又层层递进的信息，即对广告主题的纵向分解，可以是悬念型内容的，也可以是企业产品的发展历史，使受众对广告信息的理解不断深入。

## 四、系列广告文案的表现形式

### 1. 标题或广告语不变，正文变化

在系列广告文案中用相同的标题配合变化的正文，如苹果公司报纸系列广告的文案，所有的标题都是"因为它得心应手，您当然随心所欲"，而正文则分别介绍苹果软件在商业应用、配合不同操作软件等方面的过人之处。

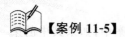

**【案例 11-5】**

**飞利浦电器的系列广告文案**

系列一

标题：请把握时机，表达您对家人的细心关怀

广告语：让我们做得更好

正文：因为飞利浦 TLD 高效荧光灯管色调与自然光极为相近，有利您和家人的眼睛。我们采用特殊氩气及高质量荧光粉，令飞利浦高效荧光灯管耗电量比普通荧光灯节省 10%，亮度却高出 20%；特殊的螺旋灯丝，可令灯管寿命延长。

……（省略）

系列二

标题：如履平地般轻松，全靠飞利浦蒸汽熨斗

广告语：让我们做得更好

正文：无论是丝绸、棉布、沙纺甚至牛仔衫裤……飞利浦蒸汽电熨斗都能轻易使之熨帖顺滑。飞利浦蒸汽电熨斗特有先进的自动清洗装置，有效地清洁电熨斗内的水垢，防止蒸汽通道被阻塞，使电熨斗更长久耐用。此外……（省略）

系列三

标题：既温暖又安全，除了妈妈的呵护还有飞利浦电暖炉

广告语：让我们做得更好

正文：与家人一起，纵是凛凛寒冬，也倍感温馨，再有飞利浦充油式电暖炉及暖风机相伴，这个冬天便更加温暖。飞利浦充油式电暖炉及暖风机，均有符合国家安全标准的电源线，安全可靠，兼有两年免费保修服务，质量备受信赖。让您和家人在安全舒适的环境中度过寒冬。……（省略）

**案例解析**

这一系列飞利浦电器的报纸广告，强调不变的广告语和统一的版式为表现方法和主要特征，广告语都是"让我们做得更好"，内文分别针对三种飞利浦家用电器，通过统一的版式安排把不同的广告主题内容用系列文案予以平行并列。

2. 标题变化正文不变型

在系列广告文案中用不同的标题配合相同的正文。如来自瑞士的瑞泰人寿保险公司在中国台湾地区报纸刊登的系列招聘广告，四则广告正文完全相同，但是分别冠以"寻人""征人""找人""要人"的标题，虽然正文相同，但是多变的标题仍然有助于加深受众的印象。

3. 标题变化正文变化型

在系列广告文案中，每一则广告文案的标题和正文都有所变化。在这种情况下，一般都会以相同的图案或相同的音乐来保持系列广告的统一性、完整性。

4. 标题不变正文不变型

在有些系列广告中，标题和正文都没有变化，但是版面的编排发生了变化，与文案配合的画面也发生了变化，这种表现方法一般出现在以画面为中心的系列广告中。

## 五、系列广告文案的写作要求

系列广告文案具有与单篇广告文案不同的特点,故而在写作上也有不同的要求,具体表现在以下几方面。

### 1. 注意语言的相互呼应和风格的一致性

前面讲到系列广告的语言风格必须保持一致性,这是为了加强系列广告的有机联系,发挥系列广告文案的整体效应,在行文中要注意遣词造句乃至篇章结构的呼应。

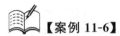

**【案例 11-6】**

阿迪达斯"我的故事"系列广告文案

**Gilbert Arenas,篮球运动员,NBA 全明星。**

Hi,我是吉尔伯特·阿里纳斯,这是我的故事:

If no one believes in you, anything you do is a positive. 当我刚进入 NBA,职业生涯的前 40 场,我是在板凳上度过的。他们认为我打不了比赛,我想,他们根本没看到我的天赋。他们觉得我就是个 0,一无是处。但是我并没有坐在那里怨天尤人,而是不断地训练,训练。在没有人相信你的时候,你的任何努力都会为自己加分。这已经不是我能否打好篮球的问题了,而是我要证明他们是错误的。现在我仍然穿着 0 号球衣,因为我要告诫自己每天都要努力。

**杰里米·瓦里纳,田径运动员,2004 年雅典奥运会男子 400 米冠军。**

我是杰里米·瓦里纳,这是我的故事:

当我还是个孩子的时候,就热衷于跑步,我总是在跑,我觉得自己是为跑步而生的。我代表我的中学跑,代表我的大学跑,现在我为我的国家而跑,我想,即便到了 70 岁,我仍然会努力坚持。有人问我:你为什么而跑?我反问他们:"为什么要停下来呢?"

**梅西,足球运动员,2005 年世青赛冠军,金球奖、金靴奖得主。**

我是莱昂内尔·安德列斯·梅西,这是我的故事:

在 11 岁时,我被诊断为患有生长激素疾病。尽管比其他人矮小,但我却可以更加敏捷。我还学会了如何在别人的身体压制下踢球,以及如何带球突破前进,因为这让我感觉最为舒服。现在我明白,有时候,坏事也会变成好事。

**阿里森·菲利克斯,田径运动员,2004 年雅典奥运会女子 200 米冠军。**

我是阿里森·菲利克斯,这是我的故事:

我的运动生涯是从打篮球开始的,那时,别人叫我'鸡腿',我讨厌这个绰号,我相信,即便我的腿很细,但我仍然可以非常强大。为此我转入田径队,似乎是为了证明大家错了。我开始跟职业跑步运动员竞赛,于是,我的梦想成真了。人们的轻视往往能驱使你做到一些原本你不敢想象的事情,被人叫作'鸡腿'——我把它当成动力。现在大家仍然这样叫我。

**Jonah Lomu,橄榄球运动员,新西兰 All Blacks 队。**

我是 Jonah Lomu。这是我的故事:

我曾看过一位顶级的肾病专家,他对我说,我的余生都将与轮椅相伴。这令人难以接受。如果有任何不同,那便是我并没有坐以待毙。我,一个曾经习惯于在全球东奔西跑的橄榄球球员,却甘心于困在一台机器上努力锻炼,每周 6 晚、每晚 8 小时。我必须深入看清自己并发掘出自己的潜能。3 年后,我打破了医生的预言,又重新回到了橄榄球场。我不得不一步步抗争以达成所愿。

**案例解析**

这则阿迪达斯的系列广告文案,以优秀运动员的个人故事为主题,以讲述的形式,展现运动精神,虽然侧重点不同,但都有着同样的力度和涵盖力。

#### 2. 注意广告信息的完整性

写作系列广告文案之前,应根据广告信息的内在联系对它们进行分类,并且分类应尽量穷尽,不要遗漏任何一个重要的、可能和其他信息构成明显的并列或递进关系的信息。在写作系列广告文案时,应尽量一个单篇传递一类信息。如果有三个并列或递进的广告信息需要传递,那么系列广告就应包括三个相对独立的单篇作品,必要时还可以一个具有概括性的单篇总括和提示其他单篇的内容。同时,对系列中的各单篇广告应"一视同仁"。写作系列广告时应给每一个单篇以同等的重视,并且在每一个单篇上花费大致相同的精力和笔墨,以保证系列广告整体的平衡。

#### 3. 选择适合产品或企业自身特点的表现方式

系列广告文案的展开要充分考虑产品或企业的特点,对新上市的产品可采用悬念吸引的方式展开;对功能多或优点多的产品可采用整体分解或化解难题等方法展开,将产品的功能、优点及解决难题的方案娓娓道来;对于适用对象较广的产品,可采用角色更换的展开方式。另外,我们还必须注意系列广告展开方式的多元性与开放性。

【案例 11-7】

#### 绝对伏特加酒的系列平面广告

绝对伏特加酒系列平面广告如图 11-4 所示。

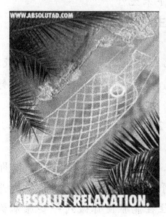

图 11-4　绝对伏特加酒系列广告

绝对伏特加酒(ABSOLUT VODKA)诞生于瑞典,虽然并非伏特加的原产地,但绝对伏特加还是走出了瑞典国门,而且非常成功地走向了世界。每年有超过 1 亿瓶绝对伏特加酒被运往全球 130 多个国家,而其玻璃酒瓶也成为 20 世纪最受认同的视觉符号之一。

绝对伏特加酒的平面广告绝大多数都以绝对伏特加酒瓶的轮廓特写为视觉符号,在不同国家、地区和场景下,画面中隐现绝对伏特加酒的独特酒瓶形状。酒瓶下方写着 2 至 3 个英文单词:第一个总是"绝对",后面接着的单词展现了广告创意人员天马行空的想象力——其中有的是带有特殊含义的数字,有的是妇孺皆知的单词,有的则是只可意会不可言传的生造概念。

**案例解析**

这种广告创作手法凸显了与当时市场上其他品牌的差异,清晰反映了产品的独特个性,对"绝对"文字的巧妙处理则让消费者深深记住了这个名字,而且广告文案措辞的天马行空激发了人们丰富的想象力和好奇心。

除了上述介绍的方式以外,在系列广告文案写作的过程中,还必须善于创造新的方式。因为唯有创新,才能更有活力,才能更吸引受众的注意。

### 太太口服液系列广告文案

广告正文:
(1) 不让秋雨淋湿好心情,心情好,脸色自然的。
(2) 不让秋日带给女人一点点的伤,没有黄褐斑,脸色是真的。
(3) 不让秋风吹干肌肤的水,肌肤充满水分,脸色更加好。
(4) 不让秋夜成为失眠的开始,晚上睡得好,脸色才会好。

**案例解析**

太太口服液系列广告作品成功塑造了品牌形象。从干燥的秋天引申出对女人肌肤的伤害,以浪漫的秋季带出产品特性——呵护女性皮肤,女性在享受浪漫的同时,肌肤也变得漂亮了。每一则广告在构图、布局、文案和风格等方面具有统一性,各部分又十分均衡、协调、配合、巧妙。

广告文案围绕中心,从"不让秋雨淋湿好心情""不让秋日带给女人一点点的伤""不让秋风吹干肌肤的水""不让秋夜成为失眠的开始"四个方面宣传产品特点、构图及方案富有延续性及系列性,成功地推销了产品,该广告获得2000年全国报纸广告医药保健类铜奖。

**讨论题**

1. 系列广告文案在创作中如何形成容易识别的统一风格?
2. 长文案和系列文案分别适合表现哪些产品和诉求?

1. 长文案的表现手法都有什么?
2. 长文案有哪些写作要求?
3. 系列文案的表现形式有哪些?
4. 系列文案的写作要求有哪些?
5. 有人说长文案有效,也有人说短文案有效,请谈一谈你的看法。
6. 举例说明系列广告表现形式中广告标题、正文的变化。
7. 系列广告是否比单个广告更能吸引消费者的注意力?为什么?

# 第十二章

# 不同信息主体的广告文案

**学习要点与目标**

1. 了解不同信息主体广告的特点，掌握不同信息主体广告文案的写作要求；
2. 熟练运用所学知识写作不同信息主体广告文案。

**引导案例**

## CCTV 新冠肺炎防疫公益广告《中国速度》

CCTV 新冠肺炎防疫公益广告《中国速度》如图 12-1 所示。

文案：什么是中国速度

1 小时，武汉天河机场完成 20 余吨医用物资装卸交付

1 天，1500 余万个口罩被加急生产

6 天，50 多支医疗队，6000 余名医疗队员集结湖北

9 天，推出 17 款快速检测试剂盒

10 天，700 多人决战，1 座火神山医院建成

疫情就是命令

防控就是责任

提前 1 分钟行动　就能提前 1 分钟遏制疫情

提前 1 分钟抵达　就能提前 1 分钟带来平安

中国速度　是天生不向灾难低头的倔强

中国速度　是患难与共众志成城的信仰

中国速度　源于每一个为挽救生命奔走的人

中国速度　来自所有笃定前行的中国人

同时间赛跑　与病魔较量

为武汉　为中国　为共同的命运

爱点燃中国速度

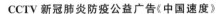

CCTV 新冠肺炎防疫公益广告《中国速度》　　图 12-1　CCTV 新冠肺炎防疫公益广告《中国速度》

**案例解析**

《中国速度》广告文案用一组组令人惊叹的数字，传达出中国抗击新冠肺炎疫情的坚定和决心，呈现出众志成城、勇往直前的信心，呈现出中国政府的担当和责任，激动人心，使人动容。

# 第一节　产品广告文案

## 一、产品广告的概念

### （一）产品的概念

产品是指作为商品提供给市场，被人们使用和消费，并能满足人们某种需求的任何东西，包括有形的物品、无形的服务、组织、观念或它们的组合。产品包括实体产品和无形产品。实体产品通常直接称为"产品"，无形产品称为"服务"。

1995 年 P. 科特勒在《市场管理：分析、计划、执行与控制》专著修订版中，将产品概念的内涵由三层次结构说扩展为五层次结构说，即包括核心利益（core benefit）、一般产品（generic product）、期望产品（expected product）、扩大产品（augmented product）和潜在产品（potential product）。

在本节中，我们所称的"产品"即为"实体产品"，关于"无形产品"广告文案将在本章第二节"服务广告文案"中做专门的论述与介绍。

### （二）产品广告的概念

产品广告是以促进产品的销售为目的，通过向目标受众介绍有关产品消息，突出产品的特性，以引起目标受众和潜在消费者的关注的广告。产品广告包括消费品广告和工业产品广告，按照产品耐用程度的不同也可以分为耐用品广告及非耐用品广告。其中非耐用的日常消费品广告所占数量较大，是最为常见的产品广告，主要有食品、饮料、酒类、服装、化妆品、药品等产品。

## 二、产品广告的诉求点

产品广告的诉求点通常围绕消费者的需求进行设计,往往在产品特性、产品优势、消费利益、消费理由、消费保证、品牌形象与附加价值等要素中做出选择。

消费者选购产品时有两种模式,即低认知模式和高认知模式,大部分时候,消费者处于低认知模式,他们懒得详细了解并比较产品,更多的是简单地通过与产品本身无关的外部因素来判断,"这个进口的,这个是大品牌,质量肯定好,就买这个!"高认知模式消费者花费很多时间精力来比较产品本身,而"分解产品属性"就是一个很好的方法,可以让消费者由一个"模糊的大概印象"到"精确地了解"。

### (一)功效诉求

消费者购买产品主要是为了获得产品的使用价值,希望产品具有所期望的功能、效果和效益。

【案例12-1】

#### 红牛饮料广告文案

广告语:轻松能量,来自红牛。

标题:还在用这种方法提神?

副题:迅速抗疲劳,激活脑细胞。

正文:都新世纪了,还在用这一杯苦咖啡来提神?你知道吗?还有更好的方式来帮助你唤起精神。全新上市的强化型红牛功能饮料富含氨基酸、维生素等多种营养成分,更添加了8倍牛磺酸,能有效激活脑细胞,缓解视觉疲劳。不仅可以提神醒脑,更能加倍呵护你的身体,令你随时拥有敏锐的判断力,提高工作效率。

**案例解析**

该文案强调了红牛饮料所具有的特殊用途,即解除疲劳、提神醒脑的保健作用,是典型的以产品用途为诉求点的产品广告。

### (二)产品的材质

有些产品广告特别强调产品是用什么材质制成的,主要目的是为了说明特殊材料及新材料所具备的优良特质,如天然材料的环保效果。例如,小米手机的广告——小米4,奥体304不锈钢,8次CNC冲压成型。

### (三)产品的成分

强调产品成分的产品广告与强调产品材质的广告完全相同,主要涉及特别成分、新成分、天然成分的增加以及某些有害成分被取代等。

【案例12-2】

#### 江中健胃消食片广告文案

广告语:妈妈放心　老人放心　大家都放心

郭冬临向观众讲述:江中牌健胃消食片,健胃助消化,又放心,又有效。

山楂：北京人的糖葫芦。
山药：可做菜吃。
陈皮：橘子皮，九制陈皮。
麦芽：麦子发的芽。
太子参：民间经常用来煲汤。

江中牌健胃消食片，配方全在这里。将食品和保健食品的原料配出药品的疗效。放心助消化，这就是江中牌健胃消食片。

**案例解析**

该广告对江中健胃消食片产品进行售卖，强调了产品的保健健康成分：都是食品和保健食品，说明该药更有效、更安全。

### （四）产品的品质

以产品的品质为诉求点的广告往往强调对高品质的追求，通过品质检验、权威认可、消费者认可等方式向受众保证产品的品质。

### （五）产品的生产技术

以产品的技术为诉求点的广告主要强调产品采用了哪些新的生产技术或者采用了哪些独特的技术，也有一些产品在广告中强调自己的生产工艺完全采用传统工艺，更具传统特色。

【案例 12-3】

#### 福斯汽车的一则广告文案

比如，福斯汽车的涂装多过一般的要求标准。车身的三重涂装，是用喷漆方式处理。首先，将车体浸入漆液之中，使得喷漆所涂装不到的内侧部分也可以处理到。然后再仔细地以喷漆处理，以便防锈（只有少数两三种高级车用同样的处理方式）。

**案例解析**

该广告为 1959 年由 DDB 广告公司为福斯汽车所制作的经典长文案的第 5 部分，广告重点描述了福斯汽车严格的涂装工艺。

### （六）生产产品的人才

这一类广告通常强调产品的生产、设计、评估、销售与服务都由专业权威的人士与认真负责的工作人员执行完成。

### （七）产品的产地

在一些广告中，为了强调产品正宗或者具有某种独特的特质，往往会借助产品的产地来证明，比如宣扬产品为原装进口、名厂生产或者来自著名的产地。

【案例 12-4】

#### 五常大米广告文案

源曰五常，仁、义、礼、智、信，名谓稻乡，日、月、天、地、人。地纬黄金，四十五度，龙江首岳，趣名意为绝顶，三水贯穿，稻香悠然，因有万载演化，造化生为黑土，尤其难得，其间遍至八荒，仅四处也。

冬春之季,则瑞雪银装,风吹雾舞,寒地孕有生机,料峭春风,艳阳初起,每至夏初秋旦,稻波如麟,行看漠漠水田,坐闻幽幽蝉鸣,良多丰年。

四季轮回,如此沃土,更有北大仓,惜土如金,千日休耕,笃行中国饭碗。

故诗者有云:"稻花香里说丰年,听取蛙声一片。"

### (八)产品的历史

此类广告通常强调产品的生产历史悠久、生产经验丰富、生产工艺成熟等以证明产品的优良品质。

### (九)产品的消费保证

一些产品会采用提供某种附加的免费服务来促进产品的销售,以此作为消费者的消费保证,例如免费保修、免费安装、提供保险等。因此,这类产品的广告会将宣传的重点放在这些附加服务上。

### (十)产品的可信性

可信性,也可以成为产品广告重点强调的内容,例如有些广告会列举出权威机构的认证说明自己的产品是绝对环保的产品或者质量上乘。

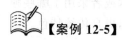
【案例 12-5】

泛亚电话的广告文案

镜头一:一中年男性坐在小饭馆里,拿着一张报纸边看边念:"电信总局行动电话品质推介,泛亚第一。"饭馆老板端着一盘食物朝他走来,中年男人看到老板,抬起头说:"哎,你看,这两个字念什么?这报纸存心不给人看呀"老板不屑地拿过报纸说:"拜托!你是作官的竟不识字?"

镜头二:特写报纸。"行动电话品质推介,泛亚蝉联第一名,蝉联呀。"

镜头三:中年男人面部特写,露出尴尬的表情。

镜头四:远处两个女客人看见这一幕,偷偷发笑。

标版:电信评鉴,连年第一,泛亚电信。

**案例解析**

这则广告借用了小酒馆里发生的故事表现了泛亚移动电话高品质的可信性。广告通过报纸上的一则新闻,点明在电信总局对移动电话进行的质量评价中,泛亚电话蝉联了第一名,借用了新闻媒体与电信总局的权威性证明了泛亚电话产品的质量可信。该广告获得第 23 届中国台湾广告金像奖。

### (十一)产品的价格与促销优惠

降价、提供赠品等优惠方式都是常见的营销手段,很多广告也会将此作为诉求重点。

### (十二)产品的消费利益

有很多产品广告会在广告中详细介绍产品可以解决哪些问题,可以帮助消费者避免哪些伤害、改善哪些生活状况进而提高生活品质。

### (十三)产品的品牌地位

充分的市场竞争会将产品销售带入品牌销售阶段,因而塑造品牌形象的今天成为很多知名产品广告的重要表现内容。一般而言,广告主会在广告中宣称自己是著名品牌、传统品牌、外国品牌、著名机构或活动指定品牌等。

#### （十四）产品的个性与形象

产品的个性与形象事实上是产品品牌的个性与形象，它也是品牌销售的重要方式与内容。广告通常会塑造出一种独特的品牌风格吸引追求独特生活风格的消费者，这种品牌风格的内涵从根本上来说是群体认同、他人尊重、自我实现、个性、品位、完美等主观感受。

### 三、产品广告的基本思路

产品广告文案的写作思路事实上与其他信息主体广告文案的写作思路基本一致，只不过在具体内容方面需要做一些独特的考虑。

#### （一）产品广告的诉求对象是谁

产品广告包括工业产品广告与消费品广告。由于工业产品的使用者通常为专业的组织与个体，因而较少在全国性、综合性的大众媒体上刊播广告，所以平常看到的产品广告多为日常消费品的广告。日常消费品的消费者主要是个人与家庭，但在实际的消费生活中往往充满了复杂、多变的消费方式与消费行为。例如，儿童食品广告通常都以打动儿童为主要目的，但在实际生活中，对儿童食品具有购买决定权的却是儿童家长。

#### （二）产品广告的诉求策略是什么

由于产品的不同、诉求对象的不同，广告的诉求策略也会有所不同，最为基本的区别即诉诸理性与诉诸感性之分。诉诸理性的产品广告更强调产品品质的优良，在创意中常出现家居生活的场景，很多作品还会特意营造出一种平易近人的风格；而诉诸感性的产品广告则更强调产品可以给消费者带来的某种主观感受，如尊贵、自信、成功、幸福等。

有时候在广告中也会出现生活化的场景，但多是中产阶级的优越生活或者所谓上流社会的生活场景。总之，要用什么样的创意完全取决于产品广告的诉求策略是什么，具体问题具体分析。

#### （三）产品广告的使用周期有多久

今天是一个快速变化的时代，消费流行每时每刻都在发生着改变，这些改变深深地影响着人们的消费抉择与审美情趣。所以今天的产品广告也要紧跟流行生活经常更新。

例如，可口可乐、百事可乐等较为成熟的品牌每隔一段时间就会重新制作自己的产品广告以保持一种新鲜感，因而一则产品广告的使用周期已经越来越短。那么当我们要写作一则产品广告文案的时候，就需要了解这则作品的使用周期是多久，能涵盖这个时间跨度的创意可以运用多少时新元素，这些元素在广告使用期内会不会很快就显得不合时宜；还有非常重要的一点，只要产品的营销策略没有发生重大根本性的改变，我们就要使自己的作品和该品牌之前的作品保持一种连贯性，主要是品牌风格与创意风格的连贯性，这既可以保证消费者对该产品有一种统一的认知，又不会很快对产品产生厌弃，拥有一种常新的感觉。

### 四、常见产品类别广告文案写作

#### （一）食品类产品广告文案

在制作食品类产品广告方面，广告大师奥格威曾经提出过非常重要的建议，他认为："要以食欲为诉求中心创作广告。如果可能，就在广告中提供一些菜谱或者食用方法，家庭主妇总是在寻找新的烹调方法来调剂家人的饮食；不要把烹调方法写进广告的正文里，而要把它独立出来，要突出、要引人注目；要严肃，不要用幽默和幻想，不要耍小聪明，对绝大部分家庭主妇来说，操持家人膳食是一件很严肃的事情；示范如何使用你的新产品；只要不牵强就用自问自答的方法；只要可能，就拿出新闻来。"这些建议非常具体，也非常有效，今天我们在写作饮食类广告文案的时候，依然要遵循奥格威所创立的原则。

当然，不同的饮食由于食用者的不同、消费价值的不同，消费方式也有所不同，因而相对的产品广告的诉求主题与诉求策略也不尽相同。大致包含以下几种类型。

**1．营养健康**

营养健康一直都是我们对饮食的重要要求，在现代社会尤其如此，人们甚至把健康饮食看作是时尚生活的一个必备内容，"绿色""纯天然""无污染""素食"成了环保主义者的时尚标签。当然，对于普通的老百姓而言，吃得安全、符合科学养生原则也越来越受到重视，所以"售卖健康"成了现代饮食产品最为常见的诉求主题。

**2．味道鲜美**

中国饮食对美味有着特别的注重，"味道鲜美"对于中国消费者来说绝不是简单的口腹之欲，而是已经上升到文化审美层面的民族心理。因此在中国人看来，饮食的"鲜美"比其他任何要素都打动人心。

电视广告在表现食物的"色、器、形"方面有着独特的优势，可以通过视觉充分刺激人们的食欲，但优秀的文字也可以把饮食描写得绘声绘色。

**3．食用方便**

快餐食品是现代社会的一大产物，它符合人们对快节奏生活的要求。因而一些饮食产品的广告常常表现食用快餐食品给消费者省却了多少麻烦、节省了多少时间。

**4．价格便宜**

对于家庭主妇来说，除了饮食的健康之外，她们最关心的就是价格了。因此量多、质优而价廉也是很多饮食广告的重要售卖点。

**5．获得体验**

在当今社会，"吃"已经不再仅仅为了填饱肚子、获取营养，而是成为一种更为复杂与多义的消费行为，它可以让我们获得更多的体验：通过吃，表达情感、彰显品位、感受历史、学习文化、追赶时尚等。也就是说，人们通过付费所购买的并不是食品，而是由食品所带来的一种体验，这种体验就是广告赋予产品的一种意义。

例如，哈根达斯冰淇淋就是通过浪漫的"爱她就请她吃哈根达斯"的广告策划塑造出了一种"美丽而昂贵的形象"而在中国卖出了高价，但在美国完全相同的冰淇淋其价格还不到中国的三分之一。

**（二）饮品类产品广告文案**

随着经济的发展，饮品的消费量在逐渐增大，饮品广告的投放量也在相应增大。饮品一般分为酒精类饮料与非酒精类饮料，这两类饮料的广告营销有着非常明显的区别。

**1．酒精类饮料**

有学者认为，"历史与文化、品位与个性、情感寄托"是酒类广告恒久不衰的主题。从实际情况看，的确如此，因此我们也从这几方面来归纳酒类产品广告文案写作的要点。

（1）历史与文化

我们曾经谈过，酒是一种很特殊的产品，其存世越久，产品价值越高，因此品牌的悠久历史与丰富的文化底蕴都能给产品增加魅力。例如，沱牌曲酒的电视广告中没有出现大量的文案，只有广为传诵的广告歌吟唱着经典的广告语：悠悠岁月久，一滴沱牌曲。

（2）品位与个性

喝什么样的酒，代表着消费者的品位与个性，是消费者身份认同、自我实现等价值观念的外化体现。所以越来越多的酒类广告侧重于表现中产阶级生活方式，将产品与社会地位、社会成功等要素联系在一起，这其中又以洋酒居多。

（3）寄托情感

在中国文化中，酒象征着一种深厚的感情，无论是亲情还是友情，都可以通过"把酒共饮"加深升华，所以，情感也是酒类广告中最常出现的创意主题。

2．非酒精类饮料

非酒精类饮料也就是软饮料，产品分为很多类别，其常见的广告诉求有较大的差别。

（1）饮用水

饮用水主要分为纯净水与矿泉水两种。纯净水广告多强调水质的纯净与天然，矿泉水广告多强调所含矿物质种类丰富，也有的强调水源为天下名水。

【案例12-6】

### 农夫山泉矿泉水的广告文案

这两杯水一样吗？放入pH试纸，一分钟后，我们就能看到两杯水的差别，黄色是酸性，绿色是碱性，为了健康，你应该测一测你喝的水。健康的生命需要弱碱性的水。农夫山泉矿泉水！

**案例解析**

该广告文案是通过实验的方法证明农夫山泉矿泉水更有益于人体健康。

（2）牛奶

过去，中国人认为只有处于成长期的儿童才应该喝牛奶，成年人则不需要。但随着近些年健康科学饮食的推广与倡导，牛奶逐渐成为一种全民饮品，产量与销售量激增，产品竞争与广告竞争日趋激烈，甚至出现了市场细分。

（3）果汁饮料

果汁饮料都是通过榨取水果汁制成，深受年轻女性的喜爱。不同的果汁产品经常被消费者拿来比较的要素就是口味及源自哪种水果，所以我们看到的大多数果汁广告都在告诉我们这种果汁产品里面含有哪些水果，它的口味有多么美妙。

例如，"农夫果园"在2007年推出的产品广告中就表现了一个女孩品尝了"农夫果园"新口味后的甜美感受。其广告文案："眼睛会骗你，耳朵也会骗你，嘴巴呢？用味觉感知天然，农夫果园，新口味！"

（4）碳酸类饮料

碳酸类饮料被中国人俗称为"汽水"，随着可口可乐、百事可乐逐渐成为当代中国人的日常饮品，"汽水"的消费量也在增加，并且渐渐地成为主流饮品。由于这种饮品的口感略微刺激，因此消费者多为年轻人，尤其是那些生性活泼、好动的少年更是碳酸类饮料的忠实消费者。因而大多碳酸类饮料的广告也把目光瞄向了这一群体，揣摩他们的心理，将青少年追求的个性、特立独行作为产品品牌的象征意义以打动他们。

除此之外，在夏季，碳酸类饮料还喜欢强调自己有强力解渴的功能，能带来无与伦比的清凉。

(5) 茶饮料

茶是中国的特产,但目前在市场上大量销售的瓶装茶饮料有别于中国人喜欢饮用的传统热茶,是某种茶泡制好后加糖及其他添加剂配置的复合型饮品,尽管有着茶的味道,但和传统茶饮料已相去甚远,完全是现代工业制品。瓶装茶饮料的消费者也以年轻人居多,他们喜欢它的独特气味与消暑解渴的特点。因此,当我们要制作茶饮料的广告的时候,也可以多从此方面入手。当然,也有一些广告从年轻人的个性入手,表现茶饮料消费群体青春、创意无限的性格特色。

(6) 咖啡

瓶装咖啡将咖啡这种代表悠闲生活的饮品变为了快捷饮料,但相对于其他饮料,还是显示出了高贵、成熟的特质,因此咖啡的消费群体年龄偏大而且范围较小,通常是有着独特品位但生活又较为忙碌的上班族。所以除了强调口味外,咖啡饮料也较喜欢在广告中强调一种生活态度。

中国台湾曼仕德咖啡的广告表现了一群人在广场上挥汗如雨地绘制地画,结果一幅"蒙娜丽莎"刚刚完成,倾盆大雨就下了起来,把地上的画作冲洗成一团彩色的泥浆。但这群绘画者却不恼怒抱怨,而是悠闲地坐在台阶上喝着曼仕德咖啡看起雨来。随即广告语出现:生命就该浪费在美好的事物上!

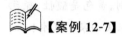

【案例 12-7】

### 雀巢咖啡广告文案

标题:来杯雀巢咖啡,活出敢性!

正文:男孩第一次去女孩家,听见敲门,女孩甜蜜地跑来开门,开门后惊奇男友那不太寻常的正装装束……

坐定后男孩自我介绍,我有房有车……这时女孩母亲给了个暗示:女孩让他一起过来冲咖啡,并语带双关说:"原味最好!"

男孩顿悟,瞬间揭开衣扣卸下领带说:"车是自行车,房是租的,但我很爱她。"女孩的父亲说:"敢爱就好啊!"

案例解析:

本广告文案也是表现生活状态的咖啡广告。

(7) 功能类饮料

功能类饮料是一种特殊的、能够补充人体所需元素的饮料,以前只有专业运动员才喝这种饮品,所以也叫运动型饮料。因为具有明确的功能与作用,所以这类饮品的广告更多强调产品的有效性。同时,功能类饮料的口味大多比较怪异,只有容易接受新事物的年轻人愿意饮用它,而且只有年轻人运动量较大,需要尽快补充体能,所以,功能性饮料广告把目标群体主要锁定在年轻男性身上,在广告中多强调个性与活力。尽管如此,仍然只有少数人能接受并喜爱这种饮品。近几年,随着这类饮料大众消费者的大量减少,此类产品的生产与销售都处于下降趋势,广告也越来越少。

(三) 服装与化妆品类产品广告文案

服装与化妆品的共性是都以年轻女性为主要消费者,因此这两类产品的广告有的强调产品的功能性利益,有的强调产品能增加女性的女性价值,即良好的外观形象、时尚独特的个性气质及由此而带来的幸福生活,而且随着品牌竞争的加剧,唤起女性良好的自我感觉成了这两类产品最主要的广告策略。

### (四)药品类产品广告文案

药品是直接关乎人民生命健康的特殊产品,因此医药广告要严肃认真、实事求是,遵守国家相关法律法规,绝不能随意夸张甚至造假。因此,药品广告应以理性诉求为主,将产品的相关信息如实地传达给消费者。当然,恰当的感性诉求与恐惧诉求也可以被消费者接受,只要是心怀诚挚、真情实感,就可以获得良好的效果。

【案例 12-8】

**邦迪创可贴平面广告两则**

邦迪产品广告如图 12-2 和图 12-3 所示。

图 12-2 邦迪产品广告《成长难免有创伤》(1)

图 12-3 邦迪产品广告《成长难免有创伤》(2)

**案例解析**

两则平面广告中的一则画面为小男孩来找小女孩,结果发现小女孩已经和别的小男孩在一起玩了;另一则的画面则是男孩心爱的小汽车撞到了路灯。两则广告的文案均为:成长难免有创伤。

### (五)家用电器类产品广告文案

家用电器广告没有一定的诉求策略,理性诉求可以以产品的功能、效用、价格、售后服务等要素为广告主题,感性诉求则重点表现产品可以缔造幸福生活,可以带给我们更多的欢乐与闲暇。但由于家用电器多为耐用消费品,男性通常具有消费主导权,因而也有一些广告人认为似乎采用理性诉求对男性消费者更有说服力,广告效果会更好。

### (六)房地产类产品广告文案

住房对于中国人来说是"百年大计",一套房子可能凝结着一个家庭几代人的心血与梦想,它与土地都是中国人的生存根本,因此对于中国人来说有着非常重要的意义。

房地产的购买是一个绝对理性的行为,需要消费者投入大量的精力,反复调查、论证、研究、咨询,而广告在其中能起到的关键作用事实上是微乎其微的,它的主要功能是告之信息,因为消费者绝不会仅凭一则广告就购买一处房产,说服他、打动他的肯定是房产本身所具备的特质。所以当我们要制作房产广告的时候,最应该采用的广告策略是尽可能详细地将该房产的相关信息告知消费者,并重点强调其所具有的优势以吸引消费者。

### （七）汽车类产品广告文案

汽车这一昂贵的产品,近几年才成为中国普通家庭与个人的消费品,所以汽车广告的投放量正处于快速增长期,广告策略与广告表现也经常会有比较大的变化。但总体来说,性能诉求与个性身份诉求还是最为常见的广告主题。中低档汽车多采用性能诉求,高档汽车多采用个性身份诉求;平面广告多采用性能诉求,影视广告多采用个性身份诉求。广告界一直有这样的共识,汽车广告的创意是最具创作难度的,因此如何写好汽车广告的文案还需我们紧密结合汽车生产销售的实际进行更多、更深入的研究。

## 第二节　服务广告文案

### 一、服务广告的概念

#### （一）服务的概念

菲利普·科特勒在其《营销管理》中称："一项服务是一方能够向另一方提供的任何一项活动或利益,它本质上是无形的,并且不产生对任何东西的所有权问题。它的生产可以与实际产品有关,也可以无关。"广义的服务包括营利性服务与公共事务性服务。在本节中,我们所提到的服务均为营利性服务。

#### （二）服务的特性

服务与产品相比有着鲜明的区别,这些特性对其广告文案写作都有深刻的影响。

**1. 服务的无形性**

服务不是物体,它是无形的。在消费者接受服务之前,消费者是感受不到服务的好坏的。因此在"服务"的营销中,消费者的"口碑"是非常重要的,它的影响力要远远超过广告。

**2. 服务的同步性**

同步性是指"服务"的生产与消费是同步的,生产者与消费者往往要发生面对面的接触,这和产品在工厂里生产好然后通过各种销售渠道卖给消费者就有了巨大的区别。在人与人的接触中,有很多因素是难以控制与预测的,会出现各种复杂与多变的情况,这也给"服务"的销售与提供提出了更高的挑战。

#### （三）服务广告的概念

所谓服务广告是指在各种广告媒体上投放的各类营利性服务的广告,大致包括餐饮服务、交通服务、通信服务与金融服务等,我们将重点介绍这几类服务的广告文案写作方式。

### 二、服务广告的诉求点

服务广告的诉求点与产品广告相类似,同样可以围绕消费者的需求进行设计,在服务特性、服务优势、消费利益、消费理由、消费保证、品牌形象与附加价值等要素中做出选择。典型的诉求点包括以下几个方面。

#### （一）服务项目的多少

有很多服务广告经常强调要比同行提供更多的项目,或者是一些同行所没有的新项目、特色项目、个性化项目,可以满足消费者的特别需要。

【案例12-9】

**菲律宾旅游广告文案**

标题:十大危险

小心购物太多,因为这里的货品便宜;

小心吃得太饱,因为这里的食品物美价廉;

小心被晒得一身古铜色,因为这里阳光充足;

小心潜入海底太久,记得勤出水换气,因为这里的海底世界实在瑰丽;

小心胶卷不够用,因为名胜古迹太多;

小心上山下山,因为这里的山光云影使人顾不了脚下;

小心坠入爱河,因为菲律宾的姑娘实在热情美丽;

小心被亚洲最好的酒店餐馆宠坏;

小心爱上友好的菲律宾人;

小心对菲律宾着了迷而舍不得离去。

(二)服务的效果与质量

服务的效果与质量是消费者最为关注的要素,是否令人满意、是否能超越预期、是否达到国家验证评估的标准都可以在广告中加以表现。尽管消费者很难通过广告切实感受到服务效果与服务质量的好坏,但我们可以通过各种方式如做实验让服务的效果与质量更直观。

(三)服务的态度

在人与人的交往中,最容易征服他人的是诚挚与友善。因此,在很多时候我们会发现,即使服务水平低一些,服务效果差一些,只要服务人员有着亲切的态度与甜美的笑容,服务一样会赢得消费者。所以,重视服务态度是提高服务业绩最节省成本的办法。广告也可以着重在此方面进行表现。

(四)服务场所与环境

提供服务的场所如果优雅、舒适,或者有一些特别的布置,也可以吸引消费者,所以餐饮服务的广告有些时候也会以此为卖点。

(五)技术设备

良好的服务质量、服务效果通常都来源于先进技术与先进设备的采用,所以能在广告中列举自己的服务都运用了哪些先进技术与设备,会增强消费者对服务效果的信心。

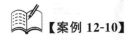【案例12-10】

**UPS快递公司的广告**

题目:无论包裹多大,世界依然很小

正文:UPS明白,您的包裹是独一无二的。无论大小,我们都秉承一贯宗旨:为您准时高效地送达。即使每天为世界各地多达790万的客户动用152500辆专车、超过600架飞机,我们依然对包裹的行踪了如指掌。这一切,都源于UPS的技术设备优势和专业精神。因此,正如世界各地的UPS客户一样，不论包裹大小，您均可将重任交托我们。

广告语：UPS 至上之选　至速之道

**案例解析**

该广告告诉消费者UPS快递的优秀服务来自于UPS的先进设备。

### （六）提供服务的人员

提供服务的人员是否为此类服务的专家、是否经过正规培训、是否具有专业素质，都能影响消费者对服务质量与服务效果的判断，因而在广告中强调提供服务的人员具备较高的专业素质能增强消费者对服务的信心，从而促进消费。

### （七）提供服务的经验

提供服务的机构是否经验丰富、是否具有成功经验也可以成为广告的诉求主题，同样能吸引消费者，有效地促进消费。

### （八）消费利益

服务与产品类似，都可以在广告中承诺服务能解决问题、避免伤害、改善状况、提高生活品质等。

### （九）促销

为了促进消费，各种服务经常会举行促销活动，于是相应的就出现了宣传促销活动的广告，具体的内容包括赠送礼品、价格优惠、消费奖励等。

### （十）服务的品牌地位

服务与产品一样具有品牌，因而服务广告同样可以强调品牌所处的地位及品牌的形象。例如是否为著名品牌、是否为传统品牌、是否为外国品牌、是否为著名机构或活动指定品牌、是否有名人推荐等。

【案例 12-11】

#### 《南方周末》品牌形象系列广告

《南方周末》品牌形象广告，广告标题：老百姓心中有杆秤；广告标题：老百姓心中有面镜；广告标题：老百姓心中有盏灯，如图12-4所示。

图 12-4　《南方周末》品牌形象系列广告

**案例解析**

《南方周末》尽管是有形的报纸，但事实上售卖的是新闻信息服务，是当代一份追求真实、深度等新闻自由主义思想的报纸，在中、高端读者尤其是知识分子中有着非常好的口碑，这一系列广告文案恰恰表明了其品牌形象的内在含义：以冷静独特的视角审视社会，以弘扬理性、启蒙民智、维护公理、实事求是为己任。

### （十一）服务的个性与形象

任何一类服务都可以塑造出独特的品牌形象，而这种品牌形象对于消费者来说可能具有不一般的象征意义，代表着群体认同、他人尊重、自身成就感、满足感、个性、品位、完美等主观感受。

## 三、常见服务类广告文案写作

### （一）餐饮服务类广告文案

餐饮服务的广告是近些年地方性媒体上投放量最大的服务类广告，其常见的诉求主题主要是以下两个方面。

**1．口味**

口味一直都是人们外出就餐时所考虑的第一要素，正因为在家里自己无法烹制出这种"好吃的"，所以才到饭店来吃。因而"好吃"或者有着独特的味道是餐饮业经营的根本，在此方面有着绝对优势的餐饮企业当然愿意在广告中重点表现这一内容。

**2．格调**

环境、氛围、格调越来越受到食客的重视，有些时候我们会发现一些消费者宁可忍受差一些的口味，也愿意去有着独特装修风格的饭店就餐，原因就在于此。当前许多大城市都开有所谓主题式餐厅，如武侠餐厅、监狱餐厅等，其实都是将销售重点放在了格调上，也就是说吃什么并不重要，关键是怎么吃，去饭店消费的不单是食物，还包括一种感受、一种体验。因此，很多餐饮广告的诉求主题都是对饭店氛围与环境的强调。

### （二）交通服务类广告文案

交通服务包括公共汽车、出租汽车、地铁、城市轻轨、铁路客运、航空客运等。一般而言，地面交通服务的广告主题都比较具体，主要说明服务的安全、舒适、快捷等特性，也有的以服务态度的"人情味"作为诉求重点。空中交通服务由于比较昂贵，因此性能与品位都是常见的诉求主题。

### （三）通信服务类广告文案

通信服务是指向人们提供信息交流的服务项目，在当代社会主要包括邮政、电报、电话、网络、卫星等。通信服务的广告主题主要包括两类：功能性主题与情感性主题。功能性主题主要宣传服务的功能、质量、价格、效果等；情感性主题主要讲述通信服务如何传递与沟通人与人之间的感情。

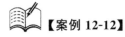

**【案例12-12】**

**华为5G广告**

华为在新西兰的5G广告如图12-5所示。

广告标题：没有华为的5G，就像是橄榄球没有新西兰。

图 12-5　华为在新西兰的 5G 广告

（图片来源：https://baijiahao.baidu.com/s?id=1625440815694529526&wfr=spider&for=pc）

**案例解析**

了解橄榄球的人都知道，新西兰的橄榄球队算是目前世界上最强大的橄榄球队之一。按照这个广告的意思来说就是，华为的 5G 是很强大的，就像是新西兰的橄榄球一样。可以说，相比华为之前的广告，华为在新西兰的这个广告更为内涵并且霸气。

**（四）金融服务类广告文案**

金融服务是由各种金融机构向个人或者组织提供的服务，它与货币金钱有着直接的关联，关系到人们生活的富裕与稳定。因此消费者在选择金融服务的时候都会抱着理性、谨慎的态度进行甄别与研究。那么在金融服务类广告中，最能说服消费者的就是"利益"，也就是说只有让消费者切实感受到有利可图，消费者才会选择消费。这里，"利"不仅指金钱，也包括获取服务的便利性、额外配套服务等切实利益。

## 第三节　企业广告文案

### 一、企业广告的概念

所谓企业广告，就是不推销任何特定的产品或服务，而是致力于塑造与改善企业形象，对某一社会事件或公益事业表明立场，甚至直接参与的广告形式。

具体来说，企业广告可以涉及企业理念、经营方针、业务范围、企业历史、企业规模、技术研究能力、对社会的贡献等基本信息；也可以塑造一种高尚的企业形象、传达一种生活认知或者生活态度；还可以对一些公益性主题表达自己的看法。根据具体内容的不同，企业广告可以分为不同的类别。

### 二、不同类别企业广告文案写作

**（一）企业认知广告**

企业认知广告以建立诉求对象对企业的准确认知为目标，主要向潜在个人消费者、潜在机构客户或者其他相关个人和机构传达关于企业的基本信息，包括企业的历史、现状、规模、人才、技术、产品、品牌、理念等。

### （二）企业危机公关广告

企业危机公关广告是为了对不利于自己的政策、事件、舆论或新闻报道做出及时反应，阐明企业的观点和立场，让社会各界理解它的苦衷，以化解危机。这类广告在近几年逐渐增多，这和很多企业都遭遇了危机事件或者公众信任危机有关，例如 SK-Ⅱ 事件等，因此关于危机公关的研究也逐渐热门起来。

### （三）企业公益广告

企业公益广告是企业投资制作的纯粹的公益广告，主要探讨与表现和企业没有直接关系的公益性主题，从而树立一种热心公益、热心慈善、以天下为己任的良好形象。这类广告往往只有非常有实力的企业才能制作，因为要花费巨额广告费却没有宣传企业的任何产品、服务或者企业的基本信息，营销效果非常不明显。但事实上，这类广告对塑造企业形象有非常长远的帮助，特别有利于提高企业的知名度与美誉度。

## 第四节　公益广告文案

### 一、公益广告的概念

公益广告隶属非商业性广告，是社会公益事业的一个最重要部分，公益广告的主题具有社会性，其主题内容存在深厚的社会基础，并运用创意独特、内涵深刻、艺术制作等广告手段，通过鲜明的立场及健康的方法来正确引导社会公众。

公益广告的诉求对象又是最广泛的，它是面向全体社会公众的一种信息传播方式。有数据显示：在驱动人们参与公益行为的外部因素中，公益广告占比最高，比率高达 62%，可见公益营销是企业不可或缺的营销工具，也是企业实现自我价值提升的重要手段。

### 二、公益广告的特性

与商业广告相比，公益广告具有以下特性。

#### （一）公益性

公益广告的根本特性是公益性。也就是说它不带有任何的商业目的。由企业赞助的公益广告不能出现企业名称，出现企业名称的广告都不是真正的公益广告，只能叫作企业公益广告，也就是说，广告主在制作投放公益广告的时候，是不图任何商业性回报的。

#### （二）社会性

公益广告的诉求对象是广泛的社会大众，因此公益广告的主题应具有普遍的社会性与代表性，只有公共性的话题才能成为公益广告的主题，过于个人化的、私密性的话题都不适合作为公益广告的主题。

#### （三）观念性

如果一定要说公益广告是在售卖什么的话，公益广告售卖的就是理念与观念。我们要说服人们接受一个观念，就可能要改变人们之前已经固有的一些观念，所以具有说服力是公益广告创作的难点。

#### （四）自由性

虽然创作有说服力的公益广告非常难，但相比商业广告的创作，公益广告的创作还是相当自由的。不必像商业广告那样遵循大量、详细、严格的策略规定,不必采用固定的诉求方式,只要表达规定的主题,公益广告就可以尽情地展现创作者的艺术才华与奇思妙想。所以我们会发现公益广告要比商业广告更具观赏性与可读性,广告人也更愿意创作公益广告。

## 三、公益广告的诉求点

### (一)卫生健康

健康长寿是人类的根本福祉,所以有大量的公益广告是以推广健康生活方式、养成良好卫生习惯为目标的。目前比较常见的主题是树立正确的性观念、防治传染病等。

【案例 12-13】

预防艾滋病广告

预防艾滋病公益广告如图 12-6 所示。

图 12-6　预防艾滋病公益广告

广告标题:雨　都是在没带伞的时候下的

**案例解析**

通过类比的手段,提醒艾滋病防治,预防为主,以雨伞为比喻,一语双关,提醒公众做好防护。

### (二)公益保护

由于世界环境的急剧恶化,环境保护、食品安全成为当前整个国际社会的重要议题,大量的公益广告都是以此为主题的。具体包括节约资源、保护森林、保护动物、保护水资源、保护城市环境、食品安全等。

【案例 12-14】

安全养殖公益广告

标题文案:它们吃什么,我们就吃什么(安全养殖公益广告见图 12-7)

副标题：别让食物成为毒物，禁止违规用药养殖

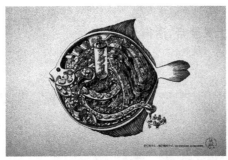

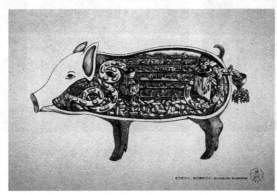

图 12-7　食品安全广告

**案例解析**

此公益广告的灵感来源于频繁发生的食品安全事件，大量的禁药超标药物被用于畜牧业，兽药残留，极大地危害了人们的健康。作品中动物被喂药后进入流水线加工厂式的消化系统。入口的药物加工输送到最后人类的餐桌上，它们吃什么，我们就吃什么。

### （三）生活常识

还有一些公益广告是传播生活常识的，例如火警、急救、匪警的电话与报警方法、应急自救的方式等。

### （四）社会公德

传统的公益广告多以宣扬社会公德为主题，例如尊老爱幼、尊师重教、见义勇为、文明礼貌等。

### （五）弱势人群保护

保护弱势群体是人类现代化的重要标志，所以保护未成年人、保护妇女、保护特殊群体是衡量一个社会文明与否的重要指标。很多公益广告常以此为主题呼吁人们对弱势群体给予帮助。

### （六）慈善救助

慈善救助也是公益广告的常见主题，具体来说包括义务献血、救助失学儿童、帮助残疾人、救助灾民等。

### （七）交通安全

酒后驾车是一种屡禁不止的现象，而且随着私家车拥有量的增多有愈演愈烈的趋势，所以大多数以交通安全为主题的公益广告都是号召人们不要酒后驾车。除此之外，还有一些广告号召大家遵守交通规则、文明驾车、系好安全带等。

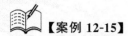【案例 12-15】

### Buckle up, stay alive！系上安全带，活得久一点！

一则交通安全公益广告如图 12-8 所示。

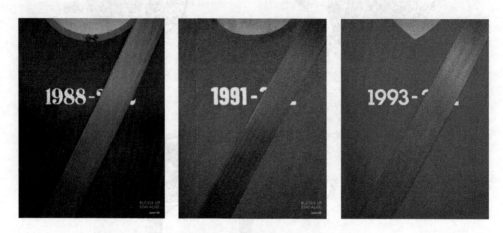

图 12-8　交通安全公益广告

（图片来源：http://gps.zol.com.cn/621/6213776_all.html）

广告语：Buckle up, stay alive 系上安全带，活得久一点

## 四、公益广告的诉求方式

### （一）正面倡导

正面倡导型的公益广告是以正面引导的方式直接灌输公益观念，不批评、不讽刺、不恐吓，而是直接提倡某种理念或某种行为。这种诉求方式是最为基本的诉求方式，它主要靠文辞的深刻、真挚打动受众，不轻佻、不哗众取宠、不追求形式，但容易因此而损失感染力与说服力。

【案例 12-16】

### 消防公益广告

由厦门消防救援支队拍摄的公益宣传片一改往常对救援本身的描写，改由消防战士的视角叙述了他们"受得了"和"受不了"的真实情境。视频中消防员们 137 秒的心里话，每一句文案都铿锵有力，收获了万千网友沉甸甸的感动与致敬。

宣传文案：

我受得了火场的 400 摄氏度，却受不了牵起的小手瑟瑟发抖；受得了 60 斤的装备磨烂后背，却受不了 60 岁的你，快要崩溃的眼泪；受得了负重 30 斤，2 分钟爬上 10 楼的喘息，却受不了你在屋顶，说"人间不值得"的抽泣；受得了 365 天无休的火患排查整治，却受不了每一次的生离死别，都是因为相同的侥幸麻痹；受得了第一次跳下 8 楼时的恐惧，却受不了你趴在窗边,呼喊的无力;受得了50个小时不睡,却受不了隔壁床的战友,在浓烟里永远沉睡。当烟尘弥漫,我会摘下我的呼吸器给你戴上;当波涛汹涌,我会先把孩子托上肩膀,就像自己的孩子一样;我愿赴汤蹈火,因为你虚弱的那句谢谢,比勋章更让我荣耀;我愿竭尽全力,因为踏上被欢呼包围的消防车,比走上领奖台更让我自豪;我想当英雄,但,请别给我机会,救人水火、轰轰烈烈!

**案例解析**

从这篇广告我们可以看出,写作正面倡导型的广告文案,一定要找到人性的闪光点,在广告中可以是理性的事实、数据、专业论断等,也可以是一种情感的需求与表达。

### (二)反面恐吓

所谓反面恐吓指的就是恐惧诉求,也就是以敲警钟的方式告诫受众如果不接受某一观点、不采取相应行为会有什么严重后果,其本质就是"恐吓"。当然,由于恐惧诉求程度的不同,"恐吓"可以是委婉的告诫,也可以是严厉的警告。

【案例12-17】

#### 减少糖分摄入的公益广告

广告标题:"你吃什么,你的孩子就吃什么!"(公益广告见图12-9)

图12-9 健康公益广告

(图片来源:数英)

### (三)讽刺批评

讽刺批评型的公益广告是以各种讽刺批评方式对不良现象进行揭露和鞭笞,使这些不良现象得以改善。采用这种诉求方式,文案要写得一针见血、鞭辟入里,要让受众确实感受到广告所抨击的"假、恶、丑"如眼中钉、肉中刺,不除不快。

【案例12-18】

#### 全国反腐倡廉公益广告作品大赛获奖作品

标题:腐败四软

正文:吃了嘴软、玩了心软、拿了手软、判了腿软。

全国反腐倡廉公益广告大赛作品,如图12-10所示。

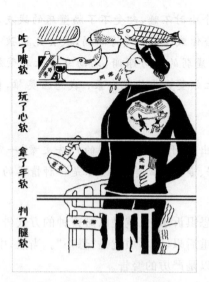

图 12-10　全国反腐倡廉公益广告大赛作品《反腐四软》

## 五、公益广告文案写作要点

相对于商业广告而言,公益广告的创作较为自由,不会设定太多的策略要求,但是公益广告的创意与写作依然有一些需要注意的地方,要避免进入创作误区。

### (一) 尽力增强作品的艺术感染力

公益广告要运用各种艺术手法表现主题,增强感染力,从人们心灵深处打动受众,要让人们真的有所动容,而不是简单地图解主题,表现得空洞无力,那样无法唤起人们情感的共鸣,作品只能成为无聊的叫喊,让受众觉得创作者自身都没有真正认同广告所提倡的观念。

### (二) 真挚恳切、平易近人

广告创作者在创作公益广告的时候,要抱有一种真挚的情感,以关切的态度去打动消费者,而绝不能把自己当作救世主、训导师,以高高在上的姿态进行无聊的说教,那样只能招致受众的反感。

### (三) 说服适度,避免引起逆反心理

公益广告的劝服既要"说透",又不能"说过",要把握好这之间的度,就需要广告创作者下点苦功夫,首先要求自己真正树立正确的观念,才有可能打动说服别人,也才能有可能把握好善意的劝诫与沽名钓誉之间的差别。

例如一则下岗再就业的电视广告,画面是用线拉着一个木偶向前走,线一松,木偶就爬不起来了。广告词是"疾风知劲草"。其实,中国的下岗问题非常复杂,有相当一部分职工是因为国家产业结构的调整而下岗,而不是因为自身的不努力。因此,简单地把他们描述成不能自食其力的人,是难以让他们接受的。

### (四) 情理结合,含蓄深刻

面向中国大众创作公益广告的时候,要把握中国大众的普遍心理,中国人是情感丰富、但不会过于外露的民族,中国人的处世哲学是一种中庸主义,中国人的审美是一种含蓄蕴藉的审美原则,排斥那些过于外露直白的表达。所以,中国广告比较恰当的策略是晓之以理、动之以情,含蓄幽默,蕴藉深远。

### 案例1 日本节约纸张的公益广告

该广告通过一堆废纸所堆成的"人"拖着沉重的步子上台演讲的形式号召大家珍惜纸张。

字幕1：废纸的主张。

字幕2：我们也是有梦想的——古纸野　古纸男。

啊,啊！

如各位所看到的,我是被回收的一堆废纸。我身上的有一部分是来自于办公室回收纸,也有一些是来自曾让大家看得哈哈大笑的漫画书。现在我正要展开另一段新的人生呢。但是,各位朋友,你们会想"那不过是堆废纸罢了"吗？如果是的话,那我就难过啦。

像这卷卫生纸就是由东京23区内所回收的旧纸所再生而制成的。你看她这又白又柔的肤色,比起那原始纸浆做成的一点都不逊色呢。而且印起色彩来也是很有看头呢！啊,我好想变成偶像的写真集,让大家看得两眼发呆呀。这就是我的梦想。我们只要被再回收,就可以再度复活起来,但是我一想到没有被回收的弟兄们的命运,我就……

在东京约有1/3的垃圾是纸张,因此利用再生纸就等于为垃圾减量。

啊,时间到了。我们一定还会在那里见面吧！那么,再会啦！

字幕3：请多利用再生物品。

**讨论题**

1. 该则公益广告的主题是什么？
2. 该则公益广告是从哪几个方面、采用哪些方法来论证主题的？
3. 该则公益广告的创意采用了拟人的方法,这种方法的好处是什么？

### 案例2 一则下岗再就业的公益广告

该广告通过最为日常的生活故事传达了一些耐人寻味、引人思索的主题。

画面：清早,李淑芬像往常一样忙碌着,边忙边对屋子里的妈妈说："中午饭给你准备好了,鱼一热就行了,我上……"此时,她才意识到自己已经下岗了,不需要上班了,神情沮丧了起来。

字幕：李淑芬,35岁,××厂连续六年被评为劳动模范。今天她下岗第一天……

画外音：（母亲的声音）淑芬啊,要不……你帮帮我……其实呀,要是有个事做,人就不瞎想了。

画面：李淑芬开始帮母亲卖馄饨,虽然忙碌但心情依然低落,也不好意思抬头看人,突然,她发现了以前的老主任,委屈悲哀都化作了尴尬。"老主任,我……"

主任：（微笑）来碗馄饨。

听见主任这么说,淑芬情绪有些好转,这时周围的顾客开始夸赞这个小馄饨摊"在家门口可就方便多了"。这时,一个小女孩来到淑芬面前,"阿姨,我买碗馄饨"。淑芬蹲下身,疼爱地给孩子端上馄饨,此时画面由之前的灰色转变为了彩色。

字幕：如果我是一滴水,如果我是一颗螺丝钉。

**讨论题**

1. 该则公益广告的主题是什么？
2. 该则公益广告是否具有艺术感染力，它是通过什么手段实现的？
3. 你是否认为该则广告论述了一个深刻的生活道理，它是什么？
4. 请结合该则广告谈一谈公益广告创作中"诉诸理性"与"诉诸感性"之间的关系。

请仔细阅读联合国发布的创意策略单，根据策略单中的内容创作应对 COVID-19（新冠病毒肺炎）公益广告文案，并有创作思路描述。

# 参 考 文 献

[1] 刘波.电视广告视听形象与创意表现[M].太原：山西人民出版社，2006.
[2] 陈陪爱.广告策划与策划书撰写[M].厦门：厦门大学出版社，2007.
[3] 范时勇.最新经典创意案例集[M].重庆：重庆大学出版社，2009.
[4] 约翰·维维安.大众传播媒介[M].顾宜凡，等译.北京：北京大学出版社，2010.
[5] 中国艾菲奖获奖案例集[M].北京：中国经济出版社，2010.
[6] 郭有献.广告文案写作教程[M].北京：中国人民大学出版社，2011.
[7] 诺曼·唐纳德·A.设计心理学.情感设计[M].何笑梅，欧秋杏，译.北京：中信出版社，2012.
[8] 刘刚田.广告策划与创意[M].北京：北京大学出版社，2012.
[9] 胡锦.产品设计创意表达：速写[M].北京：机械工业出版社，2012.
[10] 肖开宁.中国优秀广告案例与鉴赏大全[M].北京：中国经济出版社，2013.
[11] 逄京海，曲欣.广告学概论[M].北京：清华大学出版社，2013.
[12] 蒋玉石.现代广告学概论及案例分析[M].成都：西南交通大学出版社，2014.
[13] 罗伯特布莱.文案创作完全手册[M].北京：北京联合出版公司，2016.
[14] 王军英.现代广告策划：新媒体导向策略[M].北京：首都经济贸易大学出版社，2017.
[15] 郭萍.广告策划与创意实务[M].北京：科学出版社，2018.
[16] 黎万强.参与感：小米口碑营销内部手册[M].北京：中信出版社，2018.
[17] 东东枪.文案的基本素养[M].北京：中信出版社，2019.
[18] 刘鹏.计算广告：互联网商业变现的市场与技术[M].北京：人民邮电出版社，2019.
[19] 汪豪，尹雨诗.顶尖文案：188种走心广告句式[M].北京：电子工业出版社，2020.
[20] 陆安仁.文案写作[M].天津：天津科学技术出版社 2020.
[21] 格伦·费雪.深度文案[M].北京：北京时代华文书局，2020.
[22] 陈特军，谢绫丹.爆款文案[M].杭州：浙江工商大学出版社，2020.
[23] 喻红艳，陈庆盛.电商文案创意与写作[M].北京：人民邮电出版社，2020.

## 推 荐 网 站

[1] 中国广告网，http://www.cnad.com/.
[2] 品牌中国网，http://www.brandcn.com/.
[3] 中国广告协会网，http://www.cnadtop.com/.
[4] 国际广告人网，http://www.iader.com/.
[5] 中国公益广告网，http://www.pad.gov.cn/.
[6] 中央电视台广告部，http://ad.cctv.com/02/index.shtml.
[7] 智库百科网，http://wiki.mbalib.com/wiki.
[8] 中华人民共和国国家工商行政管理总局，http://www.saic.gov.cn/.
[9] 国家广播电影电视总局，http://www.sarft.gov.cn/.
[10] 网络营销手册，http://www.tomx.com/Library/461.htm.
[11] 中国营销传播网，http://www.emkt.com.cn/article/67/6765.html.
[12] 中国广告人网，http://www.chinaadren.com/.
[13] 艺术中国网，http://www.artcn.cn/Article/pmsj/sjzp/Index.html.
[14] 企业管理资料库，http://www.operp.net/info/?p=mba&id=339.